THOMAS GRIESE

Zur Notwendigkeit und Effektivität eines verbesserten datenrechtlichen Persönlichkeitsschutzes im Arbeitsrecht

Schriften zum Sozial- und Arbeitsrecht

Band 84

Zur Notwendigkeit und Effektivität eines verbesserten datenrechtlichen Persönlichkeitsschutzes im Arbeitsrecht

Von

Dr. Thomas Griese

DUNCKER & HUMBLOT / BERLIN

Gefördert mit Hilfe von Forschungsmitteln des Landes Niedersachsen.

CIP-Kurztitelaufnahme der Deutschen Bibliothek

Griese, Thomas:
Zur Notwendigkeit und Effektivität eines verbesserten datenrechtlichen Persönlichkeitsschutzes im Arbeitsrecht / von Thomas Griese. — Berlin: Duncker und Humblot, 1987.
(Schriften zum Sozial- und Arbeitsrecht; Bd. 84)
ISBN 3-428-06174-8

NE: GT

Gedruckt 1987 bei Berliner Buchdruckerei Union GmbH, Berlin 61
Printed in Germany

ISBN 3-428-06174-8

Für Anne und Marie Kristin

Vorwort

Die Anfang 1986 abgeschlossene Arbeit wurde im Sommersemester 1986 von der Juristischen Fakultät der Georg-August-Universität in Göttingen als Dissertation angenommen. Später veröffentlichte Literatur und Rechtsprechung ist soweit wie möglich noch berücksichtigt worden.

Für das Zustandekommen der Arbeit schulde ich vielfältigen Dank.

Herrn Prof. Dr. *Hansjörg Otto* bin ich in großer Dankbarkeit verbunden. Er hat sich des Themas der Arbeit intensiv angenommen und mir die zur Bearbeitung erforderliche Zeit eingeräumt. Vor allem aber war er als Gesprächspartner und Ratgeber stets ansprechbar und hat durch weitsichtige Anregungen die Arbeit wirksam gefördert.

Herrn Prof. Dr. *Franz Gamillscheg* danke ich für die zügige Erledigung der Zweitkorrektur.

Mein besonderer Dank gilt meiner Familie, insbesondere meiner Frau für Ihre Unterstützung und meinen Eltern, die mir den Weg zu dieser Promotion durch geistigen Rückhalt und Freiraum geebnet haben.

Schließlich bin ich dem Verlag Duncker & Humblot für die Aufnahme der Arbeit in die Schriftenreihe zum Sozial- und Arbeitsrecht zu Dank verpflichtet.

Aachen, im Januar 1987

Thomas Griese

Inhaltsverzeichnis

Abkürzungsverzeichnis

a. A.	anderer Auffassung
a.a.O.	am angegebenen Ort
AbfG	Abfallbeseitigungsgesetz
Abs.	Absatz
a. F.	alte Fassung
AG	Amtsgericht
AGBG	Gesetz zur Regelung des Rechts der Allgemeinen Geschäftsbedingungen
AiB	Arbeitsrecht im Betrieb (Jahrgang, Seite)
Allg.	Allgemeiner
Anm.	Anmerkung
AO	Abgabenordnung
AöR	Archiv für öffentliches Recht (Jahrgang, Seite)
AP	Arbeitsrechtliche Praxis, Nachschlagewerk des Bundesarbeitsgerichts
ArbeitsR	Arbeitsrecht
ArbG	Arbeitsgericht
ArbGG	Arbeitsgerichtsgesetz
ArbSichG	Gesetz über Betriebsärzte, Sicherheitsingenieure und andere Fachkräfte für Arbeitssicherheit (Arbeitssicherheitsgesetz)
ArbuR	Arbeit und Recht (Jahrgang, Seite)
ARSt	Arbeitsrecht in Stichworten (Jahrgang, Seite)
Art.	Artikel
BAG	Bundesarbeitsgericht
BAGE	Entscheidungen des Bundesarbeitsgerichts (Band, Seite)
BAT	Bundesangestelltentarifvertrag
BB	Betriebsberater (Jahrgang, Seite)
BBG	Bundesbeamtengesetz
Bd.	Band
BDSG	Bundesdatenschutzgesetz
Beschl.	Beschluß
BetrVG	Betriebsverfassungsgesetz
BGB	Bürgerliches Gesetzbuch
BGBl.	Bundesgesetzblatt (Jahrgang, Seite)

BGH	Bundesgerichtshof
BImSchG	Bundesimmissionsschutzgesetz
BlStSozArbR	Blätter für Steuer-, Sozial- und Arbeitsrecht (Jahrgang, Seite)
BR	Bundesrat
BRRG	Beamtenrechtsrahmengesetz
BT	Bundestag
BVerfG	Bundesverfassungsgericht
BVerfGE	Entscheidungen des Bundesverfassungsgerichts (Jahrgang, Seite)
BVerwG	Bundesverwaltungsgericht
BZRG	Bundeszentralregistergesetz
bzw.	beziehungsweise
d.	der, des
DANA	Datenschutznachrichten (Jahrgang, Seite)
DB	Der Betrieb (Jahrgang, Seite)
ders.	derselbe
DÖV	Die öffentliche Verwaltung (Jahrgang, Seite)
Drucks.	Drucksache
DuD	Datenschutz und Datensicherung (Jahrgang, Seite)
DVBl.	Deutsches Verwaltungsblatt (Jahrgang, Seite)
DVR	Datenverarbeitung im Recht (Jahrgang, Seite)
Einf.	Einführung
Einl.	Einleitung
EzA	Entscheidungssammlung zum Arbeitsrecht
f., ff.	folgende (Seite[n])
Fn.	Fußnote
FS	Festschrift
GG	Grundgesetz
GK	Gemeinschaftskommentar
GVBl.	Gesetz- und Verordnungsblatt (Land, Jahrgang, Seite)
GVG	Gerichtsverfassungsgesetz
HzA	Handbuch zum Arbeitsrecht
i.S.v.	im Sinne von
i.V.m.	in Verbindung mit
JA	Juristische Arbeitsblätter (Jahrgang, Seite)
JuS	Juristische Schulung (Jahrgang, Seite)
JZ	Juristen-Zeitung (Jahrgang, Seite)
KJ	Kritische Justiz (Jahrgang, Seite)

KR	Kündigungsschutzrecht, *Becker u.a.*, Gemeinschaftskommentar zum Kündigungsschutzgesetz und sonstige kündigungsrechtlichen Vorschriften
KSchG	Kündigungsschutzgesetz
KunstUrhG	Kunsturhebergesetz
L	Leitsatz
LAG	Landesarbeitsgericht
LDSG	Landesdatenschutzgesetz
MünchKomm	Münchener Kommentar
MuSchG	Mutterschutzgesetz
m. w. N.	mit weiteren Nachweisen
NJW	Neue Juristische Wochenschrift (Jahrgang, Seite)
NuR	Natur und Recht (Jahrgang, Seite)
NVwZ	Neue Zeitschrift für Verwaltungsrecht (Jahrgang, Seite)
NZA	Neue Zeitschrift für Arbeitsrecht (Jahrgang, Seite)
o.	oben
OLG	Oberlandesgericht
OVG	Oberverwaltungsgericht
PersVG	Personalvertretungsgesetz
Pkt.	Punkt
RdA	Recht der Arbeit (Jahrgang, Seite)
RDV	Recht der Datenverarbeitung (Jahrgang, Seite)
RegEntw.	Regierungsentwurf
RGBl.	Reichsgesetzblatt (Jahrgang, Seite)
Rn	Randnummer
Rspr.	Rechtsprechung
RVO	Reichsversicherungsordnung
Rz.	Randziffer
S.	Seite
s.	siehe
SchwbG	Schwerbehindertengesetz
StGB	Strafgesetzbuch
StPO	Strafprozeßordnung
StrahlenschutzVO	Strahlenschutzverordnung
u.	unten
Urt.	Urteil
v.	vom, von
VersR	Versicherngsrecht (Jahrgang, Seite)
VG	Verwaltungsgericht

VGH	Verwaltungsgerichtshof
vgl.	vergleiche
VO	Verordnung
Vorbem.	Vorbemerkung
VwGO	Verwaltungsgerichtsordnung
VwVfG	Verwaltungsverfahrensgesetz
WHG	Wasserhaushaltsgesetz
z. B.	zum Beispiel
ZfA	Zeitschrift für Arbeitsrecht (Jahrgang, Seite)
Ziff.	Ziffer
ZIP	Zeitschrift für Wirtschaftsrecht (Jahrgang, Seite)
ZPO	Zivilprozeßordnung
ZRP	Zeitschrift für Rechtspolitik (Jahrgang, Seite)
zust.	zustimmend

Einleitung

Mit der Untersuchung wird der Versuch gemacht, die vielfältigen Forderungen nach einer Verbesserung des datenrechtlichen Arbeitnehmerschutzes darzustellen und im Hinblick auf ihre Praktikabilität und Effizienz zu würdigen.

Dabei soll es nicht um die Darstellung und Systematisierung des bestehenden Datenrechts, das sich vor allem, aber nicht nur im Bundesdatenschutzgesetz vom 27.1.1977 findet, sondern in erster Linie um die Vorschläge zu einer Reform datenrechtlicher Bestimmungen gehen. Die Durchdringung des bestehenden Rechtszustandes ist in großer Breite erfolgt. Es liegen ausführliche Arbeiten[1] zur systematischen Darstellung des Datenschutzes für Arbeitnehmer vor. Desgleichen ist der kollektivrechtliche Bereich Gegenstand zahlreicher Abhandlungen[2].

Diesen Untersuchungen soll nicht eine neue, kaum weiterführende Schrift zum geltenden Recht an die Seite gestellt werden. Bewußt wird der Blick nach vorn auf den Sinn und Zweck von Novellierungsvorschlägen und -vorhaben gelenkt. Beispielhaft seien hier nur der gemeinsame Entwurf der Fraktionen von CDU/CSU und F.D.P.[3], der Entwurf der SPD-Fraktion[4], die Entschließung des Europäischen Parlaments vom 23.3.1982[5], die Empfehlung von *Kilian*[6] und die Vorschläge von *Simitis*[7] genannt.

Die Vorschläge belegen zugleich die vorhandene und sich in Zukunft noch verstärkende Aktualität des Themas. Dies liegt zunächst an der wachsenden Bedeutung der automatischen Datenverarbeitung im Arbeitsverhältnis. Schon 1981 konnte *Kilian*[8] berichten, daß etwa zwei Drittel der 220 umsatzstärk-

---

[1] *Kroll*, Datenschutz im Arbeitsverhältnis; *Peters*, Arbeitnehmerdatenschutz; *Sproll*, Individualrechtliche Probleme des Arbeitnehmerdatenschutzes; *Wohlgemuth*, Datenschutz für Arbeitnehmer; *Zöllner*, Daten- und Informationsschutz im Arbeitsverhältnis; *Kuhla*, Datenschutz im Beamten- und Arbeitsverhältnis.

[2] *Franz*, Personalinformationssysteme und Betriebsverfassung; *Freund*, Mitbestimmung bei betrieblichen Personalinformationssystemen; *Matysiak*, Betriebsverfassungsrecht und Datenschutz; *Werner*, Datenschutz und Betriebsrat; *Hesse*, Der Einfluß des BDSG auf die Betriebsratstätigkeit.

[3] Entwurf vom 28.1.1986, BT-Drucks. 10/4737.

[4] Abgedruckt in DuD 84, 212ff.

[5] Abgedruckt in der BT-Drucks. 9/1516.

[6] *Kilian*, Personalinformationssysteme in deutschen Großunternehmen, S. 285–290.

[7] *Simitis*, Schutz vor Arbeitnehmerdaten, Regelungsdefizite – Lösungsvorschläge (im folgenden Gutachten), S. 185–190.

[8] *Kilian*, S. 14.

sten deutschen Großunternehmen ein computergestütztes Personalinformationssystem eingeführt oder konzipiert hatten.

Inzwischen dürfte diese Zahl weiter gestiegen sein. Zwar konnte Kilian in seiner Untersuchung die Zahl der betroffenen Arbeitnehmer nicht exakt feststellen[9], Presseberichten zufolge[10] soll aber allein das am weitesten verbreitete Software-System Paisy[11] auf über zwei Millionen Arbeitnehmer angewandt werden.

Hinzu kommt der Trend zur Dezentralisierung in der elektronischen Datenverarbeitung. Daten werden nicht mehr nur in einer Großrechneranlage, sondern zunehmend mit Hilfe der „personal computer", die meist an eine zentrale, zum Teil sogar externe, Anlage[12] angeschlossen sind, an jedem Arbeitsplatz verarbeitet. Damit sollen – worauf die Anbieterseite Wert legt[13] – neue Kommunikationsformen am Arbeitsplatz eingeführt werden; diese Entwicklung wird den Einsatz elektronischer Datenverarbeitung auch in kleineren und mittleren Unternehmen begünstigen. Dies bedingt, daß eine wachsende Zahl von Arbeitnehmern mit Daten – auch mit personenbezogenen Daten – umzugehen hat und damit aufgrund des § 6 BDSG erweiterter Kontrolle unterliegt[14], es bedingt auch, daß immer mehr Arbeitnehmer ihre Daten für Datenverarbeitungsanlagen zur Verfügung stellen müssen.

Die vielfältigen Initiativen erklären sich ferner daraus, daß nach mehr als siebenjähriger Erfahrung mit dem BDSG die „Verarbeitungsphase" des gegenwärtigen Rechts durch Wissenschaft und Praxis zu einem vorläufigen Ende gekommen ist. Aus der systematischen Durchdringung durch die Wissenschaft und der Anwendung durch die Praxis werden unterschiedliche Schlußfolgerungen für[15] oder gegen[16] Novellierungsvorschläge gezogen. Zusätzliche Schubkraft erhält die Auseinandersetzung, ob es einen verbesserten bereichsspezifischen Arbeitnehmerdatenschutz geben kann und soll, durch das Problem, ob das Volkszählungsurteil des Bundesverfassungsgerichts[17] Auswir-

---

[9] *Kilian*, S. 23 unter Pkt. 1.54.

[10] Frankfurter Rundschau Nr. 215 vom 14.9.84, S. 3.

[11] Einen Überblick über die derzeit gebräuchlichen Systeme und ihre Verwendungsmöglichkeiten gibt *Peltzer*, DB 83, 2139ff., 2141; ebenso *Hexel*, Der Betriebsrat 84, 546 und 591ff.

[12] *Peltzer*, DB 83, 2139ff., 2141, weist darauf hin, daß in absehbarer Zukunft der umfassende Einsatz der Bürocomputer, die untereinander und mit der Großrechneranlage vernetzt sind, zu erwarten ist; vgl. auch *Müller*, DuD 83, 289ff.

[13] z.B. IBM-Nachrichten Nr. 254, S. 16f.

[14] Dazu *Ehmann*, FS Hilger, S. 125ff.; *Simitis*, Gutachten, S. 26; *ders.* in Kübler (Hrsg.), Verrechtlichung von Wirtschaft, Arbeit und sozialer Solidarität, S. 154f.

[15] *Linnenkohl*, ArbuR 84, 129ff., 140; *Simitis*, Gutachten, S. 185ff.; *Gola*, BlStSozArbR 81, 209ff., 212.

[16] *Zöllner*, S. 101f.; *Mertens*, DuD 82, 21ff., 24.

[17] BVerfG, Urt. v. 15.12.1983 – 1 BvR 209/83 u.a. – BVerfGE 65, 1ff. = NJW 84, 419ff.

kungen auf den gesetzlichen Schutz der personenbezogenen Daten der Arbeitnehmer haben muß.

Die Arbeit enthält drei Schwerpunkte. In Teil 1 sollen die Grundlagen des datenrechtlichen Persönlichkeitsschutzes der Arbeitnehmer skizziert werden. Dazu gehört die Einordnung des Datenschutzes in das Gesamtsystem persönlichkeitsschützender und informationsrechtlicher Normen und die Erörterung der Anstöße für eine bereichsspezifische Datenschutzregelung im Arbeitsrecht. Gegenstand des Interesses ist hier vor allem die These von der besonderen datenrechtlichen Schutzbedürftigkeit im Arbeitsverhältnis. Daran anschließend sollen Problemkonstellationen vorgestellt werden, die den Konflikt im Arbeitsrecht zwischen Informationsinteresse einerseits und persönlichkeitsrechtlichem Schutzbedürfnis andererseits deutlich machen. Schließlich ist der verfassungsrechtliche Rahmen unter besonderer Berücksichtigung der Rechtsprechung des Bundesverfassungsgerichts zum informationellen Selbstbestimmungsrecht abzustecken.

Im zweiten Teil soll anhand der im ersten Teil geschilderten Hauptprobleme der gegenwärtige Rechtszustand skizziert werden, wobei die Struktur des BDSG und die Konfliktlösungen nach diesem Gesetz und den Normen außerhalb des BDSG behandelt werden.

In Teil 3 schließlich sind die sich daraus ergebenden Regelungslücken und die dem Gesetzgeber dafür zur Verfügung stehenden Alternativen und ihre Effektivität zu erörtern.

Dabei ist zwischen einem Ausbau materieller Rechte und einer Verstärkung verfahrensmäßiger Sicherungen zu differenzieren. In dem ersten Komplex ist vor allem die Frage zu beantworten, ob die Anwendungsschranken der Datenverarbeitung mehr inhaltlich, etwa nach dem Grad der Sensibilität der Daten, oder mehr formal, etwa nach der Art der Verarbeitung bestimmt sein sollen. Hinsichtlich der verfahrensmäßigen Sicherungen steht die Frage im Vordergrund, ob eine Kontrolle des persönlichkeitsschützenden Datenrechts besser durch Verstärkung individueller Möglichkeiten, kollektiver Mitspracherechte, als Selbstkontrolle durch Beauftragte der Datenverarbeiter oder als staatliche Fremdkontrolle erfolgen soll.

TEIL 1

Grundlagen des datenrechtlichen Persönlichkeitsschutzes im Arbeitsrecht

A. Information als Instrument der Einflußnahme

Es ist schon fast zur selbstverständlichen Gewohnheit geworden, im Zusammenhang mit Datenschutzproblemen *Francis Bacon* mit seiner Feststellung „Wissen ist Macht" zu bemühen[1].

Um dies jedoch nicht als bloßes Schlagwort stehen zu lassen, bedarf es zusätzlicher Erläuterungen. Zunächst ist klarzustellen, daß mit dem Begriff der Macht im Sinne von Einflußnahme nicht von vornherein negative Assoziationen verknüpft werden sollen. Er ist gemeint als Möglichkeit, Abläufe, Prozesse und auch Verhalten zu steuern und zu optimieren. Negativ ist nicht Macht an sich, solange Machtgleichgewicht und Machtkontrolle gewährleistet sind und die Handlungsfähigkeit des Einzelnen nicht beeinträchtigt ist. So gesehen bedeutet ein Mehr an Information, ein Wissensvorsprung, immer auch eine bessere Möglichkeit, Einfluß auszuüben.

Wer mehr und verläßlichere Daten hat als sein wirtschaftlicher Konkurrent, wird den für ihn günstigen Ablauf eher erreichen und sich erhebliche Wettbewerbsvorteile verschaffen können[2]. Wer zuverlässigere und umfangreichere Informationen hat, als sein politischer Gegenspieler, dem wird die Beeinflussung des politischen Willensbildungsprozesses eher gelingen. Das gilt auch im Arbeitsrecht. Je intensiver die Informationen über die Arbeitnehmer gesammelt und ausgewertet werden, desto mehr kann der Arbeitgeber Rationalisierungsfortschritte nutzen und Arbeitnehmerverhalten und Arbeitsablauf steuern. Umgekehrt bedeutet ein höherer Informationsstand der Arbeitnehmer die vermehrte Chance der Beeinflußbarkeit betrieblicher Entscheidungen[3]. Informationsverarbeitung ist daher Erzeugung und Verteilung von Beherrschungsmöglichkeiten[4]. Diese Einsicht eröffnet zugleich den Blick für

---

[1] Vgl. z.B. *Freund*, S. 3; *Franz*, S. 33.

[2] *Woertge*, Die Prinzipien des Datenschutzes ..., S. 113f., der darauf hinweist, daß Informationsvorsprünge zu Marktmonopolisierung führen können.

[3] Die Relevanz der Informationsmöglichkeiten belegen *Brehm* (Hrsg.), Interessenvertretung durch Information; vgl. auch *Simitis*, ArbuR 77, 97ff., 102.

[4] *Linnenkohl*, ArbuR 84, 129ff., 130; *Steinmüller*, DVR 82, 179ff.; *Krause*, DB-Beilage 23/83, S. 1ff., 2; *Wohlgemuth*, S. 1f.

eine weitere Funktion des Datenschutzes neben dem Persönlichkeitsschutz. Da mit der Informationsverarbeitung Steuerungs- und Beherrschungsmöglichkeiten verteilt werden, hat das Datenschutzrecht als rechtliche Regelung der Informationsverarbeitung die Aufgabe, ein Informationsgleichgewicht[5] zwischen den einzelnen Beteiligten – wie immer es im einzelnen aussehen mag – herzustellen, mit anderen Worten Machtgleichgewicht und Machtkontrolle[6] zu gewährleisten. Damit ist freilich noch nichts darüber gesagt, wie dieses Machtgleichgewicht im einzelnen auszugestalten wäre und welche Ungleichgewichtigkeiten es auszugleichen gilt.

Dieser Ansatz erklärt aber zum einen die Schärfe der Diskussion, die um Zweck und Ziel des Datenschutzes geführt wird[7], denn es geht letztlich um die Regelung wirtschaftlicher und gesellschaftlicher Einflußmöglichkeiten. Es erklärt zum anderen, warum das Datenschutzrecht zunehmend unter das Recht der Informationsverarbeitung eingeordnet wird[8]. Denn der datenrechtliche Persönlichkeitsschutz, mißverständlich im Gesetz als Datenschutz bezeichnet[9], ist Teil der umfassenderen Fragestellung, welche Informationen wem aus welchen Quellen zur Verfügung stehen dürfen.

Insofern sind die Versuche verständlich, das Datenschutzrecht zu einem umfassenden Informationsschutzrecht auszubauen[10].

B. Datenrechtlicher Persönlichkeitsschutz als Teil des gesamten Persönlichkeits- und Informationsrechts

Der Schutz des Persönlichkeitsrechts des Arbeitnehmers war bereits vor Inkrafttreten des BDSG Gegenstand zahlreicher gesetzlicher und richterrechtlicher Regelungen. Es bestand deshalb von Anfang an Klarheit, daß das

---

[5] *Dammann,* ZRP 80, 81ff., 81; *Linnenkohl,* ArbuR 84, 129ff., 131; *Woertge,* S. 105ff., 129ff.; grundsätzlich auch *Zöllner,* S. 28, der jedoch einschränkend nicht jede Information als Machtelement ansieht, andererseits auf S. 78 eine Verschiebung des Machtgleichgewichts durch eine erweiterte Mitbestimmung bei der Datenverwendung befürchtet.

[6] *Hümmerich* in: Datenschutz im Konflikt, DVR-Beiheft 14, S. 55ff., 57; *Bull,* ZRP 82, 55f.; *Dammann,* ZRP 80, 81.

[7] Vgl. einerseits *Mertens,* DuD 82, 21ff. mit der nachdrücklichen Warnung vor Übertreibungen; *Kamlah* in: Datenschutz im Konflikt, DVR-Beiheft 14, S. 60ff., 64; auch *Zöllner,* S. 99 und *Sproll,* ZIP 84, 23ff., die an der Zweigleisigkeit des bestehenden Datenschutzes festhalten wollen; andererseits *Simitis,* Gutachten, S. 185ff.; *ders.,* NJW 84, 398ff., 400f.; *Gola,* BlStSozArbR 81, 209ff., 212 mit der Forderung nach einem Ausbau des Datenschutzes.

[8] *Bull,* NJW 79, 1177ff., 1178; *Meister,* ZRP 79, 129ff., 130; *Fiedler,* DuD 81, 10ff.

[9] *Bull,* NJW 79, 1177ff., 1178; *Simitis* in: *Simitis/Dammann/Mallmann/Reh,* BDSG, Einl. Rn 17ff.

[10] *Steinmüller,* DVR 82, 179ff.; *Simitis,* NJW 84, 398ff., 400; *ders.,* FS Coing, Bd. II, S. 495ff., 515ff.; *Bull,* DÖV 83, 829ff., 835; *Meister,* ZRP 79, 129ff., 133; *Gola,* NJW 85, 1196ff., 1198; dagegen *Schomerus,* ZRP 81, 291ff., 294.

BDSG insofern kein völliges Neuland betreten hat, sondern auf ein bereits vorhandenes Netz von Regelungen traf[1]. Folgerichtig wird das Problem vor allem darin gesehen, die Schnittstellen zwischen arbeitsrechtlichem Persönlichkeitsschutz und allgemeinem Datenschutz nach dem BDSG auszumachen und eine Harmonisierung der beiden Bereiche zu finden[2].

Zu dem arbeitsrechtlichen Persönlichkeitsschutz, der bereits vor dem Inkrafttreten des BDSG vorhanden war, zählt zum Beispiel die Regelung über das Recht auf Einsichtnahme in die Personalakte und zur Abgabe von Gegenerklärungen gemäß § 83 BetrVG[3]. Zu nennen ist weiterhin die durch die Rechtsprechung[4] vorgenommene Begrenzung des Fragerechts des Arbeitgebers bei Anbahnung eines Arbeitsverhältnisses. Fragen nach so sensiblen Daten wie etwa politischer Präferenz[5], gewerkschaftlicher Mitgliedschaft[6], nicht einschlägigen oder getilgten Vorstrafen[7] oder lange zurückliegenden Erkrankungen[8] dürfen im Regelfall nicht gestellt werden.

Ausdrückliche Erwähnung hat der Schutz der freien Entfaltung der Persönlichkeit in § 75 Abs. 2 BetrVG gefunden. Daß Persönlichkeitsschutz auch kollektiv gedacht wird, belegt § 94 BetrVG, der den Inhalt von Personalfragebögen und Beurteilungsgrundsätzen an die Zustimmung des Betriebsrates bindet. Ein weiterer Beleg findet sich in § 87 Abs. 1 Nr. 6 BetrVG, der die Einführung und Anwendung von technischen Einrichtungen zur Überwachung des Verhaltens und der Leistung der Arbeitnehmer mitbestimmungspflichtig macht.

Auf der anderen Seite verpflichtet beispielsweise § 79 BetrVG die Mitglieder des Betriebsrates, Betriebs- und Geschäftsgeheimnisse, die ausdrücklich als geheimhaltungsbedürftig bezeichnet worden sind und zu denen im erheblichen Umfang auch personenbezogene Daten gehören dürften, geheimzuhalten und nicht zu verwerten.

---

[1] So ausdrücklich die Begründung des Gesetzentwurfes in BT-Drucks. 7/1027, S. 14ff.; *Simitis*, ArbuR 77, 97ff., 98f.

[2] *Sproll*, ZIP 84, 23ff., 32.

[3] Vgl. für die Arbeitnehmer des öffentlichen Dienstes die entsprechende Regelung in § 13 BAT, wo außerdem ein Anhörungsrecht eingeräumt wird; für die Beamten § 90 BBG, § 56 BRRG.

[4] Zusammenstellung der Rspr. bei *Hümmerich*, Erfassungsschutz im Arbeitsvertraglichen Anbahnungsverhältnis, S. 118–131 und bei *Degener*, Das Fragerecht des Arbeitgebers gegenüber Bewerbern, S. 107–137.

[5] *Degener*, S. 130ff. m.w.N.

[6] *Gamillscheg*, ArbeitsR, Bd. I, S. 100 unter c) m.w.N.

[7] BAG Urt. v. 5.12.57 – 2AZR 594/56 – AP Nr. 2 zu § 123 BGB = BAGE 5, 159ff.

[8] BAG Urt. v. 7.6.84 – 2AZR 270/83 – DB 84, 2706f., danach ist die Frage nach Körperbehinderungen nur zulässig, wenn die Behinderung Einfluß auf die auszuübende Tätigkeit haben kann; *Brill*, BlStSozArbR 85, 113f.

An den genannten Beispielen wird deutlich, daß hinter dem Regelungskonflikt letztlich immer die Frage steht, ob und welche Informationen der Betroffene sich verschaffen und verwerten darf. Immer geht es um den Ausgleich zwischen dem Interesse an einem weitgehenden Persönlichkeitsschutz und dem gegenläufigen Interesse an weitgehender Information.

Dieser grundlegende Konflikt besteht nicht nur im Arbeitsrecht, sondern durchzieht auch fast alle anderen Rechtsgebiete und ist dort ebenfalls Gegenstand vielfältiger Regelungen[9]. *Ordemann/Schomerus*[10] weisen darauf hin, daß nach einer Erhebung der Gesellschaft für Mathematik und Datenverarbeitung etwa 130 geltende Gesetze den Umgang mit personenbezogenen Daten betreffen.

Beispielhaft ist auf die vielfältigen beruflichen Schweigepflichten der Ärzte, grundsätzlich auch der Betriebsärzte gegenüber dem Arbeitgeber gemäß § 8 Abs. 1 Satz 2 ArbSichG, Apotheker, Rechtsanwälte, Steuerberater und Sozialarbeiter hinzuweisen. Sie sind zum Teil sogar strafrechtlich gesichert, etwa durch § 203 StGB oder für den öffentlichen Dienst bezüglich der Dienstgeheimnisse durch § 353b StGB. Ein Teil ist gesetzlich geregelt, so das Steuergeheimnis in § 30 AO; in anderen Bereichen etwa beim Bankgeheimnis, dessen dogmatische Herleitung streitig ist[11], ist das nicht der Fall. Gesetzlich geregelt ist dort lediglich das Zeugnisverweigerungsrecht aus beruflichen Gründen im Zivilprozeß in § 383 Abs. 1 Nr. 6 ZPO, das nach allgemeiner Meinung[12] auch für Bankbedienstete gilt.

Ein allgemeiner Anspruch auf Geheimhaltung der zum persönlichen Lebensbereich gehörenden Geheimnisse findet sich in § 30 VwVfG. Freilich ist dort auch das Pendant in Form des Rechts auf Akteneinsicht gemäß § 29 VwVfG gleich mitgeregelt. Zu erinnern ist weiter an die vielfältigen Zeugnis- und Auskunftsverweigerungsrechte. Diese sind sowohl im Verwaltungsverfahren, etwa in §§ 102ff. AO als auch in den Prozeßordnungen, etwa in §§ 383, 384 ZPO[13], §§ 52, 53, 53a, 55 StPO geregelt. Man muß sich vergegenwärtigen, daß der Gesetzgeber den Betreffenden das Recht zugestanden hat, jegliche Information verweigern zu dürfen, obwohl dadurch die Gefahr materiell unrichtiger Gerichtsentscheidungen entsteht. Das Gewicht, das der Gesetzgeber dem Informationsschutz aus persönlichen und beruflichen Gründen zu-

---

9 *Bull*, NJW 79, 1177ff., 1178.

10 *Ordemann/Schomerus*, BDSG, Einl. Anm. 2.1.

11 *Fuchs*, Zur Lehre vom allgemeinen Bankvertrag, S. 32–42, der einen Überblick über die dogmatische Auseinandersetzung gibt; vgl. auch *Thilo*, NJW 84, 582ff., der das Verhältnis von Bankgeheimnis und BDSG erörtert.

12 *Baumbach/Lauterbach/(– Hartmann), § 383 ZPO Anm.* 3 C und E m.w.N.

13 Im Verwaltungsgerichtsprozeß gelten die §§ 383, 384 ZPO gemäß § 98 VwGO, vgl. *Baumbach/Lauterbach/(– Hartmann)*, § 384 ZPO Anm. 7 und § 384 Anm. 6; ebenso im förmlichen Verwaltungsverfahren, vgl. § 65 Abs. 1 und 2 VwVfG.

kommen läßt, kann man erst ermessen, wenn man sich vor Augen führt, daß der Gesetzgeber den Informationsschutz des Zeugen höher gestellt hat als etwa die Verurteilung eines Straftäters wegen eines Kapitalverbrechens.

Eine andere Schutznorm enthält das GVG. Nach § 172 Nr. 2 GVG kann die Öffentlichkeit im Gerichtsverfahren ausgeschlossen werden, wenn Umstände aus dem persönlichen Lebensbereich eines Prozeßbeteiligten oder Zeugen oder ein wichtiges Geschäfts-, Betriebs-, Erfindungs-, oder Steuergeheimnis zur Sprache kommt, deren Erörterung in der Öffentlichkeit überwiegend schutzwürdige Interessen verletzen würden. Diese zum Schutz der Privatsphäre[14] existierende Vorschrift verdeutlicht zugleich, daß die Begriffsbildung des BDSG nicht bei Null anfangen mußte. Die überwiegenden schutzwürdigen Interessen, die § 172 Nr. 2 GVG voraussetzt, sind vielmehr Vorläufer des Begriffs „schutzwürdige Belange des Betroffenen“[15], den das BDSG in §§ 11, 23, 24 I, 25, 27 III, 32 I, III, 35 III als Voraussetzung verschiedener Datenverarbeitungsvorgänge aufgestellt hat.

Der Erwähnung bedarf auch § 201 StGB, der die Tonbandaufnahme nichtöffentlicher Äußerungen unter Strafe stellt. Damit wird die aus dem allgemeinen Persönlichkeitsrecht folgende Befugnis, Reichweite und Adressaten der eigenen Information selbst zu bestimmen[16], mit den Mitteln des Strafrechts geschützt. Dieser Aspekt der Selbstbestimmung im Rahmen des Persönlichkeitsrechts findet seine Entsprechung in § 3 Nr. 2 BDSG, der die Datenverarbeitung an die Einwilligung des Betroffenen knüpft. Hinzuweisen ist außerdem auf das Bundeszentralregistergesetz, das in den §§ 45ff. detaillierte Vorschriften über die Tilgung und das Verwertungsverbot von Verurteilungen enthält. Damit soll die Verfügbarkeit und Verwertbarkeit von Informationen zeitlich begrenzt werden. Diese zeitliche Grenze der Verwertbarkeit, vom BAG anschaulich als der „Segen des Vergessens“ bezeichnet[17], gewinnt angesichts der prinzipiellen Unvergeßlichkeit der elektronischen Datenverarbeitungsanlagen[18] an Bedeutung.

Abschließend sei auf den Schutz des Brief-, Post- und Fernmeldegeheimnisses hingewiesen. Dieser ist nicht nur durch die Strafbestimmungen der §§ 202 und 354 StGB gewährleistet, sondern ausdrücklich in Art. 10 des Grundgesetzes niedergelegt worden. Darin dokumentiert sich die Bedeu-

---

[14] *Baumbach/Lauterbach/(– Albers),* § 172 GVG Anm. 1B.

[15] Vgl. auch § 22 Abs. 2 KunsturhG von 1907: danach ist zu prüfen, ob die Abbildung ein „berechtigtes Interesse“ des Abgebildeten verletzt. Dieser Begriff wird u.a. in §§ 23 Satz 1, 24 Abs. 1 BDSG verwandt.

[16] *Schönke/Schröder(– Lenckner),* § 201 StGB Rn 2.

[17] BAG Urt. v. 6.6.84 – 5AZR 286/81 – BB 84, 2130ff., 2132 unter III 3 b der Gründe = NJW 84, 2910ff.

[18] Dazu *Großfeld,* JZ 84, 696ff., 697.

tung, die der Verfassungsgesetzgeber dem Informationsschutz in diesem Bereich beigemessen hat. An der Regelung des Fernmeldegeheimnisses zeigt sich zugleich, daß Informationsschutz kein neues technisches Problem ist. Es geht vielmehr darum, wie der Informationsschutz in einem technischen System rechtlich zu gewichten ist. So verhält es sich auch mit dem BDSG. Es geht nicht um technische Fragen, sondern darum, wie das Recht auf veränderte Informationstechniken reagieren soll. Der zugrunde liegende Konflikt zwischen Informationsrecht und Persönlichkeitsrecht, auf den auch das BDSG eine Antwort geben muß[19], ist gleich geblieben.

Unter diesem Gesichtspunkt ist das Datenschutzrecht keine neue Rechtsmaterie, sondern Teil einer umfassenden persönlichkeits- und informationsrechtlichen Fragestellung, hervorgerufen durch veränderte Informationstechniken[20].

C. Anstöße für ein Bedürfnis nach bereichsspezifischem Schutz

I. Überblick über die Gesetzgebungsvorschläge

Bereits vor Inkrafttreten des BDSG existierten Bestrebungen, informationsrechtliche Sachverhalte im Arbeitsrecht umfassend zu kodifizieren.

Der Entwurf der *Arbeitsgesetzbuch-Kommission*[1] sieht in Art. 4 als Generalklausel die Verpflichtung des Arbeitgebers vor, Persönlichkeit und Würde des Arbeitnehmers zu schützen. Das Privatleben sollte nach Art. 4 Abs. 4 nur insoweit zum Gegenstand arbeitsvertraglicher Pflichten gemacht werden, als es im Hinblick auf die Auswirkungen im Arbeitsverhältnis gerechtfertigt erschien. Das Fragerecht des Arbeitgebers bei der Einstellung ist in § 5 des Kommissionsentwurfs dahingehend spezifiziert, daß nur Fragen, an denen im Hinblick auf das zu begründende Arbeitsverhältnis ein berechtigtes Interesse besteht, zulässig sein sollten[2]. Als ausdrücklich unzulässig werden Fragen nach Partei-, Gewerkschafts- und Religionszugehörigkeit erklärt, ausgenommen Tendenzbetriebe, soweit sich die Tendenz auf das Arbeitsverhältnis auswirken könnte (§§ 5, 4 Abs. 3). § 6 des Entwurfs verpflichtet den Arbeit-

---

[19] *Ordemann/Schomerus*, BDSG, Einl. Anm. 1. und 4.2.

[20] Zu der elektronischen Datenverarbeitung als Auslöser des BDSG siehe *Zöllner*, S. 6f. Zutreffend macht *Berg*, JZ 85, 401ff., 405, darauf aufmerksam, daß eine rechtliche Steuerung neuer Techniken nicht fortschrittsfeindlich ist.

[1] Entwurf der Arbeitsgesetzbuchkommission 1977.

[2] Zu den Auswirkungen auf die Einstellungsfreiheit des Arbeitgebers *Gamillscheg*, FS Werner Weber, S. 793ff., 802ff., 805.

geber, die Bewerbungsunterlagen zurückzugeben, wenn kein Arbeitsvertrag zustande kommt. Schließlich enthalten die §§ 113 und 114 sowie § 116 den Anspruch auf Erteilung einer zutreffenden Arbeitsbescheinigung und eines unverschlüsselten Zeugnisses, dessen Richtigkeit der Arbeitgeber beweisen muß, sowie die Beschränkung der Auskünfte über den ausgeschiedenen Arbeitnehmer.

Die Vorschläge von *Simitis*[3] sehen zum einen eine Erweiterung der Kontrollbefugnisse und Mitbestimmungsmöglichkeiten des Betriebsrats vor. Insofern wird angeregt, in § 80 BetrVG das Überwachungsrecht hinsichtlich der Datenschutzvorschriften aufzunehmen sowie die Entwicklung und Einführung von Personalinformationssystemen der Mitbestimmungspflicht des § 87 Abs. 1 Nr. 1 und 6 BetrVG ausdrücklich zu unterwerfen. Außerdem wird die Erweiterung des Mitbestimmungsrechts aus § 94 BetrVG auf alle mit Hilfe von Fragebögen oder anderer formalisierter Verfahren erhobene Daten, ihre Speicherung und Verwendung[4] gefordert.

Zum anderen schlägt *Simitis* die gesetzliche Abstimmung der Zuständigkeiten des betrieblichen Datenschutzbeauftragten auf die Kontrollbefugnis des Betriebsrates vor. Elemente dieser Abstimmung sollen die Mitbestimmung des Betriebsrates bei der Bestellung und Abberufung des Datenschutzbeauftragten, ein besonderer Kündigungsschutz für den Datenschutzbeauftragten und dessen ausdrückliche Verpflichtung zur Verschwiegenheit gegenüber der Unternehmensleitung sein[5]. Außerdem wird die Aufgabe des Dateibegriffs als Anwendungskriterium für das BDSG gefordert[6].

Mit den Vorschlägen von *Simitis* hinsichtlich der Stellung von Datenschutzbeauftragtem und Betriebsrat stimmt *Kilian*[7] im wesentlichen überein. Er empfiehlt zusätzlich, die Bestellung eines leitenden Angestellten zum betrieblichen Datenschutzbeauftragten nur zuzulassen, wenn dadurch kein Rollenkonflikt entsteht[8]. Wesentlich dezidierter und zum Teil über den bisherigen Rechtszustand hinaus soll die Mitbestimmung des Betriebsrats bei der Planung, Einführung und dem Betrieb von Personalinformationssystemen gefaßt werden. Im einzelnen soll die Planung solcher Systeme dem Unterrichtungs- und Beratungsrecht des § 90 BetrVG durch eine einzuführende Nr. 5 unterstellt werden[9]. Über § 92 Abs. 1 BetrVG sei klarzustellen, daß die Unterrichtung über die Personalplanung auf jeder Stufe zu erfolgen habe und

[3] *Simitis*, Gutachten, S. 185ff.
[4] *Simitis*, Gutachten, S. 186 unter Pkt. 4 der Zusammenfassung und zu § 94 BetrVG, außerdem S. 40f.
[5] *Simitis*, Gutachten, S. 188, Pkt. 9 der Zusammenfassung.
[6] *Simitis*, Gutachten, S. 189, Pkt. 10 der Zusammenfassung.
[7] *Kilian*, S. 294f. unter Pkt. 15.81, 15.83 und 15.85 der Zusammenfassung.
[8] *Kilian*, S. 294 unter Pkt. 15.82 der Zusammenfassung.
[9] *Kilian*, S. 292 unter Pkt. 15.61.

die Übergabe detaillierter Systembeschreibungen und Kopien von Originalunterlagen umfasse[10]. In § 87 Abs. 1 Nr. 6 sollen Personalinformationssysteme explizit aufgenommen werden und auch die Auswertungen durch technische Einrichtungen erfaßt werden[11]. Ein neu zu schaffender § 87a BetrVG soll den Arbeitgeber verpflichten, dem Betriebsrat Ziele, Verarbeitungsprogramme und deren Struktur, Liste aller Datenkategorien, Variablen und Dimensionen, Codeplan der Verschlüsselungen, Datenorganisation und Datenverwaltung sowie die Liste der regelmäßigen Datenlieferanten und -empfänger zur Verfügung zu stellen[12].

Zusätzlich soll die Mitbestimmung des Betriebsrates gemäß § 95 BetrVG über die Auswahlrichtlinien auf die dabei verwendeten Computerprogramme und die zugehörigen Datenkategorien erstreckt werden. Konsequent wird die Mitbestimmung gemäß § 99 Abs. 1 und 2 BetrVG über personelle Einzelmaßnahmen ebenfalls auf die dabei verwendeten Computerprogramme ausgedehnt[13].

Breiten Raum nehmen die Vorschläge zur Regelung des Informationsflusses im Unternehmen selbst, insbesondere im Hinblick auf medizinische Daten ein. Das geeignete Regelungsinstrument sieht Kilian aufgrund ihrer hohen Flexibilität in Betriebsvereinbarungen[14]. Ad-hoc Verknüpfungen von Personaldaten sollen grundsätzlich nicht allen Mitarbeitern der Lohn- und Gehaltsabrechnung erlaubt sein[15]. Das Ziel einer vollständigen Abschottung des betriebsärztlichen Informationssystems will *Kilian* vor allem dadurch erreichen, daß dieses Informationssystem nicht mit anderen betrieblichen Teilinformationssystemen verkoppelt werden darf und arbeitsmedizinische Eignungsaussagen innerhalb des Personalinformationssystems für die Personalabteilung nicht allgemein zugänglich sein dürfen, wozu organisatorische und technische Vorkehrungen nach der Anlage zu § 6 BDSG gehören. Ferner soll in § 3 Abs. 2 ArbSichG ein Verbot der Weitergabe von Befund-, Diagnose- und Therapiedaten vom Betriebsarzt an das Unternehmen aufgenommen werden[16].

In die Diskussion um die Datenschutzgesetzgebung hat sich das *Europäische Parlament* mit seiner Entschließung vom 23.3.1982 eingeschaltet[17]. Darin wird hervorgehoben, daß die modernen Technologien ernste Bedrohungen für die Rechte des Einzelnen, hauptsächlich für das Recht auf Ach-

---

10 Ebenda.
11 Ebenda.
12 *Kilian*, S. 292, Pkt. 15.62 der Zusammenfassung.
13 *Kilian*, S. 293, Pkt. 16.63 der Zusammenfassung.
14 *Kilian*, S. 285, Pkt. 15.12 der Zusammenfassung.
15 *Kilian*, S. 285, Pkt. 15.13 der Zusammenfassung.
16 *Kilian*, S. 285 und 287f. unter Pkt. 15.12 und Pkt. 15.21 der Zusammenfassung.
17 Veröffentlicht als BT-Drucksache 9/1516, S.1ff.

tung des Privatlebens, mit sich bringen können[18]. Das *Europäische Parlament* spricht sich u.a. dafür aus, daß die Datenübermittlung allgemein auf einer Rechtsgrundlage beruhen müsse, der Schutz im privaten und öffentlichen Bereich gleich sein solle, den betroffenen Personen ein Recht auf Zugang zu ihren Daten offenstehen und der Betrieb von Datenbanken einer nationalen Genehmigungspflicht unterliegen müsse[19]. Zu diesem Zweck erwägt das Europäische Parlament, den Schutz personenbezogener Daten als Menschen- beziehungsweise Grundrecht in den Katalog der Menschenrechtskonvention in ein 6. Zusatzprotokoll aufzunehmen und eine EG-Richtlinie aufgrund des Art. 189 Satz 3 des EWG-Vertrages zu erlassen[20].

Mit dem *Referentenentwurf vom 31.3.1982* ergriff die damalige Bundesregierung die Initiative[21]. Bereits in der davor liegenden Legislaturperiode hatte es einen Gesetzentwurf der CDU-Fraktion[22] und einen gemeinsamen Entwurf der Fraktionen von SPD und F.D.P. gegeben[23], die jedoch infolge des Ablaufs der Legislaturperiode nicht mehr behandelt wurden.

Der Referentenentwurf sah im Kern die Ausweitung auf interne Daten[24] (§ 1 Abs. 2 des Entwurfs), die Einbeziehung der Datenerhebung in den Verarbeitungsprozeß (§§ 2 Abs. 2 Nr. 1, 23 Satz 1 und 2 des Entwurfs), die Ausdehnung des Zweckbindungsprinzips – für den arbeitsrechtlichen Bereich durch § 24 Abs. 4, 5 und 6 des Entwurfs – und die Einführung eines Kündigungsschutzes für den als Arbeitnehmer tätigen betrieblichen Datenschutzbeauftragten, wie er für Betriebsratsmitglieder gilt (§ 28 Abs. 3 Satz 4 des Entwurfs), vor.

Das Innenministerium der jetzigen Bundesregierung legte 1983 einen weiteren Novellierungsentwurf[25] vor. Arbeitsrechtlich bedeutsam ist vor allem die Ausdehnung des Zweckbindungsprinzips auf den Empfänger übermittelter Daten gemäß § 24 Abs. 4 des Entwurfs, die Erschwerung der Abberufung des betrieblichen Datenschutzbeauftragten durch eine Anknüpfung an § 626

---

[18] BT-Drucksache 9/1516, S. 2, Nr. 4 der Entschließung.

[19] BT-Drucksache 9/1516, S. 3 und 4, Nr. 11 und 17 der Entschließung.

[20] BT-Drucksache 9/1516, S. 3, Nr. 7 und 12 der Entschließung.

[21] Veröffentlicht in Datenschutzberater 82, Heft 5, S. 2ff. und in Datenschutz-Nachrichten (DANA) 82, Heft 4, S. 8ff.

[22] BT-Drucksache 8/3608.

[23] BT-Drucksache 8/3703.

[24] Daten, die gemäß § 1 Abs. 2 Satz 2 a. E. BDSG in nicht automatisierten Verfahren verarbeitet werden und nicht zur Übermittlung an Dritte bestimmt sind. Auf diese Daten findet aufgrund der genannten Bestimmung das BDSG bisher weitgehend keine Anwendung, vgl. unten Teil 1 D VIII und *Auernhammer*, § 1 Rn 11ff.

[25] Referentenentwurf v. 23.6.83, in synoptischer Gegenüberstellung abgedruckt in DuD 83, 260ff.; erläutert von *Auernhammer*, DuD 84, 5ff.; Zusammenfassung des Entwurfs in DB 83, 2183; der Entwurf wird infolge des Volkszählungsurteils des BVerfG überarbeitet, vgl. *Gola*, NJW 85, 1196ff., 1198 und *Baumann*, 7. Tätigkeitsbericht, S. 87.

Abs. 1 BGB (§ 28 Abs. 3 Satz 4 des Entwurfs) und die Einräumung von Eingriffsbefugnissen der Aufsichtsbehörde, § 30 Abs. 4 des Entwurfs.

Als Kontrast dazu versteht sich der Novellierungsentwurf der SPD-Fraktion des Jahres 1984[26], der zum Teil an den Referentenentwurf aus dem Jahre 1982 anknüpft, zum Teil erheblich darüber hinausgeht. So soll die Einwilligung zur Datenverarbeitung bei unangemessener Benachteiligung unwirksam (§ 3 Abs. 3 des Entwurfs), die Persönlichkeitsbewertung durch automatisiert erstellte Persönlichkeitsprofile unzulässig sein (§ 3a Abs. 1 des Entwurfs). § 25a des Änderungsvorschlages zum BDSG unterwirft die Datenverarbeitung im Arbeitsverhältnis einer besonderen, restriktiven Regelung. Ein Mitbestimmungsrecht des Betriebsrates bei Einführung, Anwendung, Änderung und Erweiterung von Personalinformationssystemen enthält der vorgeschlagene § 25b des BDSG, ein § 37 Abs. 4 und 5 BetrVG nachgebildeter Benachteiligungsschutz und ein an § 626 BGB angeknüpfter Kündigungsschutz für den betrieblichen Datenschutzbeauftragten finden sich in § 28 Abs. 4 des Entwurfs.

Die inzwischen in Kraft getretene Novelle des Hessischen Personalvertretungsgesetzes[27] verwirklicht in § 61 Abs. 1 Nr. 3 Hess.Pers.VG das bereits im SPD-Vorschlag enthaltene (§ 28 Abs. 3 des Entwurfs) Zustimmungserfordernis der Interessenvertretung der Beschäftigten bei der Bestellung und Abberufung eines betrieblichen Datenschutzbeauftragten. Das Mitbestimmungsrecht bei der Einführung und Nutzung von automatisierter Verarbeitung der personenbezogenen Daten der Beschäftigten ist nunmehr in § 61 Abs. 1 Nr. 17 Hess.PersVG realisiert[28].

Aufgrund des Gesetzentwurfes der Bundesregierung vom 15.10.1984[29] ist inzwischen die *Datenschutzkonvention des Europarates* vom 28.1.1981 in der Bundesrepublik verbindlich geworden[30]. Mit der Ratifizierung hat sich die Bundesregierung gemäß Art. 4 verpflichtet, die in der Datenschutzkon-

---

[26] BT-Drucksache 10/1180, veröffentlicht auch in DuD 84, 212ff. Vgl. auch den SPD-Entwurf zum Ausbau der Mitbestimmung, BT-Drucksache 10/3666, S. 3ff.

[27] Gesetz zur Änderung des Hessischen Personalvertretungsgesetzes und des Hessischen Richtergesetzes vom 11.7.1984, Hess.GVBl I S. 181ff., 195; zur verfassungsrechtlichen Problematik der Novelle und den diesbezüglich anhängigen Verfahren *Kisker*, Die Personalvertretung 85, 137ff. Der Hessische Staatsgerichtshof hat in seinem Urteil v. 30.4.86 die Mitbestimmungsregelung hinsichtlich des Datenschutzbeauftragten und der technischen Überwachungseinrichtungen für vereinbar mit der Hessischen Verfassung erklärt, siehe: Die Personalvertretung 1986, S. 227ff., 248ff.

[28] Ähnlich jetzt auch § 72 Abs. 3 Nr. 1 NRWPersVG, GVBl. NRW Nr. 3 vom 21.1. 1985, S. 29ff., 33f. und § 77 a Abs. 1 Ziff. 5 des rheinland-pfälzischen Personalvertretungsgesetzes, GVBl. Rheinl.-Pfalz Nr. 9/85, S. 113ff., 115; dazu *Walz*, ArbuR 85, 233ff., 236; *Herbig*, Die Personalvertretung 85, 353ff., 355.

[29] BT-Drucksache 10/2118.

[30] Ratifiziert durch Gesetz vom 13.3.1985, BGBl. Teil II 1985, S. 538ff.

vention aufgestellten Grundsätze in ihrem innerstaatlichen Recht zu verwirklichen.

Zu diesen Grundsätzen gehört nach Art. 5b das Verbot, Daten zu anderen als den festgelegten oder den damit zu vereinbarenden Zwecken zu verarbeiten, also eine gegenüber §§ 23, 24 BDSG erweiterte Zweckbindung[31], und die Verpflichtung nach Art. 6, besonders sensible Daten, wie etwa politische oder religiöse Anschauungen, die Gesundheit oder das Sexualleben betreffende Daten besonders zu schützen.

Bemerkenswert ist, daß die Bundesregierung in der Begründung, in der sie darauf hinweist, daß das BDSG im allgemeinen nicht nach dem Grad der Sensibilität der Daten unterscheidet, diese Verpflichtung durch bereichsspezifische Datenschutzregelungen erfüllen will[32].

Den vorläufig letzten Stand gesetzgeberischer Aktivitäten markiert der *gemeinsame Gesetzentwurf der Fraktionen von CDU/CSU und F.D.P. vom 28.1.1986* zur Änderung des BDSG[33]. Dieser Entwurf ist als Reaktion des Gesetzgebers auf das Volkszählungsurteil des Bundesverfassungsgerichts zu verstehen. Sein Schwerpunkt liegt, wie auch die Entwurfsbegründung hervorhebt[34], bei der Datenverarbeitung im öffentlichen Bereich. Allerdings ergeben sich aus dem Entwurf auch Veränderungen der arbeitsrechtlichen Situation, etwa durch die Erweiterung des Auskunftsrechts (§ 26 Abs. 2)[35], die Ausdehnung der Löschungspflicht (§ 27 Abs. 3)[36] und die Einführung eines verschuldensunabhängigen Schadensersatzanspruchs (§ 4 Abs. 3)[37].

II. Die begriffliche Weite des BDSG

Kritik an seinen vielen, schwer handhabbaren Generalklauseln bzw. unbestimmten Rechtsbegriffen hat das BDSG von Anfang an begleitet[38]. Als solche werden insbesondere der Dateibegriff des § 2 Abs. 3[39], die Zweckbestimmung[40] der §§ 23 Satz 1, 24 Absatz 1, 27 Absatz 2, die berechtigten Interessen[41] der §§ 11 Satz 1, 23 Satz 1, 24 Abs. 1 32 und die schutz-

---

31 Nach den §§ 23, 24 BDSG kann eine Verarbeitung unabhängig vom Vertragszweck zur Wahrung berechtigter Interessen erlaubt sein.
32 BT-Drucksache 10/2118, S. 19f.
33 BT-Drucksache 10/4737, S. 5ff.
34 BT-Drucksache 10/4737, S. 34 unter Pkt. 1.5.
35 BT-Drucksache 10/4737, S. 13.
36 BT-Drucksache 10/4737, S. 14.
37 BT-Drucksache 10/4737, S. 7.
38 *Simitis*, NJW 77, 729ff., 731; *ders.*, ArbuR 77, 97ff., 101; *Sasse*, FS Mallmann, S. 213ff., 224f.; *Meister*, ZRP 79, 129ff., 130f.; *Kemper*, BB 79, 1014f.
39 *Sproll*, S. 257.
40 *Hümmerich*, JuS 77, 271ff., 273.
41 *Simitis* in: *Simitis/Dammann/Mallmann/Reh*, BDSG, Einl. Rn 82.

würdigen Belange, §§ 11 Satz 1, 14 Abs. 3, 23 Absatz 1, 24 Absatz 1, 27 Absatz 3, 32 Abs. 1 und 3 und 35 Abs. 3, gewertet. Sie werden als mißverständliche, schlimmstenfalls untaugliche Leerformeln gerügt[42], die aufgrund ihrer generalklauselartigen Weite nicht in der Lage seien, eine verbindliche und verläßliche Vorgabe für die Lösung von Einzelfragen abzugeben. In die gleiche Richtung zielt der Vorwurf, die globale, durch Generalklauseln beherrschte Gesetzgebung gehe auf Kosten der Präzision[43]. Unter diesem Gesichtspunkt wurde auch in Frage gestellt, ob das BDSG dem verfassungsrechtlichen Bestimmtheitsgebot und dem darauf ausgerichteten Rechtsschutz genüge[44].

Diese Kritik läßt jedoch die Grundkonzeption des BDSG zu sehr außer acht. Dem Gesetzgeber ging es bei der Verabschiedung des BDSG darum, die Querschnitt-Materie Datenschutz umfassend zu kodifizieren, dabei aber Raum zu lassen für bereichsspezifische Besonderheiten, die den besonderen Bedürfnissen in den Spezialbereichen Rechnung tragen[45]. Insofern kann es nicht überraschen, wenn der Gesetzgeber die Verarbeitungsvoraussetzungen auf hohem Abstraktionsniveau beschreibt. Hinzu kommt das Bestreben, die Regelung gegenüber Änderungen der Informationstechniken möglichst bestandsfest zu machen[46]. Immerhin konzedieren die kritischen Stimmen, daß die durch die Generalklauseln hervorgerufenen Schwierigkeiten bei der Interpretation der Normen des BDSG lösbar sind, wenn die vom Gesetzgeber vorgegebenen Ziele beachtet werden[47].

Schließlich muß berücksichtigt werden, daß die gesamte Begriffsbildung zum Persönlichkeitsrecht durch unscharfe Konturen und unbestimmte Rechtsbegriffe geprägt ist. Das beginnt schon bei der Frage, was zur Individual-, Privat- oder Intimsphäre gehört[48]. Es setzt sich fort bei dem Problem, wann ein Eingriff in das Persönlichkeitsrecht vorliegt und ob dieser Eingriff nach der Güter- und Interessenabwägung[49], wobei das unscharfe Kriterium der Schwere des Eingriffs in Ansatz gebracht werden soll[50], widerrechtlich ist. Es zeigt sich auch in bereits lange geltenden Gesetzen, wie etwa dem KunstUrhG von 1907. Was zum Bereich der Zeitgeschichte im Sinne des § 22 Abs. 1 Nr. 1 gehört, ist im Einzelfall schwierig festzustellen. Ebenso,

---

42 *Kammlah* in: Datenschutz im Konflikt, DVR-Beiheft 14, S. 60ff., 63.

43 *Simitis* in: *Simitis/Dammann/Mallmann/Reh,* BDSG, Einl. Rn 79–84.

44 *Bühnemann,* Datenschutz im nicht-öffentlichen Bereich, S. 138ff.; *ders.,* BB-Beilage 1/74, S. 5; *Hümmerich,* JuS 77, 271ff., 273; LAG Düsseldorf, Beschl. v. 30.4.1984 – 10(12) TaBV 10/84, DB 84, 2624f., 2624.

45 *Auernhammer,* DuD 84, 5ff.; *ders.,* Komm. z. BDSG, Einführung Rn 28.

46 *Simitis* in: *Simitis/Dammann/Mallmann/Reh,* BDSG, Einl. Rn 80.

47 *Simitis* in: *Simitis/Dammann/Mallmann/Reh, Einl. Rn 83.*

48 Zu den Abgrenzungsschwierigkeiten MünchKomm-*Schwerdtner,* § 12 BGB Rn 231f.

49 Dazu *Hubmann,* Das Persönlichkeitsrecht, S. 159ff.

50 *Palandt/(– Thomas), § 823 BGB, Anm.* 15 D a.

ob gemäß § 22 Abs. 2 KunstUrhG die Veröffentlichung „berechtigte Interessen" des Abgebildeten verletzt. Es darf unter diesen Umständen nicht verwundern, wenn der Gesetzgeber im BDSG zur Interessenabwägung gleichfalls die Formel „berechtigte Interessen" zum Beispiel in §§ 23 Satz 1, 24 Absatz 1 BDSG einsetzt[51].

Begriffliche Weite allein muß nicht nachteilig sein, sie wird erst dann zu einem begrifflichen Defizit, wenn eine den Bedürfnissen und Interessen des Arbeitsrechts angepaßte konsensfähige Interpretation nicht möglich ist.

III. Besondere Schutzbedürftigkeit der Arbeitnehmer

1. Vielzahl und Qualität der verarbeiteten Daten

Die These von der besonderen Schutzbedürftigkeit der Arbeitnehmer wird zunächst mit dem Umfang und der Sensibilität der verarbeiteten Daten begründet[52].

Im Arbeitsverhältnis werden Daten aus dem gesamten Lebensbereich des Arbeitnehmers verwandt. Körperliche und geistige Verfassung und Eignung, Gesundheitsdaten, Familienstand und Religionszugehörigkeit, Leistungsdaten, Vergütung und Abwesenheitszeiten sind Beispiele aus dem breiten Spektrum der dem Arbeitgeber zur Verfügung stehenden Informationen. Während bei anderen Vertragsverhältnissen, etwa dem Versicherungs- oder Bankvertrag personenbezogene Daten nur ausschnittsweise zur Verfügung stehen müssen – beim Bankvertrag nicht die Gesundheitsdaten, beim Lebensversicherungsvertrag nicht die Einkommensverhältnisse – laufen im Arbeitsverhältnis tendenziell alle persönlichkeitsrelevanten Umstände zusammen. Dies kann nicht vordergründig ausschließlich der Informationssammelwut der Arbeitgeber angelastet werden, wenngleich Rationalisierungsbestrebungen zusätzliche Informationsbedürfnisse schaffen. Es liegt vielmehr in der Natur des Arbeitsverhältnisses begründet, in das der Arbeitnehmer nicht nur einzelne vertragliche Leistungen wie beim Versicherungsvertrag, sondern seine gesamte Arbeitskraft und damit einen großen Ausschnitt aus seiner Persönlichkeit einbringt.

Nicht vergessen werden darf auch, in welchem Umfang öffentliche Stellen Informationen aus dem Arbeitsverhältnis beanspruchen. *Kilian*[53] und

[51] Das Tatbestandsmerkmal des „berechtigten Interesses" begegnet u.a. in § 824 Abs. 2 BGB und § 193 StGB und läßt unter bestimmten Voraussetzungen die Verbreitung unwahrer Behauptungen zu, vgl. zu § 824 Abs. 2 *Palandt/(– Thomas)*, § 824 BGB, Anm. 6.
[52] *Simitis*, Gutachten, S. 3ff.
[53] *Kilian*, BB 77, 1153ff., 1155ff.

Schaub[54] geben eine anschauliche Vorstellung von der Vielzahl der Melde- und Auskunftspflichten des Arbeitgebers über Daten aus dem Arbeitsverhältnis. Dazu gehört u.a. die Meldung der Arbeitnehmer aufgeschlüsselt nach Alter, Geschlecht, Herkunft, sowie der Lehrlinge, Anlernlinge und Heimarbeiter (§ 139b Abs. 5 und 5a GewO), die Meldung der schwangeren Arbeitnehmerinnen (§ 5 Abs. 1 Satz 3 MuSchG), die Übersendung von Berufsausbildungsverträgen (§ 33 Abs. 1 BBiG), die Übersendung eines Verzeichnisses der Schwerbehinderten (§ 10 Abs. 1 SchwbG), die Information der Sozialversicherungsträger über Beschäftigte, Arbeitsentgelt, Art und Dauer der Beschäftigung, die entsprechenden Informationen an das Finanzamt und nicht zuletzt die Angaben über Arbeitsverdienste und Arbeitszeiten an das Statistische Bundesamt.

Nicht von der Hand zu weisen ist jedoch das Bedenken, Daten würden über den notwendigen Umfang hinaus, sozusagen auf Vorrat gesammelt. *Peltzer*[55] spricht in diesem Zusammenhang plastisch von „Datenfriedhöfen". Da diese letztlich dem Unternehmen nicht dienen, ja eine Entscheidungsfindung durch überflüssigen Informationsballast erschweren, spricht er sich für eine strenge Notwendigkeitsprüfung bei der Speicherung der einzelnen Daten aus[56].

Zusammenfassend läßt sich zu diesem Punkt festhalten, daß die Struktur des Arbeitsverhältnisses als zeitintensives Dauerschuldverhältnis und die gesteigerten Informationsbedürfnisse von Arbeitgebern und Dritten, insbesondere öffentlichen Stellen, zu einem Umfang der Verarbeitung personenbezogener Daten geführt hat, wie er im sonstigen Privatrecht nicht begegnet. Die nicht nur ausschnittweise Erfassung der Persönlichkeit ruft ein gesteigertes Schutzbedürfnis hervor.

2. Kombinations- und Auswertungsmöglichkeiten

Ein weiteres Gefährdungspotential wird in der Möglichkeit gesehen, Daten aus verschiedenen Quellen miteinander zu kombinieren und losgelöst vom ursprünglichen Erhebungszweck unter neuen Gesichtspunkten auswerten zu können[57]. Auf diese Weise könnte nicht nur eine neue Form der Persönlichkeitsdurchleuchtung praktiziert werden, sondern zugleich eine lückenlose

---

[54] *Schaub*, Arbeitsrechtshandbuch, § 34 V; siehe auch *Simitis*, Gutachten, S. 7–9.

[55] *Peltzer*, DB 83, 2139ff., 2140; bezogen auf gesetzliche Informationspflichten ebenso *Hentschel* in Personalinformationssysteme in Wirtschaft und Verwaltung, DVR-Beiheft 13, S. 37ff., 38.

[56] *Peltzer*, DB 83, 2139ff., 2140.

[57] *Gola*, BB 80, 584ff., 584; *Simitis* in: *Simitis/Dammann/Mallmann/Reh*, BDSG, Einl. Rn 12; *Baumann*, DVBl 84, 612ff., 516.

Überwachung erfolgen[58]. Freilich ist zuzugeben, daß besorgniserregende Möglichkeiten der Datenzusammenführung, des unkontrollierten Datenzugriffs und auch der Datenkombination in erster Linie für elektronisch verarbeitete Daten bestehen[59].

Anschaulich ist das Beispiel *Zöllners*[60], wonach die Durchforstung sämtlicher manuell geführter Personalakten auf überdurchschnittliche Fehlzeiten angesichts der praktischen Schwierigkeiten unterbleiben wird. Ganz anders würde sich die Situation mit einer elektronischen Datenverarbeitungsanlage darstellen. Innerhalb weniger Sekunden ließe sich eine Fehlzeitenstatistik oder etwa Übersichten über die Arbeitnehmer erstellen, die ab einem bestimmten Datum eine unverfallbare Versorgungsanwartschaft erhalten, deren Probezeit abläuft oder die aufgrund tarifvertraglicher Vorschriften unkündbar werden[61].

Aus diesem Unterschied hat sich die Kontroverse entwickelt, ob zukünftig manuelle interne Daten (§ 1 Abs. 2a. E. BDSG) und Daten außerhalb von Dateien in den arbeitsrechtlichen Datenschutz einbezogen werden sollen[62]. Damit würde die bisherige zweigleisige Regelung[63] – Verletzungsschutz nach arbeitsrechtlichen Normen für manuelle Datenverarbeitung, Gefährdungsschutz nach dem BDSG für elektronische Datenverarbeitung – zugunsten einer einheitlichen Lösung aufgegeben. Die Bedeutung dieser Auseinandersetzung wird jedoch abnehmen, da in absehbarer Zeit damit zu rechnen ist, daß fast sämtliche Unternehmen elektronische Datenverarbeitungsanlagen einführen und unter anderem in der Personalverwaltung einsetzen werden[64]. Im Vordergrund wird daher in Zukunft – und daran ist die Arbeit ausgerichtet – die rechtliche Behandlung der elektronisch verarbeiteten Daten stehen. Das Gefährdungspotential wird noch dadurch erhöht, daß der Einsatz von Kleincomputern die elektronische Datenverarbeitung in die Klein- und Mittelbetriebe trägt. Wie die empirische Untersuchung von *Grochla, Albers* und *Rüschenbaum* belegt[65], sind dort die Gefahren aufgrund fehlen-

---

58 *Schwarz*, Arbeitnehmerüberwachung und Mitbestimmung, S. 38f.; vgl. auch *Kissel*, NZA 84, 1ff., 2.

59 *Zöllner*, S. 8f.; vgl. auch *Simitis* in: *Simitis/Dammann/Mallmann/Reh*, BDSG, Einleitung Rn 12, wonach der Übergang zur automatischen Datenverarbeitung zugleich die Qualität der Verarbeitung verändert und völlig neue Gefahrensituationen schafft.

60 *Zöllner*, S. 8.

61 *Olk*, Technische Einrichtungen zur Überwachung der Arbeitnehmer, S. 29ff. mit den oben genannten und weiteren Beispielen.

62 Dafür *Simitis*, Gutachten, S. 19ff. und S. 189; dagegen *Zöllner*, S. 8; *Ehmann*, RdA 83, 95ff., 95; *Herschel*, BB 82, 2128ff., 2129; zu den einzelnen Streitpunkten siehe unten Teil 3.

63 Dazu *Sproll*, ZIP 84, 23ff., 23; *ders.*, Individualrechtliche Probleme ..., S. 254ff.

64 *Grochla/Albers/Rüschenbaum*, DuD 83, 186ff., weisen darauf hin, daß der Einsatz von EDV-Anlagen gerade für kleine und mittlere Unternehmungen wirtschaftlich nutzbar wird.

65 *Grochla/Albers/Rüschenbaum*, DuD 83, 186ff.; zur Datensicherung bei Kleinanwendern *Barthel*, DuD 79, 236ff.

der Datensicherungsmaßnahmen bei der Software, mangelnden Problembewußtseins der Anwender und besserer Zugriffsmöglichkeit der Mitarbeiter keineswegs geringer.

3. Kontextverlust bei elektronisch verarbeiteten Daten

Hinter diesem Begriff steckt die Besorgnis, daß bei automatisch verarbeiteten Daten der Zusammenhang zu den Umständen der Informationserhebung verloren geht. Die Information wird abstrahiert von der Person des Informanten, den örtlichen und zeitlichen Gegebenheiten der Informationserhebung[66]. Auf diese Weise findet eine *Selektion* statt; die Wahrnehmung desjenigen, der sich durch eine EDV-Anlage informiert, wird auf das isolierte Datum ohne Bezug zu Informationsquelle, Zeitpunkt und Art und Weise der Informationsgewinnung beschränkt[67].

Am Beispiel der Verspätungszeiten läßt sich dieser Kontextverlust demonstrieren. Wird in eine EDV-Anlage eingespeichert, daß der Arbeitnehmer X in den vergangenen vier Monaten 8mal zu spät gekommen sei, so ist dieses Datum für sich allein genommen wenig aussagekräftig. Klarer wird der Sachverhalt, wenn man weiß, ob dies durch eine Stechuhr oder zufällig durch einen Vorgesetzten festgestellt worden ist. Im letzteren Fall ist weiter von Bedeutung, ob der Vorgesetzte ein gespanntes Verhältnis zu dem Arbeitnehmer hatte und deshalb etwa kleinliche Beanstandungen erhoben hat. Von Bedeutung ist ferner, ob die Verspätung immer vom gleichen oder von verschiedenen Mitarbeitern beobachtet worden ist. Die Verspätung erscheint auch in einem ganz anderen Licht, wenn eine Vielzahl von Arbeitnehmern regelmäßig zu spät kam und die Verspätung nur bei X registriert wurde oder wenn der Arbeitnehmer plausible betriebliche oder private Gründe hatte.

Ein weiteres Beispiel soll zur Illustration herangezogen werden. Die Information „unerlaubter Alkoholkonsum am ..." hat einen ganz verschiedenen Aussagewert, je nachdem, ob es sich dabei um verbotenen Alkoholkonsum am Arbeitsplatz, womöglich bei einer gefährlichen Tätigkeit, oder anläßlich einer betriebsinternen Feier oder gar anläßlich einer Betriebsversammlung zur Unterstützung der von dem Betreffenden vorgetragenen Kritik an einem totalen Alkoholverbot im Betrieb[68] handelt.

---

66 *Ehmann*, FS Hilger/Stumpf, 125ff., 134f.; *Schwarz*, S. 44f.; *Gola*, BB 80, 584ff., 586; BAG Urt. v. 14.9.84 – 1ABR 23/82 – DB 84, 2513ff., 2515 = BB 85, 193ff. = NZA 85, 28ff. = BlStSozArbR 85, 49ff.

67 *Ehmann*, FS Hilger/Stumpf, 125ff., 134f.

68 So die Konstellation in dem Urt. des LAG Niedersachsen v. 13.3.81 – 3 Sa 127/80 – DB 81, 1985, in die Personalakte war für diesen Sachverhalt die Feststellung „provozierender Verstoß gegen Bestimmungen der Arbeitsordnung" aufgenommen worden.

Nach der empirischen Untersuchung von *Kilian*[69] schließlich speicherte keines der befragten Unternehmen Beurteilungsdaten im Volltext im Personalinformationssystem. Eine abgekürzte Beurteilung gemäß dem Beurteilungsschema des Unternehmens speicherten 43,3% der befragten Unternehmen, 31,3% nahmen lediglich die Kennziffer der tariflichen Leistungsbeurteilung auf. Die Person des Beurteilenden wurde nur in 25,4% der befragten Unternehmen vermerkt, der Zeitpunkt der Beurteilung nur in etwas mehr als der Hälfte der Unternehmen[70].

Den Beispielen ist gemeinsam, daß die Sekundärinformationen zur Hauptinformation jeweils verloren gehen. Darauf baut die weitere Gefahr auf, daß die gespeicherten Daten als objektiv angesehen werden und ihnen erhöhte Glaubhaftigkeit beigemessen wird. Nicht selten findet man die Auffassung, Rationalität und Qualität der Personalentscheidungen steige mit dem Einsatz der elektronischen Datenverarbeitung[71]. Automatisiert verarbeiteten Daten soll erhöhte Objektivität zukommen[72], da man die Daten der einzelnen Mitarbeiter schneller, vollständiger und unabhängig von momentanen Erinnerungen oder subjektiven Eindrücken einzelner Vorgesetzter vergleichen könne.

Dies beruht jedoch auf einem Trugschluß. Die bessere Vergleichbarkeit wird nur dadurch erreicht, daß jeweils aus den zur Verfügung stehenden Einzelinformationen die Primärinformation selektiert und die Subjektivität des Informanten unsichtbar gemacht wird. Mithin gehen die für die Bewertung der Primärinformation notwendigen Sekundärinformationen gerade verloren. So entsteht eine Scheinobjektivität[73], die der viel komplexeren Wirklichkeit nicht gerecht wird.

Mallmann hat dieses Phänomen anschaulich als Computergläubigkeit[74] beschrieben. Der Wahrheitsgehalt von aus dem Computer gelieferten Informationen wird wesentlich höher eingeschätzt. Dies hat seine Ursache in der Ausschaltung aller Kontrollmechanismen, die dem Menschen hinsichtlich anderer Informationsquellen zur Verfügung stehen. Wird die Information z.B. von einer Person mündlich mitgeteilt, so steht zur Beurteilung nicht nur die Information selbst, sondern auch das Verhalten des Informanten, etwa positive oder abfällige Äußerungen über das Informationsobjekt oder Mimik und Gestik bei der Schilderung zur Verfügung. Der gesamte Bereich der nonver-

---

69 *Kilian*, Personalinformationssysteme in deutschen Großunternehmen, S. 171.
70 *Kilian*, Personalinformationssysteme, S. 173.
71 *Hentschel*, DB 84, 186ff., 187; *ders.* in: Personalinformationssysteme in der Diskussion, S. 11ff., 11; *Marr u.a.*, Personalwirtschaft 10/82, 16ff.; *Weise* in: Datenschutz im Konflikt, DVR-Beiheft 14, S. 129ff., 134.
72 *Weise* in: Pe9sonalinformationssysteme in der Diskussion, S. 69ff., 70; *Zöllner*, S. 82; *ders.*, DB 84, 241ff., 246.
73 *Ehmann*, FS Hilger/Stumpf, S. 125ff., 134.
74 *Mallmann*, Zielfunktionen des Datenschutzes, S. 50f.

balen Kommunikation wird in die Bewertung der Richtigkeit der Information einbezogen.

Wie wichtig die Einbeziehung der nonverbalen Kommunikation zu nehmen ist, zeigt sich daran, daß alle Prozeßordnungen grundsätzlich die persönliche Vernehmung von Zeugen und Sachverständigen vorschreiben[75] und Ausnahmen hiervon nur ganz restriktiv zulassen. Der persönliche Eindruck von einem Zeugen oder Sachverständigen, sein Verhalten, etwa Unsicherheit, Stottern, Erröten, werden als unverzichtbar für die Beurteilung des Wahrheitsgehalts der mitgeteilten Information angesehen.

Der Kontextverlust erschwert im übrigen die Richtigkeitskontrolle durch den Betroffenen. Die Informationen werden nicht *von* ihm, sondern *über* ihn anonym, also ohne die Möglichkeit, in Kommunikation mit dem Informanten zu treten, erhoben. So wird der Betroffene selbst vom Kommunikationsprozeß abgeschnitten, er weiß deshalb auch nicht, welche Informationen gerade eingespeichert werden. So entsteht die Gefahr der Fehlbeurteilung[76] und der unbewußten Benachteiligung[77]. Der fundamentale Anspruch auf rechtliches Gehör gemäß Art. 103 Abs. 1 GG kann seine Schutzfunktion insoweit nicht erfüllen. Die Gefahr erhöht sich noch, wenn auch die Auswertung der (schein-)objektiven Daten automatisiert wird und Personalentscheidungen durch EDV-Anlagen getroffen werden[78].

Hunold[79] hat gegen die Gefährdung durch Kontextverlust eingewandt, diese bestünde auch bei manueller Datenverarbeitung, weil dort ebenfalls die Schwierigkeit bestünde, menschliches Verhalten zu bewerten. Dem ist entgegenzuhalten, daß die Wertigkeit der Informationen aus manueller Datenverarbeitung viel unmittelbarer ins Auge springt[80] als die von den Informationsbezügen losgelösten Informationen aus automatisierter Verarbeitung. Nicht die Bewertung selbst ist das Problem des Kontextverlustes, sondern die Ausschaltung von Bewertungshilfsmitteln und das Unsichtbarmachen subjektiver Bewertungseinflüsse.

Insgesamt stellen sich der Kontextverlust bei elektronischer Datenverarbeitung und die darauf beruhende Scheinobjektivität ein erhebliches Gefährdungspotential dar, das eine besondere Schutzbedürftigkeit begründet.

---

[75] z.B. §§ 375ff. ZPO, Ausnahme in § 377 Abs. 3 und 4 ZPO; § 250 StPO, Ausnahme § 251 StPO; für den Sachverständigen §§ 72ff. StPO.
[76] *Ehmann*, FS Hilger/Stumpf, S. 125ff., 134.
[77] *Schwarz*, S. 46f.
[78] Kritisch dazu *Gola*, BB 80, 584ff., 585; *ders.*, BlStSozArbR 81, 209ff., 211.
[79] *Hunold*, BB 85, 195ff., 196.
[80] *Zöllner*, S. 9f.

4. Zeitlich unbegrenzte Verfügbarkeit

Die elektronische Datenverarbeitung ermöglicht die zeitlich unbegrenzte Speicherung und Nutzung von personenbezogenen Daten. Während manuell erhobene Daten im Lauf der Zeit verblassen, von den am Informationsprozeß Beteiligten vergessen werden und auch wegen praktischer Schwierigkeiten – wer möchte schon eine Vielzahl von Personalakten aus einer zwanzig Jahre zurückliegenden Zeit auswerten – kaum noch genutzt werden, sind elektronisch verarbeitete Daten aus lange zurückliegenden Zeiten per Knopfdruck stets präsent. Der „Segen des Vergessens"[81] kommt nicht zum Tragen. Die positive Wirkung des Vergessens liegt in dem dadurch geschaffenen Zwang zur gegenwartsbezogenen Entscheidungsfindung. Nicht lange zurückliegende Daten und Verhaltensweisen sollen zur Grundlage der Entscheidungsfindung gemacht werden, sondern die Situation[82] zur Zeit der Entscheidung. Nur so ist es einem Betroffenen möglich, neu anzufangen und frühere fehlerhafte Verhaltensweisen zu ändern[83]. Die jahrzehntelange Verfügbarkeit von Negativdaten über den Betroffenen führt zu dessen Stigmatisierung und erschwert die Chance zur Veränderung, die in einer unvoreingenommenen Beurteilung liegt. Diese Chance zur Veränderung ist notwendig, wenn nicht der Einzelne durch seine bisherigen Verhaltensweisen vollständig determiniert sein soll.

Der zeitlichen Dimension hat der Gesetzgeber im Bereich des Strafrechts[84] und zum Teil im Beamtenrecht[85] durch Einführung von Tilgungsfristen und Verwertungsverboten Rechnung getragen.

Zunehmend wird im übrigen erkannt, daß veraltete Datenbestände ein erhöhtes Fehlerrisiko mit sich bringen und dadurch auch das Interesse der Arbeitgeber an einer sachgerechten Personalentscheidung beeinträchtigen[86].

5. Auswirkungen auf das Arbeitnehmerverhalten

Hier steht die Befürchtung im Vordergrund, die lückenlose und vollständige Datenerfassung werde zu einer erhöhten Anpassung und zur Unterdrükkung abweichenden Verhaltens führen[87]. Zwar wird gelegentlich die in die-

---

[81] BAG Urt. v. 6.6.84 – 5 AZR 286/81 – NJW 84, 2910ff., 2911 = BB 84, 2130ff., 2132; *Ehmann*, FS Hilger/Stumpf, S. 125ff., 135; *Schwarz*, S. 41.

[82] *Ehmann*, FS Hilger/Stumpf, S. 125ff., 135.

[83] Vgl. die Lebach-Entscheidung des BVerfG, Urt. v. 5.6.73 – 1 BvR 536/72 – BVerfGE 35, 202ff., 233ff.

[84] §§ 45ff. BZRG.

[85] z.B. in Niedersachsen § 119 Niedersächsische Disziplinarordnung und die dazu ergangene Tilgungsverordnung v. 26.9.74, Nds. GVBl 1974, S. 428.

[86] *Weise*, DuD 83, 239ff., 241; *Hentschel* in: Personalinformationssysteme in Wirtschaft und Verwaltung, DVR-Beiheft 13, S. 37ff., 42.

[87] *Mallmann*, Zielfunktionen des Datenschutzes, S. 62; *Gola*, BB 80, 584ff., 586f.; *ders.*, BlStSozArbR 81, 209ff., 211; auch *Zöllner*, S. 10 unter g).

sem Zusammenhang verwendete Vokabel „Anpassungsdruck" als gesellschaftspolitisches Reizwort attackiert[88], nicht zu leugnen ist jedoch, daß mit der Intensität der Informationserhebung die Kontrollmöglichkeiten steigen[89]. Das Bewußtsein ständiger Kontrolle wird, verstärkt durch die mangelnde Transparenz[90], den einzelnen Arbeitnehmer dazu veranlassen, alles zu vermeiden, was sein Datenbild beeinträchtigen könnte.

Auf diese Weise wirkt die umfassende Informationssammlung als Zwang zur Selbstkontrolle, der die Einhaltung betrieblich gewünschter Verhaltensweisen vorwegnimmt. Die Konfirmität des Verhaltens nimmt zu[91]. So kann beispielsweise der Druck entstehen, nicht durch gewerkschaftliche Betätigung aufzufallen.

Der Verlust an Spontaneität schließlich wirkt sich auf die Arbeitsergebnisse aus. Die Suche nach neuen Wegen, das Experimentieren mit neuen Möglichkeiten wird gerade in kreativ orientierten Berufen unterbleiben[92], wenn die Angst vor der Speicherung von Fehlschlägen und Irrtümern überwiegt. Spontaneität und Kreativität sind wie das Recht auf Irrtum unverzichtbare Voraussetzungen für die Innovationsfähigkeit und damit für die wirtschaftliche Überlebenskraft der Unternehmen. Es liegt also auch im Arbeitgeberinteresse, dieses Gefährdungspotential zu begrenzen.

6. Auswirkungen auf die betriebliche Interessenvertretung

Schließlich muß der Blick auf die Veränderung der betrieblichen Informationsstrukturen gerichtet werden. Wenn man akzeptiert, daß mehr und bessere Informationen tendenziell zu vermehrter Steuerungs- und Beeinflussungskapazität führen, wird sich das Informationsverhältnis zwischen Unternehmensleitung und Betriebsrat durch Einführung elektronischer Informationstechniken, zu denen nur der Arbeitgeber Zugang hat, erheblich ändern[93]. Der Arbeitgeber ist dadurch mit elektronisch gespeichertem Vorwissen ausgerüstet, auf das der Betriebsrat nur unzureichend antworten kann. Beispielsweise wird der Betriebsrat Auswirkungen veränderter Produktionsziele oder eines neuen Personalkonzepts, die die elektronische Datenverarbeitungsanlage errechnet hat, nur schwer widerlegen können, da er kei-

---

88 *Hunold*, BB 85, 195ff., 196; kritisch zu dem Begriff Informationsdruck, *Zöllner*, S. 82.

89 *Simitis*, Gutachten, S. 10.

90 *Hümmerich*, DB 78, 1932ff., 1934 bezeichnet dies als „Kaffka-Syndrom".

91 *Mallmann*, Zielfunktionen des Datenschutzes, S. 62.

92 Dazu etwa *Großfeld*, JZ 84, 696ff., 697.

93 *Linnenkohl*, ArbuR 84, 129ff., 132; *Wohlgemuth*, ArbuR 82, 269ff., 270; vgl. auch *Steinmüller*, DVR 82, 179ff., 182; *Sproll*, S. 25.

nen Zugang zu den zugrunde gelegten Daten und Programmen hat[94]. Noch schwerer wird es ihm fallen, etwa im Rahmen eines Interessenausgleichs gemäß § 112 BetrVG fundierte Alternativvorschläge zu machen.

Die tendenzielle Informationsunterlegenheit der betrieblichen Interessenvertretung[95] wird die Durchsetzungskraft ihrer Arbeit beeinträchtigen.

7. Zusammenfassung

Insgesamt besteht im arbeitsrechtlichen Bereich eine erhöhte Schutzbedürftigkeit. Diese resultiert nicht nur aus der Vielzahl und Qualität der verarbeiteten Daten im Arbeitsverhältnis, die eine vollständige Erfassung der gesamten Persönlichkeit ermöglichen, und den damit verbundenen Kombinations- und Auswertungsmöglichkeiten. Sie liegt ebenso begründet in der Gefahr des Kontextverlustes und der zeitlich unbegrenzten Verfügbarkeit wie schließlich in den Auswirkungen auf das Verhalten der einzelnen Arbeitnehmer und des Betriebsrates.

D. Datenrechtliche Konfliktfelder im Arbeitsrecht

I. Informationsbeschaffung über Bewerber

Unter datenrechtlichen Gesichtspunkten ist problematisch, inwieweit sich der Arbeitgeber aus fremden Informationsquellen Kenntnisse über Bewerber verschaffen darf. Zu den Konfliktfällen gehört die Datenbeschaffung aus Zentralkarteien, die von Arbeitgebern oder Dritten unterhalten werden, beispielsweise Auskünfte von der Zentrale für den Versicherungsaußendienst, bei der die Daten sämtlicher Versicherungsaußendienstmitarbeiter gespeichert sind[1]. Dazu gehört auch die Abfrage von Bewerberdaten beim Verfassungsschutz[2] oder bei früheren Arbeitgebern, wobei sich die Frage stellt, ob Angaben über politische oder gewerkschaftliche Betätigung übermittelt werden dürfen.

---

94 Vgl. etwa das Beispiel von *Döll* in: Chancen und Risiken des Datenschutzes, DVR-Beiheft 18, S. 4ff., 4f. Dort hatte die HDW-Unternehmensleitung die Anhörungsverfahren zur Kündigung von 1.350 Arbeitnehmern gleichzeitig eingeleitet, der Betriebsrat hatte insgesamt eine Woche Zeit zur Prüfung der Einspruchsmöglichkeiten.

95 *Franz*, S. 36f.

1 So der Konflikt im Urt. d. LAG Berlin v. 13.2.79 – 3 Sa 104/78 – DB 79, 2187f.

2 Dazu BAG Urt. v. 17.5.83 – 1 AZR 1249/79 – AP Nr. 11 zu § 75 BPersVG = DB 84, 139ff. = NJW 84, 824ff. = DuD 84, 318f.

Soweit die Information beim Bewerber selbst erhoben werden, stellt sich das Problem der Begrenzung des Fragerechts in Bezug auf die Inhalte der Befragung, z.B. bezüglich des Gesundheitszustandes[3], und die Art und Weise der Befragung, z.B. Stressbefragung. Wichtig ist auch die Zulässigkeit sonstiger Informationsbeschaffung, z.B. durch graphologische Gutachten[4] oder psychologische Testverfahren.

In allen Problemkreisen ist die Frage impliziert, ob die Informationserhebungsphase, die bisher im BDSG nicht geregelt ist[5], in das BDSG einbezogen werden soll.

II. Daten über außerdienstliches Verhalten

Von Interesse ist, ob die Arbeitgeber Informationen über politische oder gewerkschaftliche Tätigkeit erfassen dürfen, ob sie sich für private Kontakte zum Beispiel eines Mitarbeiters in einem Atomkraftwerk (Fall Traube) oder eines Mitarbeiters zu Journalisten oder etwa für verwandtschaftliche Beziehungen[6] interessieren dürfen. In diesen Bereich fallen auch Informationen über außerbetriebliche Kriminalität.

Von Bedeutung ist weiterhin, ob der Arbeitgeber das Konsumverhalten seiner Mitarbeiter auswerten darf. Beispielsweise geht es um den Fall, daß ein Arbeitgeber überprüft, in welchem Umfang die Arbeitnehmer Fleisch- und Wurstwaren im eigenen Betrieb einkaufen, und er diejenigen, die dies nicht oder nur in geringem Umfang tun, ermahnt, ihr Konsumverhalten zu ändern[7]. Zu dieser Kategorie gehört auch der Fall, daß der Arbeitgeber die Eßgewohnheiten der Mitarbeiter in der Betriebskantine auswertet, um Rückschlüsse auf den Gesundheitszustand der Mitarbeiter ziehen zu können[8]. Nicht zuletzt muß an die Konstellation gedacht werden, daß der Arbeitgeber bei Dienst-Pkw die Angaben des Arbeitnehmers über Zeit, Ausgangs- und

---

3 Zu diesem Punkt *Brill*, BlStSozArbR 85, 113f.; BAG Urt. v. 7.6.84 – 2 AZR 270/83 – DB 84, 2706f.

4 Dazu BAG Urt. v. 16.9.83 – 2AZR 228/80 – DB 83, 2780f. = NJW 84, 446f. = MDR 84, 81ff., wonach graphologische Gutachten grundsätzlich der Einwilligung des Bewerbers bedürfen; *Oetker*, BlStSozArbR 85, 65ff.; zu psychologischen Tests *Klein*, Die Rechtmäßigkeit psychologischer Tests im Personalbereich.

5 *Ordemann/Schomerus*, § 2 BDSG, Anm. 1; *Reh* in: *Simitis/Dammann/Mallmann/Reh*, § 1 BDSG Rn 18b.

6 Vgl. nur den Fall in BAG Urt. v. 26.10.78 – 2 AZR 24/77 – AP Nr. 1 zu § 1 KSchG „Sicherheitsbedenken", in dem es um die Beziehung eines Arbeitnehmers zu einer Schwester einer verurteilten Terroristin ging.

7 So geschehen in der saarländischen Fleischfabrik Lukullus in Wallerfangen nach einem Bericht der Frankfurter Rundschau Nr. 218 vom 18.9.84, S. 4.

8 Vgl. den Fall im Beschl. des ArbG Berlin v. 27.10.83 – 6 BV 7/83 – DB 84, 410f., dort wollte der Arbeitgeber sämtliche Kantinenbestellungen auf einer Diskette speichern und mit Hilfe der Personalnummern den einzelnen Mitarbeitern zuordnen.

Zielpunkt der Privatfahrten auswertet. Schließlich ist als Konfliktbeispiel die Telefondatenerfassung über private Telefongespräche zu nennen[9].

III. Gesundheitsdaten

In diesem Problemkreis geht es darum, in welchem Umfang dem Arbeitgeber Gesundheitsdaten zur Verfügung stehen dürfen. Fraglich ist zum Beispiel, ob der Arbeitgeber Alkohol- oder Drogenabhängigkeit erfassen, ob er die Eigenschaft „Raucher" in sein Datenverarbeitungsprogramm aufnehmen, ob er Erkrankungen, z.B. Herzinfarkt oder Tumorleiden, auch soweit sie lange zurückliegen, und psychische und physische Anfälligkeiten festhalten darf. Zu nennen ist in diesem Zusammenhang auch die gentechnische Untersuchung[10], die in den USA wachsende Verbreitung findet und eine umfassende Analyse der körperlichen und geistigen Eigenschaften einer Person ermöglicht.

IV. Dauernde Speicherung

Der Konflikt entzündet sich daran, ob es zeitliche Grenzen für Datenspeicherung und -nutzung geben muß. Darf der Arbeitgeber beispielsweise Angaben über Betriebskriminalität[11], Abmahnungen[12] oder psychologische oder psychiatrische Gutachten zeitlich unbegrenzt nutzen? Muß es für nicht erweisliche Daten, zum Beispiel über unterdurchschnittliche Leistungen oder Fehlzeiten, oder gar für Daten, die ohne Wissen des Arbeitnehmers gespeichert worden sind und die unzutreffend sein können, eine zeitliche Beschränkung geben?

Schließlich stellt sich dieses Problem für das Schicksal der Daten von erfolglosen Bewerbern[13] oder ausgeschiedenen Arbeitnehmern.

---

[9] Vom ArbG Hamburg Beschl. v. 3.10.84 – 23 Bv 6/84 – BB 84, 2191 f. = DB 84, 2625 f. als Verstoß gegen das BDSG gewertet; gegenteiliger Auffassung LAG Düsseldorf Urt. v. 30.10.84 – 10(12) TaBV 10/84 – DB 84, 2624 f.; vgl. ferner BAG, Beschl. v. 27.5.86 – 1 ABR 48/84 – DB 86, 2080 ff.

[10] Vgl. den Bericht in der Frankfurter Rundschau Nr. 8 vom 10.1.85, S. 5.

[11] Zeitliche Beschränkung abgelehnt von BAG Urt. v. 17.1.65 – 3 AZR 304/54 – AP Nr. 1 zu § 611 BGB „Fürsorgepflicht".

[12] Dazu *Brill*, NZA 85, 109 f., 110.

[13] In dem vom BAG, Urt. v. 6.6.84 – 5 AZR 286/81 – BB 84, 2130 ff. = NJW 84, 2910 ff., entschiedenen Fall hatte sich der Arbeitgeber geweigert, den Personalfragebogen eines abgelehnten Bewerbers zu vernichten.

V. Überwachung und Auswertung

Hier geht der Streit darum, unter welchen Voraussetzungen und innerhalb welcher Grenzen die technische Überwachung von Arbeitnehmern erlaubt ist[14]. Von Bedeutung ist aber auch, inwieweit automatisiert erstellte Eignungs- und Fähigkeitsprofile[15] zulässig sind, letztlich also um den tolerierbaren Grad der Automatisierung von Personalentscheidungen.

Auch hinsichtlich der sozialen Auswahlentscheidung bei der Kündigung gemäß § 1 Abs. 3 KSchG entsteht die Versuchung, sichtbar an den diversen vorgeschlagenen Sozialauswahl-Schemata[16], die Entscheidungsfindung zu automatisieren.

VI. Datenübermittlung innerhalb des Unternehmens

Kontrovers diskutiert wird diesbezüglich vor allem die Datenübermittlung des Arbeitgebers an den Betriebsrat und die Datenverarbeitung durch den Betriebsrat selbst[17]. Dürfen beispielsweise dem Betriebsrat die sozialen Auswahldaten für geplante Kündigungen oder persönliche Daten der Arbeitnehmer im Zusammenhang mit einer Personalplanung[18] des Arbeitgebers uneingeschränkt übermittelt werden? Stehen Datenschutzgründe dem Einblicksrecht des Betriebsrates in die Bruttolohn- und Gehaltslisten[19] entgegen? Hat der Betriebsrat während des Arbeitskampfes Anspruch auf die Privatanschriften der Arbeitnehmer?[20]. Hat der Betriebsrat das Recht, Personalakten daraufhin zu kontrollieren, ob der Arbeitgeber bestimmte Verhaltensweisen mit Abmahnungen belegt hat?[21].

---

14 Beispielhaft sei hier nur das neue Urt. des BAG v. 14.9.84 – 1 ABR 23/82 – DB 84, 2045f. = NZA 85, 28ff. = BB 85, 193ff. erwähnt, in dem es um die Überwachung durch ein sog. Technikerberichtsystem ging.

15 Zur Mitbestimmungspflicht von Anforderungsprofilen hier nur BAG Beschl. v. 31.5. 83 – 1 ABR 6/80 – DB 83, 2311ff. = DuD 84, 143ff.

16 Vgl. die „Hammer Tabelle", LAG Hamm Urt. v. 7.7.81 – 13 Sa 413/81 – DB 82, 2195f. und LAG Düsseldorf Urt. v. 3.6.82 – 8(15) Sa 471/82 – DB 82, 1935ff.; für die Heranziehung von Schemata *Müller*, DB 75, 2130ff., 2133; grundsätzlich auch *Stahlhacke*, BlStSozArR 83, 33ff., 36. Das BAG hat ein Sozialauswahlverfahren nach Tabellen abgelehnt, BAG Urt. v. 24.3.83 – 2 AZR 21/82 – EzA Nr. 21 zu § 1 KSchG Betriebsbedingte Kündigung = DB 83, 1822ff. = NJW 84, 78ff., 80; ebenso KR-*Becker*, § 1 KSchG Rn 357; vorher bereits *Weng*, DB 78, 884ff., 886.

17 Dazu z.B. einerseits *Hentschel*, der arbeitgeber 77, 781ff., 782, der den Betriebsrat als Dritten im Sinne des § 2 Abs. 3 Nr. 2 BDSG einstuft; andererseits *Simitis*, Gutachten, S. 48ff.

18 Dazu neuestens BAG Beschl. v. 19.6.84 – 1 ABR 6/83 – NZA 84, 329ff.

19 Zu dieser Frage BAG Urt. v. 17.3.83 – 6 ABR 33/80 – DB 83, 1607ff. = NJW 83, 2463f.; *Kroll*, DB 79, 1182f.

20 Dazu LAG Berlin Beschl. v. 28.6.84 – 12 Ta BV 3/84 – NZA 84, 405ff.

21 Vgl. LAG Frankfurt Beschl. v. 22.5.84 – 4 Ta BV 93/83 – NZA 85, 97f.

Problematisch ist in diesem Zusammenhang auch, ob persönliche Daten an Arbeitskollegen, etwa an nebenberufliche Versicherungs- oder Bausparkassenmitarbeiter weitergegeben werden dürfen und wie der Schutz vor dem Datenzugriff und der Datenverfälschung durch Arbeitskollegen zu bewerkstelligen ist[22]. Konfliktträchtig ist darüber hinaus das betriebsärztliche Informationssystem. Es geht dabei darum, inwieweit der Zugang des Arbeitgebers zu diesen Informationen zu begrenzen ist und wie eine als notwendig erkannte Abschottung möglichst effektiv zu bewirken ist[23].

Eine interessante Variante der Datenübermittlung innerhalb des Unternehmens liefert die Praxis einiger Versicherungsunternehmen, an alle Versicherungsvertreter monatliche sogenannte „Rennlisten" auszugeben, aus denen hervorgeht, wieviel Verträge jeder einzelne Mitarbeiter vermittelt hat und welchen Platz er in der Erfolgsskala einnimmt[24]. Auf diese Weise ist jeder Mitarbeiter über den geschäftlichen Erfolg und das Einkommen all seiner Kollegen informiert.

VII. Datenübermittlung nach außen

Konfliktpunkte sind insbesondere die Datenübermittlung des Betriebsrates an den Konzernbetriebsrat[25] oder die Gewerkschaften. Von Interesse ist aber gleichfalls, ob der Arbeitgeber etwa Sozialdaten unbeschränkt an das Arbeitsgericht weiterleiten darf[26] oder Arbeitnehmeradressen an einen Zeitschriftenverlag der Arbeitgeberverbände[27]. Es geht aber auch darum, wie die Personaldatenverarbeitung durch eigens damit beauftragte außenstehende Unternehmen oder durch die Zentrale des konzernangehörigen Unternehmens zu beurteilen ist.

---

[22] Ein eklatantes Beispiel in dieser Hinsicht bietet das Urt. d. ArbG Bonn v. 23.11.82 – 4 Ca 2565/82 – DuD 83, 147. Dort hatte ein Bote des Presse- und Informationsamtes der Bundesregierung auf seine Bitte, ihm über vorliegende Pfändungen seines Gehaltes Auskunft zu geben, eine Zusammenstellung der Abtretungen und Pfändungen der Gehaltsempfänger des Amtes mit Namen und Geldbeträgen von 13(!) Arbeitskollegen erhalten, die er seinerseits in der Behörde weiterverbreitete.

[23] Als Beispiel seien hier die Vorschläge von *Kilian*, S. 285 u. 287f. genannt; vgl. auch *Budde*, BB 84, 1305ff.

[24] Diese offenbar verbreitete Praxis schildert und bewertet *Küstner*, BB 84, 1906ff.

[25] Für eine weitergehende Übermittlungsbefugnis de lege ferenda z. B. *Simitis*, Gutachten, S. 56f.

[26] Verneinend z. B. *Rasch*, DB 82, 2296f., 2297, soweit es um soziale Auswahldaten im Kündigungsschutzprozeß geht; gegen ihn *Gola*, DuD 84, 32f.

[27] Dazu *Mayer-Maly*, BB 80, 1441ff.

VIII. Verarbeitung von Daten, die nicht unter den Anwendungsbereich des BDSG fallen

Nach dem bisherigen Rechtszustand fallen interne manuelle Daten[28] gemäß § 1 Abs. 2a. E. und Daten, die nicht in einer Datei[29] enthalten sind (§ 2 Abs. 3 Nr. 3 BDSG), nicht unter die Verarbeitungsvoraussetzungen der §§ 23, 24 BDSG. Ihre Übermittlung innerhalb und außerhalb des Unternehmens ist damit datenschutzrechtlich nicht geregelt, sondern richtet sich im wesentlichen nach der Rechtsprechung zum Persönlichkeitsrecht[30].

Umstritten ist, ob diese Daten, beispielsweise Leistungsbeurteilungen in der manuell geführten Personalakte[31] in das BDSG miteinbezogen werden müssen[32], ob damit an die Stelle des Verletzungsschutzes der Gefährdungsschutz treten soll. Daraus hat sich die bereits angesprochene Kontroverse[33] entwickelt, ob an der Zweigleisigkeit des Datenschutzes festgehalten werden oder die Datenschutzgesetzgebung in Zukunft die gesamte Datenverarbeitung – auch die manuelle – erfassen soll.

IX. Die Kontrolle des Datenschutzes im Arbeitsrecht

Von zentraler Bedeutung für die Effektivität des Datenschutzes ist eine wirksame Kontrolle der Einhaltung der Datenschutzbestimmungen.

Im Mittelpunkt steht daher die Frage, wie der Arbeitnehmer vor unzulässig gewonnenen oder verwerteten, unvollständigen, überholten oder falschen Daten zu schützen ist. Ins Blickfeld kommen dabei alle vier Ebenen der Datenschutzkontrolle. Auf der individualrechtlichen Kontrollebene besteht das Problem, ob die Arbeitnehmer vorhandene oder zu erweiternde[34] Kontrollrechte angesichts ihrer persönlichen Abhängigkeit durchzusetzen vermögen. Die Reichweite einzelner Kontrollrechte ist ebenfalls ungeklärt, etwa der Auskunftsanspruch über diejenigen externen Stellen, die im Online-Verfahren

---

28 Unter dem Begriff sind nach der Legaldefinition des § 1 Abs. 2 Satz 2 BDSG Daten zu verstehen, die in nicht automatisierten Verfahren verarbeitet werden und nicht zur Übermittlung an Dritte bestimmt sind. Vgl. dazu *Auernhammer,* § 1 Rn 11ff.; *Gallwas/Schneider/Schwappach/Schweinoch/Steinbrink,* § 1 Rn 36ff.

29 Zum Dateibegriff *Dammann* in: *Simitis/Dammann/Mallmann/Reh,* § 2 Rn 172ff.; *Ordemann/Schomerus,* § 2 Anm.

30 Einhellige Meinung, vgl. *Zöllner,* S. 5f. m.w.N.

31 Dazu *Kroll,* S. 44ff.

32 Bejahend z.B. *Simitis,* Gutachten, S. 189; dagegen *Zöllner,* S. 100.

33 Vgl. dazu Teil 1, C III 2, S. 37 und die dort in Fn. 62 u. 63 genannten Nachweise.

34 Etwa die Erweiterung des Auskunftsrechts der §§ 26, 34 BDSG in ein Abfragerecht, dazu *Müller,* DuD 81, 251f.

abrufberechtigt sind[35], die also, ohne daß dies die übermittelnde Stelle beeinflussen oder kontrollieren könnte, Daten im Wege des Direktzugriffs von der übermittelnden Stelle abrufen können.

Im kollektivrechtlichen Bereich entzündet sich der Konflikt an der Frage, ob der Betriebsrat berufenes Organ zur Datenschutzkontrolle ist[36], zumal er selbst oftmals Daten verarbeitet, und ihm damit außerdem die Wahrnehmung individueller Rechte zufallen würde.

Die Eigenkontrolle der Unternehmen durch betriebliche Datenschutzbeauftragte ist unter zwei Gesichtspunkten kontrovers. Einmal steht in Rede, ob die Unabhängigkeit der Beauftragten in Bezug auf die Kontrollaufgaben genügend gesichert ist[37]. Konfliktbeladen ist z.B., ob ein leitender Angestellter zum betrieblichen Datenschutzbeauftragten bestellt werden kann[38]. Die Frage nach der Unabhängigkeit stellt sich insbesondere, wenn der Leiter des EDV-Bereichs zum Datenschutzbeauftragten bestellt wird[39] – eine Konstellation, die nach der Untersuchung von *Kilian*[40] in 33,8% der untersuchten Unternehmungen gegeben war – oder gar der Sicherheitsingenieur, der als Verbindungsmann zum Verfassungsschutz fungiert, mit der Position des betrieblichen Datenschutzbeauftragten betraut wird[41].

Zum anderen wird der Benachteiligungs- und Kündigungsschutz des betrieblichen Beauftragten debattiert[42]. Schließlich geht es um die Gefahr der Insuffizienz staatlicher Aufsicht aufgrund fehlender Zwangsbefugnisse und mangelnder Nähe zu betrieblichen Abläufen.

---

35 Vgl. die parallel liegende Problematik im Zivilrecht im Urt. d. BGH v. 15.12.83 – III ZR 187/82 – JZ 84, 676ff. = NJW 84, 1887ff., wo eine Auskunftspflicht verneint wird; ebenso *Abel*, NJW 83, 400; anderer Auffassung *Fiedler*, JZ 84, 678f.

36 Bejahend *Gola*, DuD 78, 25ff., 25; *Simitis*, Gutachten, S. 16ff., 29ff.; kritisch *Zöllner*, S. 73f.

37 Dazu etwa *Auernhammer*, DuD 84, 5ff.

38 Kritisch z.B. *Wohlgemuth*, ArbuR 82, 269ff., 272.

39 Vgl. insbesondere *Simitis* in: *Simitis/Dammann/Mallmann/Reh*, § 28 BDSG Rn 123 m.w.N.

40 *Kilian*, S. 237.

41 So die Konstellation in dem Beschl. des LAG München v. 16.11.78 – 8 Ta BV 6/78 – DB 79, 1561, dazu *Simitis* in: *Simitis/Dammann/Mallmann/Reh*, § 28 BDSG Rn 124 und *Wohlgemuth*, ArbuR 82, 269ff., 272 Fn. 33.

42 Für eine Erweiterung z.B. *Kilian*, S. 256; zurückhaltend *Ordemann/Schomerus*, § 28 BDSG Anm. 3.3; ebenso *Kroll*, S. 248; ablehnend *Kamlah* in: *Kamlah/Schimmel/Schwan*, § 29 BDSG Rn 37.

E. Der verfassungsrechtliche Rahmen der Datenschutzgesetzgebung

I. Das informationelle Selbstbestimmungsrecht nach der Rechtsprechung des Bundesverfassungsgerichts

1. Inhalt

Mit dem sogenannten Volkszählungsurteil hat das Bundesverfassungsgericht erstmals mit dem Begriff informationelles Selbstbestimmungsrecht[1] gearbeitet. Das Recht auf informationelle Selbstbestimmung wurde definiert als Befugnis des Einzelnen, grundsätzlich selbst zu entscheiden, wann und innerhalb welcher Grenzen persönliche Lebenssachverhalte offenbar werden. Dieses Recht folge aus dem Grundsatz der Selbstbestimmung, der Mittelpunkt der grundgesetzlichen Ordnung sei, die Wert und Würde des Menschen durch freie Selbstbestimmung in einer freien Gesellschaft schütze[2]. In dem Recht auf informationelle Selbstbestimmung – ein Begriff, der bereits in der Datenschutzdiskussion der siebziger Jahre geprägt wurde[3] – sei kein eigenständiges Grundrecht zu sehen. Vielmehr folge es aus dem durch Art. 2 Abs. 1 in Verbindung mit Art. 1 Abs. 1 GG geschützten allgemeinen Persönlichkeitsrecht. Das Persönlichkeitsrecht, beruhend auf dem Recht der freien Entfaltung der Persönlichkeit des Art. 2 Abs. 1 GG sei bisher durch die Rechtsprechung nicht abschließend definiert. Es bedürfe angesichts neuartiger Entwicklungen und der damit verbundenen Gefährdungen ständiger Konkretisierung. Die Gefahren der automatisierten Datenverarbeitung, insbesondere durch den Aufbau integrierter Informationssysteme mit der Möglichkeit, vollständige Persönlichkeitsbilder[4] ohne Richtigkeits- und Verwendungskontrolle durch den Betroffenen erstellen zu können, erforderten einen Schutz der Selbstbestimmungsfreiheit. Denn diese könne besonders dadurch beeinträchtigt werden, daß umfassende Informationen über den Einzelnen zu einer Verhaltenssteuerung durch den psychischen Druck öffentlicher Anteilnahme benutzt werden könnten[5].

Das Recht auf informationelle Selbstbestimmung ist daher als Konkretisierung des allgemeinen Persönlichkeitsrechts für den Bereich der modernen

---

[1] BVerfG Urt. v. 15.12.83 – 1BvR 209/83 u.a. – BVerfGE 65, 1ff. = NJW 84, 419ff., 421.

[2] BVerfG, a.a.O., (Fn. 1), S. 421; die zentrale Bedeutung des Selbstbestimmungsrechts für die Würde des Menschen und die Wertordnung der Verfassung wird in der gesamten Staatsrechtsliteratur einhellig anerkannt, vgl. nur *Dürig* in: *Maunz/Dürig/Herzog/Scholz*, Art. 1 GG Rn 18 und *Stein*, Staatsrecht, § 20 I.

[3] *Chr. Mallmann*, Datenschutz in Verwaltungsinformationssystemen, S. 47ff.; *Meister*, S. 111ff.

[4] Dazu bereits *Benda*, FS Geiger (1974), S. 23ff., 37f.

[5] BVerfG, NJW 84, S. 422.

Datenverarbeitungstechnologie zu verstehen. Das Bundesverfassungsgericht weist selbst darauf hin, daß es den Grundgedanken der Selbstbestimmung bereits in früheren Entscheidungen als maßgebliches Entscheidungskriterium für die Verletzung des Persönlichkeitsrechts herangezogen hat[6].

Namentlich im sogenannten Eppler-Urteil[7], das die Unterstellung eines unzutreffenden Zitats betraf, werden die Argumentationslinien des Volkszählungsurteils bereits vorgezeichnet. Dort wird zum einen deutlich das durch Art. 2 Abs. 1 i.V. mit Art. 1 Abs. 1 gewährleistete Persönlichkeitsrecht als unbenanntes Freiheitsrecht[8] gekennzeichnet, das die benannten Freiheitsrechte, etwa die Gewissens- oder Meinungsfreiheit, ergänze, indem es dem obersten Konstitutionsprinzip der Verfassung, der Würde des Menschen, auch in dem Bereich zur Durchsetzung verhelfe, der sich durch die speziellen Freiheitsrechte nicht abschließend erfassen lasse. Damit wird die Feststellung verbunden, das Persönlichkeitsrecht bedürfe ständiger Konkretisierung, namentlich im Hinblick auf moderne technische Entwicklungen und die damit verbundenen Gefahren.

Zum anderen wird hervorgehoben, daß dem Schutz des allgemeinen Persönlichkeitsrechts der Gedanke der Selbstbestimmung zugrunde liege. Der Einzelne solle grundsätzlich selbst entscheiden können, ob und wie er sich Dritten oder der Öffentlichkeit gegenüber darstellen wolle[9]. Dazu gehöre auch, die Reichweite jeder Persönlichkeitsäußerung zu bestimmen, entsprechend der Befugnis, den Adressatenkreis des gesprochenen Wortes selbst zu bestimmen und darüber zu entscheiden, ob und von wem das gesprochene Wort auf Tonträger aufgenommen werden dürfe[10].

Das Volkszählungsurteil schreibt die geschilderten Begründungselemente fort. Freilich macht es auch darauf aufmerksam, daß das so begründete Recht auf informationelle Selbstbestimmung nicht schrankenlos bestehe. Dieser Ausschnitt aus dem allgemeinen Persönlichkeitsrecht gebe dem Bürger kein absolutes Herrschaftsrecht im Sinne einer ausschließlichen Befugnis, über seine Daten zu verfügen. Aus der Gemeinschaftsbezogenheit des Grundrechts folge vielmehr seine Beschränkbarkeit, allerdings nur auf ge-

---

[6] BVerfG, NJW 84, S. 421; der Gedanke der Selbstbestimmung wird neben dem unten in Fn. 7 genannten Urteil angesprochen in BVerfG, Beschl. v. 8.2.83 – 1 BvL 20/81 –, BVerfGE 63, 131 ff. = NJW 83, 1179 ff., 1180 (Gegendarstellungsanspruch); BVerfG, Urt. v. 5.6.73 – 1 BvR 536/72 –, BVerfGE 35, 202 ff., 220 (Lebach-Urteil); BVerfG, Beschl. v. 16.7.69 – 1 BvL 19/63 –, BVerfGE 27, 1 ff., 6 (Mikrozensus).

[7] BVerfG, Beschl. v. 3.6.80 – 1 BvR 185/77 –, BVerfGE 54, 148 ff. = NJW 80, 2070 ff.; kritisch dazu *Stoll*, Jura 81, 135 ff.

[8] BVerfG, NJW 80, S. 2070.

[9] BVerfG, NJW 80, S. 2071; zustimmend *Denninger*, ZRP 81, 231 ff., 232.

[10] BVerfG, NJW 80, S. 2071 unter ausdrücklichem Hinweis auf BVerfG Beschl. v. 31.1.73 – 2 BvR 454/71 – BVerfGE 34, 238 ff. = NJW 73, 891 ff. (heimliche Tonbandaufnahme).

setzlicher Grundlage und unter Beachtung des Verhältnismäßigkeitsprinzips[11].

2. Kritik an dem Recht auf informationelle Selbstbestimmung

Das Urteil des BVerfG zum Volkszählungsgesetz hat in einem großen Teil der Literatur breite Zustimmung[12] erfahren.

Allerdings sind auch Stimmen der Kritik[13] zu verzeichnen. Weniger bedeutsam ist der Einwand, der Begriff informationelles Selbstbestimmungsrecht sei unglücklich gewählt[14]. Insoweit läuft die Kritik auf sprachliche Einwände hinaus. Es wird befürchtet, der Begriff verleite zu dem auch vom BVerfG nicht beabsichtigten Fehlschluß, es gebe ein absolutes uneingeschränktes Recht auf informationelle Selbstbestimmung. Dabei muß jedoch bedacht werden, daß diese Gefahr auch bei anderen denkbaren Formulierungen, etwa dem Recht am eigenem Datum[15] als Grundrecht eher noch größer gewesen wäre. Auf der anderen Seite mußte der Bezug zum Persönlichkeitsrecht durch den Aspekt der Selbstbestimmung und zur Anwendung des Persönlichkeitsrechts auf informationsrechtliche Sachverhalte zum Ausdruck gebracht werden, so daß die Begriffsbildung um der Vollständigkeit willen beide Komponenten aufnehmen mußte.

Gravierender ist der Einwand, die Konstruktion des informationellen Selbstbestimmungsrechts sei überflüssig und falsch[16].

Hartleb[17] ist der Auffassung, daß der einzelne wahre Informationen, die über ihn verbreitet würden, hinnehmen müsse. Den negativen Informationsgehalt und die daraus resultierende geringere Achtung seiner Mitmenschen habe er in diesem Fall verdient.

---

11 BVerfG, NJW 84, S. 422.

12 *Leibholz/Rinck*, Grundgesetz, Art. 2 Anm. 3; *v. Mangoldt/Klein/Starck*, Grundgesetz, Art. 2, Abs. 1 Rn 80 und 122; *Baumann*, DVBl 84, 612ff., 613f.; *Steinmüller*, DuD 84, 91ff.; *Gola*, NJW 84, 1155ff., 1162; *Wohlgemuth*, Der Betriebsrat 85, 5ff.; *Simitis*, NJW 84, 398ff., 400; *Walz*, Der Personalrat 85, 51ff., 52; *Geiger*, DSWR 84, 43ff. 44; *Riegel*, DVBl 85, 765ff., 766; *Hufen*, JZ 84, 1072ff., 1076ff.; *Heußner*, ArbuR 85, 309ff., 311f.

13 *Hartleb*, DVR 84, 99ff.; *Schneider*, DÖV 84, 161ff.; bereits vor Erlaß des Urteils ein Recht auf informationelle Selbstbestimmung ablehnend: *Zöllner*, S. 22; *Krause*, DB-Beilage 23/84, S. 5f.; *Kloepfer*, Datenschutz als Grundrecht, S. 40.

14 *Hartleb*, DVR 84, 99ff., 101; insofern kritisch auch *v. Mangoldt/Klein/Starck*, Art. 2 Abs. 1 GG Rn 80; die nicht völlig gelungene Begriffsbildung räumt auch *Benda*, DuD 84, 86ff., 87 ein.

15 Dieser Vorschlag stammt von *Meister*, S. 111; *ders.*, BB 76, 1584ff., 1588.

16 *Hartleb*, DVR 84, 99ff., insb. 102f.

17 *Hartleb*, DVR 84, 99ff., 102.

Ein weiteres Argument der Kritiker betrifft die Konsequenz des Rechts auf informationelle Selbstbestimmung bezüglich der Selbstdarstellung des Einzelnen. Aus dem informationellen Selbstbestimmungsrecht folge die Befugnis des einzelnen, ausschließlich darüber zu entscheiden, welches Bild sich andere oder der Staat von ihm machen[18]. Dies würde dem einzelnen die Möglichkeit eröffnen, sich nach außen völlig unzutreffend darzustellen und jederzeit neu zu beginnen. Dies widerspreche nicht nur dem Grundsatz der Wahrhaftigkeit, es gehöre auch zur Würde des Menschen, nach seiner Vergangenheit beurteilt zu werden[19]. Es sei offensichtlich unsinnig, daß jemand seine Persönlichkeit selbst zu definieren vermöge[20].

3. Stellungnahme

Der Hinweis auf wahre Informationen, die jedermann hinzunehmen habe, läßt die Zielrichtung des Rechts auf informationelle Selbstbestimmung zu sehr außer acht. Es geht nicht darum, wahre Information zu unterbinden. Vielmehr sind der Wahrheitsgehalt und die Quelle der Information ja gerade oft streitig und für den Betroffenen nicht kontrollierbar. Ihm soll durch das Recht auf informationelle Selbstbestimmung die Möglichkeit gegeben werden, Kontext und Richtigkeit der Information zu kontrollieren. Und er soll in die Lage versetzt werden, selbst zu bestimmen, welche Informationen er aus seinem privaten Bereich an welchen Adressatenkreis gelangen lassen will. Insofern enthält das informationelle Selbstbestimmungsrecht lediglich eine Sicherung der Autonomie des einzelnen, Informationen über sich zu geben oder zu schweigen. Gerade dieses Recht zu schweigen[21], das Verbot des Zwangs zur Selbstbezichtigung, ist durch die moderne Informationstechnologie in Gefahr, weil der einzelne gar nicht mehr befragt werden muß, wenn durch vollständige Datenerfassung alle Informationen über ihn schon gesammelt sind.

Verkannt wird auch, daß die Vorenthaltung von wahren Informationen einen wichtigen Schutzzweck erfüllen kann. Sie soll willkürliche Benachteiligungen verhindern, also bewirken, daß Entscheidungen nach sachgerechten Kriterien und nicht aufgrund sachfremder Informationen getroffen werden. Dies geschieht am wirkungsvollsten dadurch, daß dem Arbeitgeber die Informationen vorenthalten werden dürfen, die für eine sachbezogene Entscheidung nicht benötigt werden[22]. So gesehen gewährleistet die Vorenthaltung

---

18 *Krause*, DB-Beilage 23/83, S. 4.
19 *Krause*, DB-Beilage 23/83, S. 4.
20 *Krause*, DB-Beilage 23/83, S. 4; *Hartleb*, DVR 84, 99ff., 101; *Zöllner*, S. 21.
21 Dessen Bedeutung auch *Krause*, DB-Beilage 23/83, S. 6f., anerkennt.
22 *Otto*, Personale Freiheit und soziale Bindung, S. 40f.

wahrer Informationen die Grundrechte der Betroffenen[23], insbesondere sichert sie die Einhaltung des Gleichheitssatzes des Art. 3 GG. Beispielsweise darf der Arbeitgeber bei der Einstellungsentscheidung die Bewerber nicht nach der Gewerkschaftszugehörigkeit fragen[24]. Der Verzicht auf wahre Information geschieht gerade deshalb, weil verhindert werden soll, daß die Einstellungsentscheidung von einer Information abhängig gemacht wird, die nach dem Willen des Verfassungsgesetzgebers gemäß Art. 9 Abs. 3 Satz 2 GG kein zulässiges Differenzierungskriterium sein darf.

Soweit darauf verwiesen wird, es sei unsinnig, daß jemand seine Persönlichkeit gegenüber der Umwelt ausschließlich und abschließend selbst definieren könne, trifft dies zwar zu, besagt aber noch nichts gegen das Recht auf informationelle Selbstbestimmung. Es wurde schon erwähnt, daß dieses Recht weder vom BVerfG[25] noch von der zustimmenden Literatur[26] als absolutes Herrschaftsrecht mit Ausschließlichkeitscharakter verstanden wird. Von daher kann ein Recht auf Selbstdefinition gegenüber anderen nicht Inhalt des informationellen Selbstbestimmungsrechts sein. Anliegen des informationellen Selbstbestimmungsrechts ist vielmehr zu verhindern, daß der einzelne von der Definition seiner Persönlichkeit ausgeschlossen wird, indem die über ihn vorhandenen Informationen ohne sein Wissen und die Möglichkeit der Stellungnahme zusammengeführt werden. Nicht zuletzt deshalb betont das BVerfG die Gemeinschaftsbezogenheit dieses Rechts[27]. Dem einzelnen soll also die Teilhabe an der Definition seiner Persönlichkeit offengehalten werden.

Die Kritik am Recht auf informationelle Selbstbestimmung vermag also nicht zu überzeugen.

4. Drittwirkung des informationellen Selbstbestimmungsrechts im Arbeitsverhältnis

Wie sich das auf Art. 2 Absatz 1 GG beruhende informationelle Selbstbestimmungsrecht auf das Arbeitsverhältnis auswirkt, hängt davon ab, welche Rechtswirkungen Grundrechte im Privatrecht entfalten. Hier stehen sich zwei Auffassungen gegenüber.

---

23 Unzutreffend deshalb *Ehmann*, NZA-Beilage 1/85, S. 2ff., 3, der meint, jeder Verzicht auf Information habe einen Verlust an Richtigkeits- und Gerechtigkeitsgewähr des Entscheidungsprozesses zur Folge.

24 *Gamillscheg*, Arbeitsrecht, Bd. 1, Fall 48, S. 100 m.w.N.

25 BVerfG, NJW 84, S. 422.

26 *Simitis*, NJW 84, 398ff., 400; *Benda*, DuD 84, 86ff., 89; vgl. im übrigen die Ausführungen in Teil 1, E I 1.

27 BVerfG, NJW 84, S. 422, ebenso *Simitis*, NJW 84, 398ff., 400.

a. *Die unmittelbare Drittwirkung*

Das BAG[28] und ein Teil des Schrifttums[29], insbesondere des arbeitsrechtlichen, gehen von der unmittelbaren Drittwirkung der Grundrechte im Arbeitsverhältnis aus. Daraus folgt, daß die Grundrechte ebenso wie im Verhältnis Bürger – Staat auch im Verhältnis der Vertragspartner untereinander gelten. Der Arbeitgeber wäre also zunächst einmal in gleichem Umfang wie der Staat an das informationelle Selbstbestimmungsrecht gebunden.

b. *Die mittelbare Drittwirkung*

Demgegenüber haben das BVerfG[30] und der überwiegende Teil der Literatur[31] die Auffassung vertreten, die Grundrechte seien abgesehen von der in der Verfassung in Art. 9 Abs. 3 Satz 2 GG angeordneten Ausnahme direkt auf Rechtsverhältnisse der Bürger untereinander nicht anwendbar. Die Grundrechte seien im wesentlichen Abwehrrechte gegen den Staat und deshalb unmittelbar auf das Verhältnis Bürger–Bürger nicht übertragbar. Sie fänden aber dadurch Eingang in das Privatrecht, daß die ihnen zugrundeliegenden Wertentscheidungen Eingang in die Auslegung und Anwendung des Vertragsrechts fänden. Diese mittelbare Drittwirkung der Grundrechte vollziehe sich insbesondere über die Generalklauseln des BGB, insbesondere die §§ 157, 242, 315 und 826, und im Arbeitsrecht zusätzlich über die Fürsorgepflicht des Arbeitgebers.

c. *Die wesentlichen Argumente des Meinungsstreits*

Neben dem Verweis auf den Charakter der Grundrechte als Abwehrrechte gegen den Staat wird gegen eine unmittelbare Drittwirkung vorgebracht, es gehöre zur grundgesetzlich garantierten Freiheit, auf einzelne Grundrechte verzichten zu können. Die bürgerliche Freiheit dürfe nicht auf das reduziert werden, was der Staat dürfe[32]. Dagegen könnte jedoch eingewandt werden,

---

28 BAG Urt. v. 3.12.54 – 1 AZR 150/54 – BAGE 1, 185ff., 193; BAG Urt. v. 10.5. 57 – 1 AZR 249/56 – NJW 57, 1688ff., 1689; vgl. jetzt auch BAG, Urt. v. 6.6.84 – 5 AZR 286/81 – BB 84, 2130ff., 2131 = NJW 84, 2910ff.; distanzierter aber etwa BAG, Urt. v. 20.12.84 – 2 AZR 436/83 – BB 1985, S. 1853ff., 1854; vgl. ferner BAG, Beschluß des Großen Senats v. 27.2.85 – GS 1/84 – DB 85, 2197ff.

29 *Müller*, RdA 64, 121ff., 125f.; *Nipperdey*, Die Grundrechte, Bd. II, S. 19f.; *Leisner*, Grundrechte und Privatrecht, S. 404ff.; *Schwabe*, Die sogenannte Drittwirkung der Grundrechte, S. 155ff.; *ders.*, NJW 73, 229f.; *Steinmüller*, DuD 84, 91ff., 94f.; *Mayer*, ArbuR 85, 105ff., 106; *ders.*, JZ 85, 1111ff., 1112f.; *Simitis*, NJW 84, 398ff., 401; weitgehend auch *Hanau/Adomeit*, Arbeitsrecht, B II 1; ferner *Linnenkohl/Rauschenberg*, BB 86, 1715f.

30 BVerfG Urt. v. 15.1.58 – 1 BvR – 400/51 – BVerfGE 7, 198ff., 204ff. (Lüth-Urteil).

31 *Dürig* in: *Maunz/Dürig/Herzog/Scholz*, Art. 1 GG Rn 127–130; *Söllner*, Arbeitsrecht, § 5 III 2; *Otto*, a.a.O., S. 140ff.; *Wente*, NJW 84, 1446f.; *Klöpfer*, S. 27 und 32; *Zöllner*, § 7; *ders.*, RDV 85, 3ff., 5ff.

32 *Dürig*, in: *Maunz/Dürig/Herzog/Scholz*, Art. 1 GG Rn 130, der eine umfassende Literaturzusammenstellung liefert.

daß eine im Vergleich zum Staat weitergehende Freiheit ebenfalls auf Grundrechtspositionen, etwa Art. 5 Abs. 1 Satz 2 oder Art. 12 GG, beruht. Darüber hinaus enthält § 75 BetrVG die direkte Verpflichtung der Betriebspartner, Gleichbehandlung und freie Persönlichkeitsentfaltung der Arbeitnehmer zu sichern. Sicher kann der einzelne in freier Willensbestimmung auf die Ausübung eines Grundrechts verzichten. Davon zu unterscheiden ist aber die Frage, ob die Grundrechtswahrnehmung durch Vertrag dauerhaft ausgeschlossen und dies mit den zivilrechtlichen Sanktionen durchgesetzt werden kann, ob die Grundrechte also „verkäuflich" sein können.

Endlich spricht vieles für die von *Gamillscheg*[33] verfochtene These, Zweck der Grundrechte sei der Schutz vor sozialer Mächtigkeit. Deshalb spiele es keine Rolle, ob der Schutz gegenüber dem sozial mächtigeren Staat oder dem sozial mächtigeren Arbeitgeber[34] benötigt werde. Die Schutzwirkung müsse gleich sein. Für diese Überlegung läßt sich im Informationsbereich zusätzlich anführen, daß dieser Bereich ja gerade die Regelung des informationellen Gleichgewichts betrifft.

d. Die praktische Relevanz der Kontroverse

Bemerkenswert ist, daß sich dieser Meinungsstreit in den praktischen Ergebnissen nicht niederschlägt. Unterschiedliche Entscheidungen des BVerfG und des BAG aufgrund des unterschiedlichen dogmatischen Ansatzes haben sich in der gesamten Zeit nicht ergeben[35]. Das gilt auch für die besonders konfliktbeladenen Bereiche der Meinungsfreiheit und der Gleichbehandlung von Männern und Frauen. Auffällig ist schließlich, daß der Meinungsstreit vor allem in den 50er Jahren geführt worden ist und sich die Argumente seither kaum verändert haben[36]. Neuere Stellungnahmen gibt es wenige[37], in der aktuellen Diskussion wird der Streit weitgehend ausgeklammert[38]. Bleibt damit als Befund festzuhalten, daß der Meinungsstreit nur geringe

---

[33] *Gamillscheg*, Arbeitsrecht, Bd. I, Fall 27, S. 48f.; *ders.*, AcP 164, 385ff., 419ff.; ebenso *Mayer*, ArbuR 85, 105ff., 106; dies erkennt im Grundsatz auch *Dürig* in: *Maunz/Dürig/Herzog/Scholz*, Art. 1 GG Rn 102 an.

[34] Die im Hinblick auf das Zivilrecht benutzte Formel vom „privatrechtlichen Gleichordnungsverhältnis", z.B. bei *Wente*, NJW 84, 1446f., wird der sozialen Realität des Arbeitsrechts ohnehin nicht gerecht.

[35] Vgl. auch *Scholz* in: *Maunz/Dürig/Herzog/Scholz*, Art. 12 GG Rn 72, der dem BAG bescheinigt, trotz des falschen dogmatischen Ansatzes zu verfassungskonformen und zutreffenden Ergebnissen gekommen zu sein und in Rn 73a.E. regelmäßige Ergebnisidentität zwischen mittelbarer und unmittelbarer Drittwirkungslehre konstatiert.

[36] Deutlich abzulesen z.B. an dem Literaturüberblick bei *Dürig* in: *Maunz/Dürig/Herzog/Scholz*, Art. 1 GG Rn 128.

[37] Neuere Stellungnahmen von *Canaris*, AcP 184 (1984), S. 201ff. und *Schwabe*, AöR 100 (1975), S. 442ff.

[38] BGH Urt. v. 20.1.81 – VI ZR 162/79 – NJW 81, 1089ff., 1090 stellt, ohne sich festzulegen, fest, die Stellung der Arbeitsvertragsparteien werden durch Art. 5 GG „mitbeeinflußt".

praktische Relevanz hat[39], so sprechen im Bereich des informationellen Selbstbestimmungsrechts zusätzliche Gesichtspunkte dafür, die Datenschutzqualität im öffentlichen und privaten Sektor gleich auszugestalten. Einmal ist das allgemeine Persönlichkeitsrecht des Artikels 2 Abs. 1 GG – in dem das informationelle Selbstbestimmungsrecht enthalten ist – im Arbeitsverhältnis ohnehin zu beachten[40], so daß die Gestaltung der Arbeitsrechtsbeziehungen unter Mißachtung des informationellen Selbstbestimmungsrechts auch nach der Theorie von der mittelbaren Drittwirkung der Grundrechte nicht zulässig wäre[41]. Erst recht gilt dies, wenn der durch Art. 1 Abs. 3 GG an die Grundrechte gebundene Gesetzgeber tätig würde[42]. Zum anderen kommt entscheidend hinzu, daß sich die Bundesrepublik in Art. 3 Abs. 1 der von ihr ratifizierten Datenschutzkonvention des Europarates[43] verpflichtet hat, die danach zu verwirklichenden Datenschutzbestimmungen im öffentlichen und privaten Bereich gleichermaßen anzuwenden[44]. Unmißverständlich hat der Gesetzgeber bereits bisher in § 7 Abs. 3 BDSG die datenrechtliche Gleichbehandlung von Beschäftigungsverhältnissen im privaten und öffentlichen Bereich angeordnet.

Die Grundsätze des informationellen Selbstbestimmungsrechts müssen aus allen genannten Gründen auch bezüglich des privaten Arbeitsverhältnisses gelten.

II. Die verfassungsrechtliche Position der Datenverarbeiter

Die Wirkung des informationellen Selbstbestimmungsrechts könnte jedoch deshalb von der auf den Staat ausgehenden abweichen, weil den privaten Datenverarbeitern möglicherweise ebenfalls Grundrechte zur Seite stehen.

---

[39] *Gamillscheg,* S. 48, der von einem „Scheinproblem" spricht und *Benda,* RdA 79, 1ff., 6, der die Auseinandersetzung als langweilig und verstaubt klassifiziert. Ähnlich *Schwabe,* AöR 100 (1975), S. 442ff., 470.

[40] *Wiese,* ZfA 71, 273ff., 275ff.; *Söllner,* § 5 III 2 a.E.; *Echterhölter,* BB 70, 677, 680; *Schwenk,* NJW 68, 822ff., 822f.; BAG, Urt. v. 1.3.73 – 5 AZR 453/72 – AP Nr. 1 zu § 611 BGB Persönlichkeitsrecht; BAG, Urt. v. 8.2.84 – 5 AZR 501/81 – AP Nr. 5 zu § 611 BGB Persönlichkeitsrecht mit zustimmender Anmerkung von *Echterhölter;* BAG, Urt. v. 6.6.84 – 5 AZR 286/81 – BB 84, 2130ff., 2131 = NJW 84, 2910ff.; *Richardi,* Anm. zu BAG AP Nr. 9 zu § 87 BetrVG 1972 Überwachung unter III 2.

[41] *Heußner,* ArbuR 85, 309ff., 314; *Baumann,* 7. Tätigkeitsbericht, S. 90, vgl. auch S. 82.

[42] *Canaris,* AcP 184 (1984), S. 201ff., 212ff.; *Schwabe,* AöR 184 (1984), S. 422ff., 444ff.

[43] Datenschutzkonvention des Europarates vom 28.1.1981, BGBl. Teil II 1985, S. 538ff.

[44] Ebenso die Entscheidung des Europäischen Parlaments, BT-Drucks. 9/1516, S. 4 unter Pkt. 17.

Vorauszuschicken ist, daß die Grundrechte gemäß Art. 19 Abs. 3 GG grundsätzlich auch auf die als juristische Personen organisierten Arbeitgeber und Datenverarbeiter anwendbar sind[45]. Allerdings gilt dies nur eingeschränkt für die Grundrechte aus Art. 12 und 14 GG; je mehr der personale Bezug hier zurücktritt, desto schwächer wird der Grundrechtsschutz[46].

1. Art. 5 Abs. 1 Satz 1 GG

In erster Linie wird die durch Art. 5 Abs. 1 Satz 1 GG garantierte Freiheit, seine Meinung frei zu äußern und sich aus allen allgemein zugänglichen Quellen zu unterrichten, genannt[47]. Daraus wird ein Recht auf Kommunikation gefolgert[48]. Dieses Kommunikationsrecht enthalte die Befugnis, Informationen über Dritte sammeln oder verarbeiten zu dürfen.

Noch weiter geht *Hartleb*[49], der in einer Einschränkung der Arbeitgeber oder Ärzte bei ihrer Informationsverarbeitung die geistige Freiheit der Meinungsbildung beeinträchtigt sieht, weil dadurch das Recht, sich aus allgemein zugänglichen Quellen zu unterrichten, verletzt sei. Unhaltbar ist hieran die Voraussetzung, Arbeitgeber- oder Arztkarteien seien allgemein zugängliche Quellen. Sie sind im Gegenteil mit gutem Grund Dritten grundsätzlich nicht zugänglich. Auch die in ihnen enthaltenen Informationen stammen in aller Regel nicht aus allgemein zugänglichen Quellen, sondern entweder vom Betroffenen selbst oder von privaten oder öffentlichen Organisationen, z.B. Krankenkassen, Arbeitgeberverbänden, Nachrichtendiensten, und sind ebenfalls nicht allgemein zugänglich. Auch soweit die Informationen von Dritten systematisch erhoben werden, etwa durch Auskunfteien oder Detekteien, sind sie nicht allgemein zugänglich, weil sie nur dem Auftraggeber oder einem beschränkten Kundenkreis, nicht aber der Allgemeinheit offenstehen. Selbst Erkenntnisse aus der Beobachtung oder Überwachung des Arbeitnehmers sind nicht allgemein zugänglich, da insoweit nur der Arbeitgeber und dessen Beauftragte die Möglichkeit zur Erhebung haben. Das Recht auf Kommunikation im Sinne von Tatsachen- und Meinungsaustausch ist durch Art. 5 Abs. 1 Satz 1 GG abgesichert. Damit ist aber noch nicht gesagt, welche Informationen der einzelne von anderen beanspruchen darf. Art. 5 Abs. 1 Satz 1 GG schützt jedenfalls nur den Informationsanspruch aus allgemein zugänglichen Quellen.

---

[45] Für Art. 5 GG *Herzog* in: *Maunz/Dürig/Herzog/Scholz*, Art. 5 GG Rn 17.

[46] BVerfG Urt. v. 1.3.79 – 1 BvR 532/77 u.a. – NJW 79, 699ff., 703f. und 708 (Mitbestimmungsurteil); *Scholz* in: *Maunz/Dürig/Herzog/Scholz*, Art. 12 GG Rn 33ff.

[47] *Zöllner*, S. 24f.; *ders.*, RDV 85, 3ff., 11; *Krause*, DB-Beilage 23/83, S. 4 und 13; *Hartleb*, DVR 84, 99ff., 101.

[48] *Zöllner*, S. 25; *Sproll*, ZfA 82, 652ff., 652; *Krause*, DB-Beilage 23/83, S. 2ff.; *Kloepfer*, S. 32; ablehnend bereits *Benda*, FS Geiger (1974), S. 23ff., 34.

[49] *Hartleb*, DVR 84, 99ff., 102.

Die Übermittlung und Verbreitung von Informationen unterfällt zwar Art. 5 Abs. 1 GG. Insofern geht der Verbreitungsschutz über den Bereich allgemein zugänglicher Informationen hinaus[50]. Jedoch ist durch Art. 5 Abs. 1 Satz 1 GG die Verbreitung unzulässig erlangter Informationen grundsätzlich nicht geschützt. Unabhängig von der dogmatischen Frage, ob man unzulässig erlangte Informationen aus dem Schutzbereich des Art. 5 Abs. 1 Satz 1 GG ausnimmt[51] oder die unzulässige Erlangung in der Regel als Verbreitungsschranke im Sinne des Art. 5 Abs. 2 GG ansieht[52], besteht Einigkeit, daß das Grundrecht des Art. 5 Abs. 1 GG nicht dazu dienen kann, vom Recht mißbilligte Kommunikationsprozesse zu legalisieren[53]. Eine Ausnahme soll nur gelten, wenn die Bedeutung der Information für die Unterrichtung der Öffentlichkeit und für die öffentliche Meinungsbildung die Nachteile, welche die unzulässige Informationserhebung für den Betroffenen hat, eindeutig überwiegt[54]. Ein solches Überwiegen soll um so eher angenommen werden, je mehr es sich um einen Beitrag zum geistigen Meinungskampf in der Öffentlichkeit und je weniger es sich um Informationen im privaten, namentlich wirtschaftlichen Verkehr zur Verfolgung eigennütziger Ziele handelt[55]. Die arbeitsrechtliche Personaldatenverarbeitung verfolgt jedoch ausschließlich wirtschaftliche Zwecke und hat keinerlei Bezug zum geistigen Meinungskampf in der Öffentlichkeit. Deshalb kann sich die Verbreitung unzulässig erlangter Informationen nicht auf Art. 5 Abs. 1 Satz 1 GG stützen.

Im übrigen darf bei der Betonung des Kommunikationsrechts nicht übersehen werden, daß im Bereich der modernen Datenverarbeitung die Kommunikation zunehmend über den Betroffenen erfolgt, ohne daß er selbst in den Kommunikationsprozeß einbezogen wird. Der einzelne wird also tendenziell bloßes Objekt der Kommunikation. Der Ausschluß der Teilhabe am Kommunikationsprozeß durch „elektronische Geheimkommunikation" verträgt sich nicht mit dem Ziel einer Förderung der Kommunikation. Das informationelle Selbstbestimmungsrecht sichert einen fairen und offenen Kommunikationsprozeß dadurch, daß es dem Betroffenen Teilhaberechte am Kommunikationsprozeß zubilligt. Insofern ist es widersprüchlich, wenn *Simitis*[56] zur Begründung seiner Forderung, die Datenübermittlung zwischen Betriebsrat und Konzernbetriebsrat zu erleichtern, auf die Gefahr einer Beeinträchtigung des Kommunikationsprozesses verweist. Denn das Problem liegt auch hier darin, daß die Kommunikation zunächst einmal ohne den Betroffenen erfolgen soll.

---

50 BGH Urt. v. 20.1.81 – VI ZR 162/79 – NJW 81, 1089ff., 1091 (Wallraff-Urteil).

51 So *Bettermann*, NJW 81, 1065ff., 1068.

52 So BVerfG Beschl. v. 25.1.84 – 1 BvR 272/81 – NJW 84, 1741ff., 1743 (Wallraff-Urteil); BGH Urt. v. 19.12.78 – VI ZR 137/77 – NJW 79, 647ff., 648.

53 BGH, NJW 81, S. 1092f.; *von Münch*, Grundgesetzkommentar, Art. 5 GG Rn 20a.

54 BVerfG, NJW 84, S. 1743.

55 BVerfG, NJW 84, S. 1743.

56 *Simitis*, Gutachten, S. 56f.

Insgesamt wird regelmäßig nur die Verbreitung rechtmäßig erlangter Informationen durch Art. 5 Abs. 1 Satz 1 GG geschützt sein. Die Rechtmäßigkeit der Informationsbeschaffung hängt aber gerade von der Einhaltung persönlichkeits- und datenschützender Normen ab.

2. Art. 12 GG

Gesetzliche Regelungen, die Voraussetzungen und Grenzen der Datenverarbeitung durch die Arbeitgeber regeln, greifen nicht in deren Berufszulassung, weder auf der objektiven, noch auf der subjektiven Stufe ein. Sie betreffen vielmehr – die Drei-Stufen-Theorie des BVerfG[57] zugrundegelegt – die unterste Stufe, die Berufsausübung und innerhalb dieser Stufe nicht das wirtschaftliche Hauptbetätigungsfeld des Arbeitgebers, sondern nur den Personalsektor. Im Bereich der Berufsausübung sind Regelungen bereits zulässig, wenn vernünftige Gründe des Allgemeinwohls gegeben sind[58], wobei der Gesetzgeber einen Prognosespielraum hat[59]. Es bedarf also insoweit nicht des Rückgriffs auf verfassungsrechtliche Gegenpositionen der Arbeitnehmer, um eine Regelung zu rechtfertigen. Beachtet werden muß allerdings das Verhältnismäßigkeitsprinzip, so daß Geeignetheit, Erforderlichkeit und Verhältnismäßigkeit im engeren Sinne gewahrt sein müssen[60]. Abgesehen davon müßten bei der Abwägung neben dem Persönlichkeitsrecht auch die ebenfalls durch die Verfassung abgedeckte Berufsfreiheit der Arbeitnehmer, die Art. 12 GG auch für unselbständig Tätige garantiert[61], berücksichtigt werden.

Insgesamt zieht Art. 12 GG einer die Datenverarbeitung durch den Arbeitgeber beschränkende Regelung nur die Grenze der Verhältnismäßigkeit.

3. Art. 14 GG

Eine Überschreitung der dem Gesetzgeber in Art. 14 Abs. 1 Satz 2 GG eingeräumten Befugnis, Inhalt und Schranken des Eigentums zu bestimmen, läge vor, wenn jede nach Art und Situation des Eigentumsobjekts wirtschaftlich sinnvolle Nutzungsart unmöglich gemacht würde[62]. Im Vergleich zu Zu-

---

[57] Grundlegend BVerfG Urt. v. 11.6.58 – 1 BvR 596/56 – BVerfGE 7, 377ff., 405ff. (Apothekerurteil); vgl. ferner die Nachweise aus der Rspr. bei *Scholz* in: *Maunz/Dürig/Herzog/Scholz,* Art. 12 GG Rn 15ff.

[58] *Gubelt* in: *von Münch,* Grundgesetzkommentar, Art. 12 Rn 44 m.w.N.

[59] BVerfG Urt. v. 1.3.79 – 1 BvR 532/77 u.a. – NJW 79, 699ff., 701f. (Mitbestimmungsurteil).

[60] *Gubelt* in: *von Münch,* Art. 12 Rn. 44 m.w.N.

[61] *Scholz* in: *Maunz/Dürig/Herzog/Scholz,* Art. 12 GG Rn 7; BVerfG, NJW 79, S. 708.

[62] BVerfG Beschl. v. 12.6.79 – 1 BvL 19/79 – NJW 80, 985ff., 987ff. (Kleingartenrecht); *Stein,* § 13 III.

lassungs- und Verwendungsregeln in anderen Bereichen nehmen sich die ins Auge gefaßten datenschutzrechtlichen Bestimmungen eher bescheiden aus. Im Kraftfahrzeugbereich hat man sich beispielsweise an umfangreiche Zulassungsverfahren für die Fahrzeuge selbst, aber auch für die Benutzer gewöhnt, ebenso an detaillierteste Verkehrsordnungsregeln und permanente staatliche Aufsicht. Gleiches gilt für viele andere Produkte, etwa Arzneimittel, chemische Produkte, Lebensmittel einschließlich der Produktionsverfahren[63]. Generelle Verbote oder verbotsgleiche Einschränkungen der Datenverarbeitung stehen jedenfalls nicht zur Diskussion, so daß Art. 14 GG im hier zu erörternden Rahmen nicht einschlägig ist.

4. Art. 2 Abs. 1 GG

Die Datenverarbeitung läßt sich als Teil der allgemeinen Handlungsfreiheit, die die wirtschaftliche Betätigung umfaßt, begreifen[64].

Soweit Art. 2 Abs. 1 GG neben Art. 12 GG noch in Betracht kommt, findet die darin garantierte allgemeine Handlungsfreiheit ihre Grenze an den Rechten anderer, hier also insbesondere an den grundrechtlich gewährleisteten Persönlichkeitsrechten der Arbeitnehmer. Mehr als das Verhältnismäßigkeitsprinzip läßt sich aus Art. 2 Abs. 1 GG als Begrenzung also nicht herleiten[65].

III. Die praktische Konkordanz zwischen informationellem Selbstbestimmungsrecht der Arbeitnehmer und den Grundrechten der Arbeitgeber

Aus dem Gesagten ergibt sich, daß die Position der Arbeitgeber im wesentlichen auf Art. 12 GG beruht. Die dadurch der Datengesetzgebung gezogene Grenze besteht im Verhältnismäßigkeitsprinzip. Die praktische Konkordanz zum informationellen Selbstbestimmungsrecht läßt sich herstellen, wenn man sich die beiden Kernpunkte dieses Rechts vor Augen hält.

Mit ihm ist einerseits die Verstärkung des Autonomiegedankens ausgesprochen. Richtschnur ist also die Sicherung der Autonomie der Arbeitnehmer im Datenverkehr.

---

63 Für einen Vergleich in dieser Hinsicht *Brinckmann*, DuD 82, 157ff.
64 *Zöllner*, S. 23.
65 *Zöllner*, S. 23.

Auf der anderen Seite verlangt das informationelle Selbstbestimmungsrecht technische und organisatorische Vorkehrungen, die dem einzelnen Kontroll- und Gestaltungsmöglichkeiten eröffnen. Dies ist die verfahrensmäßige Sicherung des informationellen Selbstbestimmungsrechts. Nicht von ungefähr verweist das Bundesverfassungsgericht[66] in diesem Zusammenhang auf sein Mülheim-Kärlich-Urteil[67]. Dort wird herausgestellt, daß die Sicherung der Grundrechte nicht nur durch die Einräumung materieller Grundrechtspositionen, sondern auch durch ein faires, effektives Verfahren erfolgen muß. Die Grundrechtsgewährleistung hängt also vom zur Verfügung gestellten Kontrollverfahren ab. In diesem Sinn hielt das Bundesverfassungsgericht den Staat für verpflichtet, zum Grundrechtsschutz ausreichende Verfahrensmöglichkeiten bereitzustellen[68].

Autonomie und effektives Kontrollverfahren sind also verfassungsrechtlich intendiert, begrenzt durch das Verhältnismäßigkeitsprinzip, das nicht erforderliche oder ungeeignete oder wegen Diskrepanz zwischen Schutzgutgefährdung und Eingriffsintensität unverhältnismäßige Lösungen ausschließt.

---

66 BVerfG Urt. v. 15.12.83 – 1 BvR 209/83 u.a. – NJW 84, 419ff., 422 (Volkszählungsurteil).

67 BVerfG Beschl. v. 20.12.79 – 1 BvR 385/77 – BVerfGE 53, 30ff. = NJW 80, 759ff.; ebenso für das Persönlichkeitsrecht BVerfG Beschl. v. 8.2.83 – 1 BvL 20/81 – NJW 83, 1180.

68 BVerfG, NJW 80, S. 762; ebenso *Redeker*, NJW 80, 1593ff., 1594f. der von einem Grundrecht auf Verfahrensteilhabe spricht.

TEIL 2

Die Bewältigung der Konfliktfelder nach geltendem Recht

A. Die Struktur der BDSG

Bevor den Problemlösungen durch das gegenwärtig bestehende Recht nachgegangen wird, erscheint es sinnvoll, kurz auf die Struktur des BDSG einzugehen. Eine Herausarbeitung der dort verwendeten rechtstechnischen Möglichkeiten zur Herbeiführung eines wirksamen Datenschutzes im Privatrechtsverkehr unter vergleichender Heranziehung des Vorgehens anderer Länder eröffnet den Blick für die vielfältigen Möglichkeiten des Datenschutzes insgesamt und erlaubt Rückschlüsse darauf, ob datenschutzrechtliche Ziele jeweils mit den angemessenen rechtstechnischen Möglichkeiten realisiert sind oder werden können. Bei der Analyse ist eine Grobunterteilung in drei Bereiche möglich.

Der erste Bereich betrifft materielle Datenverarbeitungsregeln, also Normen, die die Voraussetzungen der Datenverarbeitung im einzelnen regeln. Dem steht der Bereich des formellen Datenschutzrechts gegenüber, der die organisatorische Sicherung und Kontrolle des Datenschutzes durch entsprechende Verfahrensbestimmungen zum Inhalt hat[1].

Daneben befindet sich der Bereich der Präventionsmaßnahmen gegen eine mißbräuchliche Verwendung. Damit sind Sanktionen gemeint, die die mit personenbezogenen Daten in Berührung kommenden Personen zu normgemäßen Umgang mit diesen Daten veranlassen sollen.

I. Materielle Verarbeitungsbestimmungen

1. Regelungen über Art und Umfang der Erhebung und Verarbeitung

Das wichtigste hier anzuführende materielle Verarbeitungskriterium im Privatrecht ist die Bindung an den Vertragszweck, wie sie in § 23 Satz 1,

---

[1] Hinsichtlich der Unterteilung in materielles und formelles Datenschutzrecht ebenso *Schwan* in: *Kamlah/Schimmel/Schwan*, § 1 BDSG Rn 14.

1. Alt., § 24 Abs. 1 Satz 1 1. Alt. und in § 27 Absatz 2 Satz 2 BDSG ausgesprochen ist. Damit verbunden ist die Vorstellung, daß die größten Gefahren von einer zweckwidrigen Verwendung einmal gespeicherter Daten ausgehen, weshalb die Notwendigkeit einer strikten Zweckbindung betont wird[2]. In zweiter Linie wird an die berechtigten Interessen von datenverarbeitenden Stellen, Dritten und der Allgemeinheit (§ 23 Satz 1, 2. Alt., § 24 Abs. 1 Satz 1, 2. Alt. und § 32 Abs. 2 BDSG) angeknüpft. Eine Verarbeitungsgrenze bilden in jedem Fall die schutzwürdigen Belange des Betroffenen (§ 23 Satz 1, 2. Alt., § 24 Abs. 1 Satz 1, 2. Alt., § 27 Abs. 3 Satz 1 und § 35 Abs. 3 Satz 1 BDSG).

Der Ansatzpunkt, den Umfang der Datenverarbeitung durch Bindung an Fristen zu begrenzen, ist im BDSG nur in § 35 Abs. 2 Satz 2 verwirklicht, wo für die geschäftsmäßige Verarbeitung zum Zweck der Übermittlung an Dritte eine Sperrungspflicht am Ende des fünften Kalenderjahres nach der Einspeicherung festgelegt ist.

2. Anbindung an den Inhalt der verarbeiteten Daten

Das französische Datenschutzgesetz vom 6. Januar 1981 enthält als einen Kernpunkt das grundsätzliche Verbot, Daten, die Aufschlüsse über die rassische, politische, weltanschauliche, gewerkschaftliche oder religiöse Zugehörigkeit bzw. Einstellung geben, ohne das ausdrückliche Einverständnis des Betroffenen zu verarbeiten[3]. Die Verarbeitungsbarriere wird also an der Sensibilität der Daten, an ihrem Inhalt ausgerichtet[4].

Ebenso verfahren das norwegische[5] und die dänischen Datenschutzgesetze[6], wenn sie anordnen, daß besonders sensible Daten, u.a. rassische Zugehörigkeit, religiöse Überzeugungen, Vorstrafen, Drogenmißbrauch, Sexualleben grundsätzlich nicht gespeichert werden dürfen, und Ausnahmen davon eng begrenzen.

---

[2] *Geiger*, DSWR 84, 43ff., 44; *Heußner*, ArbuR 85, 309ff., 312; *Benda*, DuD 84, 86ff., 88; *Simitis*, NJW 84, 398ff., 402f.; *Steinmüller*, DuD 84, 91ff., 93.

[3] Art. 31 des Gesetzes Nr. 78–17 vom 6.1.1978, la gazette du palais 1978, 1. Bd., Legislation, S. 90ff., deutsche Übersetzung in: *Simitis/Dammann/Mallmann/Reh*, Dokumentation zum Bundesdatenschutzgesetz, Bd. II D 4.1., S. 13f.

[4] *Schomerus*, DuD 78, 61ff., 63.

[5] § 6 des norwegischen Gesetzes über Personendaten-Register, deutsche Übersetzung in: *Simitis/Dammann/Mallmann/Reh*, Dokumentation zum Bundesdatenschutzgesetz, Bd. II, D 7.1., S. 5f.; dazu *Bull*, a.a.O., S. 161f., 161.

[6] § 9 Abs. 2 des Gesetzes vom 8.6.78 über die Register der Behörden und § 3 Abs. 2 des Gesetzes vom 8.6.78 über private Register, deutsche Übersetzung in: *Simitis/Dammann/Mallmann/Reh*, Dokumentation zum Bundesdatenschutzgesetz, Bd. II, D 1.1, S. 4 und D 1.2., S. 2; dazu *Bull*, a.a.O., S. 155ff., 156.

Demgegenüber trifft das BDSG keine Unterscheidung zwischen sensitiven und weniger sensitiven Daten[7]. Einen erhöhten Schutz genießen die sensiblen Daten lediglich dadurch, daß ihre Nichterweislichkeit über die Sperrungspflicht hinaus die Löschungspflicht (§§ 27 Abs. 3 Satz 3, 32 Abs. 3 Satz 3 BDSG) auslöst. Inhaltliche Verarbeitungsvoraussetzungen enthalten schließlich die §§ 24 Abs. 2, 32 Abs. 3 BDSG – die Erlaubnis, zusammengefaßte Daten einer Personengruppe, beschränkt auf bestimmte Basisdaten, zu übermitteln und ferner die Pflicht, inhaltlich unrichtige Daten zu berichtigen (§§ 27 Abs. 1 und 35 Abs. 1 BDSG). Inhaltliche Verarbeitungskriterien sind im BDSG also nur schwach ausgeprägt.

3. Anbindung an die Autonomie der Betroffenen

Die Abhängigkeit der Datenverarbeitung von dem Verhalten des Betroffenen findet ihren stärksten Ausdruck in der zentralen Vorschrift des § 3 Nr. 2 BDSG, wonach die Datenverarbeitung, sofern sie nicht durch Gesetz oder Rechtsvorschrift erlaubt ist, von der Einwilligung des Betroffenen getragen sein muß.

Zu respektieren haben die Datenverarbeiter aber auch das Löschungsverlangen in den §§ 27 Abs. 3 und 35 Abs. 3 BDSG und das Bestreiten der Richtigkeit von Daten, das gemäß §§ 27 Abs. 2 und 35 Abs. 2 BDSG zur Sperrungspflicht führt.

Die Beachtung kollektiver Autonomie durch Anknüpfung an die Entscheidungen der betrieblichen Interessenvertretung der Arbeitnehmer ist dagegen im BDSG bisher nicht vorgeschrieben.

4. Regelungen der technischen Ausgestaltung der Datenverarbeitung

Anders als der schwedische Datenschutz, welcher eine Genehmigungspflicht für Datenregister vorsieht[8], enthält das BDSG keine solche Lizenzierungspflicht, wie sie aus der Behandlung sonstiger technischer Anlagen, beispielsweise aus dem Bereich der Chemie bekannt ist[9].

Technische Verarbeitungsvorschriften sind lediglich durch § 6 BDSG und die dazu erlassene Anlage vorgegeben, insbesondere also Zugangskontrolle

---

[7] *Simitis* in: *Simitis/Dammann/Mallmann/Reh*, BDSG, Einl. Rn 46.

[8] §§ 2 und 3 des schwedischen Datenschutzgesetzes vom 11.5.73, Svensk Författningssamling (SFS), 1973, Bd. I, Nr. 289, abgedruckt in deutscher Übersetzung in: *Dammann/Mallmann/Simitis*, Data Protection Legislation, S. 129ff. und in: *Simitis/Dammann/Mallmann/Reh*, Dokumentation zum Bundesdatenschutzgesetz, Bd. II, D 9.1, S. 3f.

[9] Etwa § 4 BImSchG, § 7 AtomG.

(Nr. 1 der Anlage), Benutzerkontrolle (Nr. 2, 4 und 7 der Anlage), und Zugriffskontrolle (Nr. 5 der Anlage)[10].

II. Präventionsregelungen gegen eine mißbräuchliche Verwendung

Haftungsrechtliche Präventionsmaßnahmen enthält das BDSG nicht, weshalb es bei der verschuldensabhängigen Haftung des BGB bleibt. Allerdings haben die meisten Bundesländer die Gefährdungshaftung für die Datenverarbeitung der Behörden der Länder in die jeweiligen Landesdatenschutzgesetze aufgenommen[11], freilich mit erheblichen Unterschieden hinsichtlich der Voraussetzungen und des Umfangs der Haftung. Eine eigenständige Regelung hat das Datenschutzstraf- und -ordnungswidrigkeitsrecht in §§ 41, 42 BDSG erfahren.

III. Verfahrensmäßige Kontrollregelungen der Datenverarbeitung

Bemerkenswert ist, daß die skandinavischen Länder ein Schwergewicht auf die Organisation der Datenschutzkontrolle gelegt haben[12]. Charakteristisch ist eine unabhängige staatliche Kontrollinstanz mit weitreichenden Eingriffsbefugnissen.

Im BDSG steht neben der Individualkontrolle (z.B. § 26 BDSG – Auskunftsanspruch) die Eigenkontrolle durch betriebliche Datenschutzbeauftragte der Datenverarbeiter und erst subsidiär die staatliche Aufsicht, die zudem keine Zwangsbefugnisse innehat. Außerhalb des BDSG ist der Betriebsrat als weitere Institution der Kontrolle zu berücksichtigen.

Zur Verdeutlichung der Rechtstechnik des BDSG mag die nachfolgende Übersicht dienen.

---

[10] Einzelheiten in *Gallwas/Schneider/Schwappach/Schweinoch/Steinbrinck,* Datenschutzrecht, Anlage zu § 6, Rn 17ff., insbes. Rn 26ff.

[11] Art. 13 BayDSG, § 15 BerlinerDSG, § 17 Hamb.DSG, § 16 LDSG Rheinl.-Pfalz; § 8 Abs. 2 Hess.DSG, § 4 Abs. 2 Nds.DSG und § 4 Abs. 2 DSG NRW; zusammenfassende Darstellung der Länderregelungen bei *Simitis,* VersR 81, 197ff., 198ff.; ausführlich zum Ganzen unten Teil 3 B I.

[12] Etwa §§ 15–18 des schwedischen Datenschutzgesetzes (siehe oben Fn. 8), die die Befugnisse der „Dateninspektion" regeln. Ähnlich die dänische und die norwegische Regelung, siehe *Bull,* Zur Sache 2/79, S. 155ff. und 161ff.

IV. Übersicht: Die rechtstechnischen Möglichkeiten im BDSG

Materielle Verarbeitungsbestimmungen	Präventionsregelungen	Datenschutzkontrollregelungen
1. Bestimmungen über Art und Umfang der Verarbeitung – Zweckbindung – berechtigte Interessen des Verarbeiters oder v. Dritten – Schutzwürdige Belange des Betroffenen – Frist des 35 II 2	1. strafrechtliche Prävention – § 41 BDSG – außerhalb des BDSG z. B. §§ 201 ff. StGB	1. Individualkontrolle – Auskunftsrecht – außerhalb des BDSG Einsichtsrecht z. B. § 83 BetrVG
2. Voraussetzungen hinsichtlich des Inhalts der Daten – Löschungspflicht für besonders sensible nicht erweisliche Daten – Übermittlungserlaubnis für Listen von bestimmten persönlichen Basisdaten – Berichtigungspflicht bei unrichtigen Daten	2. Ordnungswidrigkeiten – § 42 BDSG	2. Kollektivkontrolle – nur außerhalb des BDSG z. B. § 80 BetrVG
3. Anknüpfung an die Autonomie der Betroffenen – Einwilligung – Löschungsverlangen – Sperrungspflicht bei Bestreiten der Richtigkeit – keine Berücksichtigung kollektiver Autonomie	3. Zivilrechtliche Haftung – keine Regelung im BDSG – Gefährdungshaftung einiger LDSGe – außerhalb des BDSG: §§ 823 ff. BGB, außerdem u. U. vertragliche Haftung	3. Eigenkontrolle durch Beauftragte der Datenverarbeiter – § 29 BDSG – § 38 BDSG
4. technische Regelungen – Maßnahmen nach § 6		4. staatliche Kontrolle – nur subsidiär § 30 BDSG für die eigennützige Verarbeitung – unabhängig vom konkreten Anlaß für die fremdnützige Verarbeitung

B. Die Problemlösungen aufgrund des BDSG und der arbeitsrechtlichen Regelungsnormen

Im folgenden Teil der Arbeit soll der gegenwärtige Rechtszustand anhand der im ersten Teil geschilderten Hauptprobleme skizziert werden. Dabei geht es nicht um eine detaillierte Auseinandersetzung und Bewertung der einzelnen Problemfelder. Vielmehr soll dieser Teil ein zusammengefaßter Ergebnisbericht der Lösungen sein, die die Rechtsprechung aufgrund der vorhandenen Normen gefunden hat. Das sich daraus ergebende Bild der gegenwärtigen

Rechtslage soll den Ausgangspunkt für die Diskussion der Reformvorschläge im dritten Teil der Arbeit bilden.

I. Informationsbeschaffung im Bewerbungsstadium

1. Mitbestimmung bei formalisierten Erhebungsverfahren

§ 94 BetrVG ist die einzige arbeitsrechtliche Norm, die sich mit der Informationsbeschaffung über Bewerber befaßt. Sie unterwirft in Abs. 1 Personalfragebögen und in Abs. 2 persönliche Angaben in allgemein im Betrieb verwendeten Arbeitsverträgen (Formulararbeitsverträge) sowie die Aufstellung allgemeiner Beurteilungsgrundsätze der Mitbestimmung des Betriebsrates. Durch diese Mitbestimmungsregelung soll sichergestellt werden, daß die Fragen des Arbeitgebers auf dessen berechtigte Auskunftsbedürfnisse beschränkt bleiben[1]. Der Schutz der Arbeitnehmerpersönlichkeit wird also durch kollektivrechtliche Einwirkungsmöglichkeiten bewerkstelligt.

a. Anwendungsbereich

Unter dem Begriff Personfalfragebogen ist die formularmäßige Zusammenfassung standardisierter Fragen über personenbezogene Daten zu verstehen[2]. Darunter fallen auch solche Formulare, mit deren Hilfe Daten für ein automatisiertes Personalinformationssystem erfaßt werden[3]. Nach überwiegender Meinung[4] ist es nicht erforderlich, daß die Fragen schriftlich vorliegen und die Antworten vom Bewerber schriftlich gegeben werden. Wegen des Schutzzwecks des § 94 BetrVG sei ausreichend, wenn die Antworten auf standardisierte Fragen auf irgendeinem Datenträger erfaßt werden[5]. Hiernach besteht die Mitbestimmungspflichtigkeit auch dann, wenn die Fragen nach einer Vorlage mündlich gestellt werden, oder die Antworten direkt über ein Terminal in eine Datenverarbeitungsanlage eingegeben werden (On-line-Eingabe). Gleiches gilt für standardisierte psychologische Tests[6], weil auch insoweit eine Informationserhebung mittels Befragung stattfindet, mit dem einzigen Unter-

---

1 So die Begründung zum Reg. Entw., BT-Drucksache VI/1786, S. 50.

2 *Dietz/Richardi,* § 94 BetrVG Rn 3; *Löwisch,* § 94 Rn 1.

3 *Hümmerich,* RdA 79, 143 ff., 145.

4 *Dietz/Richardi,* § 94 BetrVG Rn 4 f.; *Fitting/Auffarth/Kaiser,* § 94 BetrVG Rn 2b; *Kroll,* S. 93; *Gola,* DuD 78, 25 ff., 26; *Wohlgemuth,* ArbuR 82, 269 ff., 276; *Hümmerich/Gola,* Personaldatenrecht im Arbeitsverhältnis, S. 143 f.; *Zöllner,* S. 83; *Matysiak,* S. 11 ff.

5 *Dietz/Richardi,* § 94 BetrVG Rn 4; *Gnade/Kehrmann/Schneider/Blanke,* § 94 BetrVG Rn 2.

6 *Dietz/Richardi,* § 94 BetrVG Rn 5; *Hanau,* BB 72, 451 ff.; 453; *Kroll,* S. 93; *Stege/Weinspach,* § 94 BetrVG Rn 5 u. 28, die Tests allerdings als allgemeine Beurteilungsgrundsätze gemäß § 94 Abs. 2 BetrVG einstufen; ferner *Galperin/Löwisch,* § 94 Rn 4 f.; *Löwisch,* § 94 BetrVG Rn 5.

schied, daß die gewünschten Informationen nicht direkt erfragt, sondern aus dem Antwortverhalten erschlossen werden. Die gegen diese Ergebnisse gerichtete Kritik[7] stützt sich vor allem auf den Wortlaut des § 94 BetrVG. Dieser stehe angesichts des Begriffs Personalfragebogen einer erweiternden Auslegung entgegen[8]. Eingeräumt wird, daß es von der Notwendigkeit der Kontrolle durch den Betriebsrat keinen Unterschied machen könne, ob die Fragen mündlich vorgelesen oder schriftlich vorgelegt werden[9], ebensowenig, ob sie mündlich oder schriftlich beantwortet werden.

Die Anwendung des § 94 BetrVG auf alle standardisierten Frageverfahren ist daher aufgrund der Zielrichtung der Vorschrift konsequent. Gleichwohl läßt sich bei dieser Interpretation ein gewisses Unbehagen nicht bestreiten, da der erst 1972 eingeführte § 94 BetrVG aus dem Spektrum standardisierter Befragung ausdrücklich nur den Personalfragebogen und den allgemein im Betrieb verwendeten Arbeitsvertrag herausgreift.

Da der Personalfragebogen Fragen des Arbeitgebers enthalten muß, findet § 94 BetrVG keine Anwendung auf Fragebogen des Betriebsarztes, da dieser aufgrund seiner Schweigepflicht die Fragebogen nicht an den Arbeitgeber weiterleiten darf[10].

b. Reichweite des Mitbestimmungsrechts

Stimmt der Betriebsrat einem Personalfragebogen zu, so steht damit dessen kollektivrechtliche Zulässigkeit fest. Dies führt aber nicht automatisch zur individualrechtlichen Zulässigkeit der Fragen[11]. Diese bedarf vielmehr gesonderter Prüfung. Beispielsweise wird die unzulässige Frage nach einer Parteimitgliedschaft[12] nicht durch die Zustimmung des Betriebsrates zulässig.

Streitig ist, ob der Betriebsrat auch hinsichtlich der Verwendung der durch standardisierte Befragung erhobenen Daten ein Mitbestimmungsrecht hat. *Fitting/Auffarth/Kaiser*[13] bejahen dies bereits de lege lata, weil die Zulässigkeit der Informationserhebung erst anhand des Verwendungszwecks beurteilt

---

[7] *Hümmerich,* RdA 79, 143ff., 146f.; *Schmidt,* DB 74, 1910ff., 1912f.
[8] *Hümmerich,* RdA 79, 143ff., 146f.; weniger kritisch *Hümmerich,* DB 78, 1932ff., 1934 u. Fn 13.
[9] *Hümmerich,* RdA 79, 143ff., 146.
[10] *Dietz/Richardi,* § 94 Rn 6; *Galperin/Löwisch,* § 94 Rn 5; *Kammann/Hess/Schlochauer,* § 94 Rn 4; *Kraft,* GK-BetrVG, § 94 Rn 8.
[11] *Dietz/Richardi,* § 94 Rn 7.
[12] *Dietz/Richardi,* § 94 Rn 8.
[13] *Fitting/Auffarth/Kaiser,* § 94 Rn 2; *Simitis,* Gutachten, S. 39f.; *ders.,* ArbuR 77, 97ff., 103; *Gola,* DuD 78, 25ff., 26.

werden könne. Demgegenüber lehnt die überwiegende Meinung[14] Mitbestimmungsrechte hinsichtlich der Verwendung der Daten ab. Diese Interpretation ist angesichts des Wortlautes des § 94 BetrVG unumgänglich. Alle drei Tatbestandsalternativen beziehen sich auf die Informationserhebungsphase. Der Gesetzgeber beabsichtigte mit der Regelung, generell unzulässige Fragen zu verhindern. Die unterschiedliche Beurteilung der Zulässigkeit von Fragen je nach dem Zweck der Verwendung war noch nicht Gegenstand der Diskussion. Dies ist ein Problem auf der Verwendungsebene; die Unzulässigkeit der Verwendung für einen bestimmten Zweck führt nicht zur Unzulässigkeit der Erhebung, sondern zur partiellen Verwendungsunzulässigkeit.

c. Inhalt der Befragung nach der Rechtsprechung

Die individualrechtlichen Grenzen der Befragung, die Betriebsrat und Arbeitgeber zu beachten haben und die auch bei individueller Befragung gelten, bestimmen sich danach, ob die Angaben für die Besetzung des Arbeitsplatzes und die berufliche Entwicklungsmöglichkeit unmittelbar von Bedeutung sind[15]. Es muß ein berechtigtes Informationsinteresse des Arbeitgebers vorliegen. Anerkannt ist daher, daß nach Partei-[16] und Religionszugehörigkeit[17], abgesehen von Tendenzträgern in Tendenzbetrieben, nicht gefragt werden darf. Es verwundert jedoch, daß die Frage nach der Gewerkschaftszugehörigkeit zum Teil noch für zulässig gehalten wird[18], vereinzelt sogar die Frage nach der Religionszugehörigkeit[19]. Fragen nach dem Gesundheitszustand und nach Körperbehinderungen sind zulässig, wenn die zu verrichtende Arbeit beeinträchtigt sein könnte[20]. Generell zulässig ist hingegen die Frage nach der Schwerbehinderteneigenschaft[21], weil der Arbeitgeber gemäß § 4 Abs. 1 SchwbG verpflichtet ist, sechs Prozent Schwerbehinderte einzustellen. Die Rechtsprechung hält noch, wenngleich nicht unumstritten[22], auch die

---

14 *Zöllner*, S. 89; *Ehmann*, RdA 83, 95ff., 96; *Kammann/Hess/Schlochauer*, § 94 Rn 5; *Kraft*, GK-BetrVG, § 94 Rn 10; *Stege/Weinspach*, § 94 Rn 8; *Schmidt-Dorrenbach/Goos*, DB-Beilage 11/83, S. 7; ArbG Aachen, Beschl. v. 1.9.75 – 2 BV Ga 9/75 – BB 76, 1511; *Weiss*, § 94 BetrVG Anm. 7 mit der Forderung nach einer Korrektur durch den Gesetzgeber; *Löwisch*, § 94 BetrVG Rn 3.

15 *Dietz/Richardi*, § 94 Rn 7; *Degener*, S. 85ff.; *Löwisch*, § 94 BetrVG Rn 2.

16 *Fitting/Auffarth/Kaiser*, § 94 Rn 4; *Dietz/Richardi*, § 94 Rn 8.

17 *Dietz/Richardi*, § 94 Rn 8; *Degener*, S. 135.

18 *Stege/Weinspach*, § 94 Rn 21; *Kammann/Hess/Schlochauer*, § 94 Rn 12.

19 *Hümmerich*, Erfassungsschutz, S. 179ff.

20 BAG, Urt. v. 7.6.84 – 2 AZR 270/83 – DB 84, 2706f., 2707 = NJW 85, 645f.; *Brill*, BlStSozArbR 85, 113ff.

21 *Dietz/Richardi*, § 94 Rn 12; *Galperin/Löwisch*, § 94 Rn 8; *Löwisch*, § 94 BetrVG Rn 2; BAG, Urt. v. 1.8.85 – 2 AZR 101/83 – BB 86, 1643 = NZA 86, S. 635f. = DB 86, S. 2238f.

22 Für Unzulässigkeit der Frage: ArbG Frankfurt, Urt. v. 5.8.82 – 5 Ca 534/81 – KJ 82, 419ff., 421f. unter Hinweis auf § 611a BGB; ebenso *Bellgardt*, BB 83, 2187ff., 2191; kritisch auch *Gamillscheg*, Arbeitsrecht, Bd. 1, Fall 63, S. 132f. und *Schaub*, § 26 III 3, S. 98.

angemessene Frage nach der Schwangerschaft für zulässig[23]. Nach Vorstrafen darf nur gefragt werden, soweit sie ins Führungszeugnis aufzunehmen, nicht getilgt und für den zu besetzenden Arbeitsplatz von Bedeutung sind[24]. Die zweite Voraussetzung wird allerdings von einem Teil der Literatur negiert[25]. Vermögensverhältnisse dürfen nur erfragt werden, wenn der Arbeitgeber ein berechtigtes Interesse, etwa aufgrund einer Vertrauensstellung, an geordneten Finanzverhältnissen hat[26]. Nach der Rechtsprechung des Bundesarbeitsgerichts[27] hat der Arbeitgeber ebenso kein Fragerecht hinsichtlich der Vergütung in früherer Tätigkeit, wenn dies für die Stelle keine Aussagekraft hat und der Bewerber sie nicht als Mindestvergütung fordert. Psychologische Testverfahren und graphologische Gutachten bedürfen darüber hinaus der Einwilligung des Bewerbers[28], wobei in der Übersendung eines handgeschriebenen Lebenslaufes eine konkludente Einwilligung zu einer graphologischen Untersuchung liegen kann[29]. Die Verweigerung der Einwilligung ist nur eine theoretische Möglichkeit, da die Bewerbung dann in aller Regel schon deshalb scheitern wird[30].

In jedem Fall unzulässig sind Tests, die ohne Bezug zum Arbeitsverhältnis eine komplette Persönlichkeitsdurchleuchtung bezwecken[31].

2. Informationsbeschaffung durch Dritte

Bisher nicht geklärt ist, in welchem Umfang der Arbeitgeber sich die gewünschten Informationen durch Dritte beschaffen darf. Auf der einen Seite hat die Rechtsprechung anerkannt, daß der Arbeitgeber gegen den Willen des Arbeitnehmers Auskünfte bei Dritten einholen darf, wenn ein berechtigtes

---

23 BAG, Urt. v. 22.9.61 – 1 AZR 241/60 – AP Nr. 15 zu § 123 BGB = BAGE 11, 270ff., 273; *Kraft*, GK-BetrVG, § 94 Rn 16 m.w.N.; für die Zulässigkeit der Frage nur noch dann, wenn sich nur Frauen bewerben, BAG, Urt. v. 20.2.86 – 2 AZR 244/85 – DB 86, S. 2287f. und LAG Frankfurt, Urt. v. 8.2.85 – 13 Sa 864/84 – DB 85, S. 1648.

24 *Dietz/Richardi*, § 94 Rn 13; *Stege/Weinspach*, § 94 Rn 18f.; *Gamillscheg*, Arbeitsrecht, Bd. 1, Fall 48, S. 98f.; *Galperin/Löwisch*, § 94 Rn 9; anknüpfend an die Rspr. vor Inkrafttreten des BZRG, vgl. BAG, Urt. v. 5.12.57 – 1 AZR 549/56 – AP Nr. 2 zu § 123 BGB = BB 58, 232f. und Urt. v. 15.1.70 – 2 AZR 64/69 – AP Nr. 7 zu § 1 KSchG 1951 Verhaltensbedingte Kündigung = BB 70, 803f.

25 *Hanau/Adomeit*, F III 2; *Degener*, S. 107ff.; *Hümmerich*, DB 77, 541ff., 542.

26 *Fitting/Auffarth/Kaiser*, § 94 Rn 4.

27 BAG Urt. v. 19.5.83 – 2 AZR 171/81 – DB 84, 298ff. = DuD 84, 247f.

28 *Sproll*, S. 105; *Wohlgemuth*, Datenschutz für Arbeitnehmer, S. 35; *Schaub*, § 25 II 5 u. 6.

29 BAG Urt. v. 16.9.82 – 2 AZR 228/80 – DB 83, 2780f. = NJW 84, 446f. = MDR 84, 81 = DuD 84, 319; Tests und graphologische Gutachten müssen wissenschaftlichen Anforderungen genügen; kritisch dazu und für generelle Unzulässigkeit, *Hümmerich/Gola*, Personaldatenrecht, S. 82ff.; kritisch ebenfalls *Fitting/Auffarth/Kaiser*, § 94 Rn 5a.E., ebenso hinsichtlich graphologischer Gutachten *Michel/Wiese*, NZA 86, 505ff.

30 *Hümmerich/Gola*, Personaldatenrecht, S. 85.

31 *Gamillscheg*, Arbeitsrecht, Bd. 1, Fall 48, S. 100f.; *Klein*, Die Rechtmäßigkeit psychologischer Tests ..., S. 88f.

Interesse vorliegt[32]. Dem soll nicht entgegenstehen, daß ein qualifiziertes Arbeitszeugnis des früheren Arbeitgebers gemäß § 630 Satz 2 BGB, § 73 Satz 2 HGB und § 113 Abs. 2 GewO nur auf Verlangen des Arbeitnehmers zu erteilen ist. Auf der anderen Seite würde die Begrenzung des Fragerechts zu einem erheblichen Teil leerlaufen, wenn der Arbeitgeber sich Informationen, nach denen er den Bewerber nicht fragen darf, bei Dritten beschaffen könnte. Die Unzulässigkeit der Frage nach der Parteizugehörigkeit würde nichts bewirken, wenn der Arbeitgeber sich hierüber beim Verfassungsschutz oder beim früheren Arbeitgeber informieren könnte. Die Begrenzung des Fragerechts müßte deshalb als Grenze der Informationsbeschaffung gelten[33]. Freilich ist diese Erweiterung bisher nicht allgemein anerkannt[34].

3. Die Vorschriften des BDSG

a. Datenerhebung beim Bewerber

Die Vorschriften des BDSG setzen erst in der Phase der Datenspeicherung ein. Über die Zulässigkeit der Datenerhebung trifft § 23 BDSG keine Aussage. Die Befragung ohne nachfolgende Speicherung unterfällt also nicht § 23 BDSG. Allerdings können Erhebung und Speicherung zusammenfallen[35], etwa wenn die Daten bei der Erhebung in eine Datenverarbeitungsanlage eingegeben werden. Voraussetzung für die Anwendung des § 23 BDSG ist ferner, daß die Daten in einer Datei, wie sie § 2 Abs. 3 Nr. 3 BDSG definiert, gespeichert werden sollen. Erforderlich ist also eine gleichartig aufgebaute Sammlung von Daten, die nach bestimmten Merkmalen erfaßt und geordnet und nach anderen bestimmten Merkmalen umgeordnet und ausgewertet werden kann. Keine Dateien sind wegen § 2 Abs. 3 Nr. 3 Satz 2 BDSG Akten und Aktensammlungen, sofern sie nicht durch automatisierte Verfahren ausgewertet werden können. Ausgeschlossen sind die §§ 23ff. BDSG ferner, wenn es sich um sogenannte interne manuelle Daten handelt, also um Daten, die manuell verarbeitet werden und nicht zur Übermittlung an Dritte bestimmt sind[36].

---

32 BAG Urt. v. 25.10.57 – 1 AZR 434/55 – AP Nr. 1 zu § 630 BGB mit zustimmender Anmerkung von *Hueck* = DB 58, 659 = BB 58, 593; BAG Urt. v. 5.8.76 – 3 AZR 491/75 – AP Nr. 10 zu § 630 BGB mit zustimmender Anmerkung von *Schnorr von Carolsfeld* = BB 77, 297f.; *Schaub,* § 147, 3., S. 887; bekräftigt durch BAG Urt. v. 18.12. 84 – 3 AZR 389/83 – DB 85, 2307f., 2308, jedoch ist nach diesem Urteil die komplette Weitergabe der Personalakten eine Persönlichkeitsrechtsverletzung.

33 *Kroll,* S. 87.

34 *Kroll, Zöllner,* a.a.O., S. 44f.

35 *Wohlgemuth,* Datenschutz für Arbeitnehmer, S. 28.

36 Zum Begriff bereits oben Teil 1 D VIII sowie *Gallwass/Schneider/Schwappach/Schweinach/Steinbrinck,* § 1 Rn 36ff.

Damit sind nur Teilbereiche der Informationsbeschaffung erfaßt. § 23 BDSG enthält vier verschiedene Alternativen, unter denen eine Speicherung zulässig ist. Erlaubt ist sie im Rahmen der Zweckbestimmung eines Vertragsverhältnisses (1. Alt.) oder eines vertragsähnlichen Vertrauensverhältnisses (2. Alt.) oder zur Wahrung berechtigter Interessen der speichernden Stelle ohne die Gefahr der Beeinträchtigung schutzwürdiger Belange des Betroffenen (3. Alt.) oder aus allgemein zugänglichen Quellen (4. Alt.).

Die Informationsbeschaffung über Bewerber stützt sich hauptsächlich auf die 2. Alternative – Zweckbestimmung des vorvertraglichen Vertrauensverhältnisses. Umstritten ist, ob daneben noch auf die 3. Alternative – berechtigte Interessen der speichernden Stelle – zurückgegriffen werden kann. Zum Teil wird dies verneint[37], weil die ersten beiden Alternativen des § 23 BDSG eine abschließende Regelung für vertragliche und quasivertragliche Beziehungen enthielten. Demgegenüber wird mit Recht darauf hingewiesen, daß der Wortlaut eine solche Einschränkung nicht gebiete, vielmehr alle vier Tatbestandsalternativen gleichberechtigt nebeneinander stehen lasse[38].

Die Auslegung der Zweckbestimmung des vorvertraglichen Vertrauensverhältnisses folgt den Grundsätzen der Begrenzung des Fragerechts. Von der Zweckbestimmung gedeckt ist, was zulässigerweise gefragt werden darf. Das Fragerecht wird also als Speicherregel verstanden[39]. Die Einwilligung gemäß § 3 Nr. 2 BDSG erweitert das Speicherrecht nicht, denn sie kann sich nicht über Verarbeitungsverbote hinwegsetzen und als solche werden auch die Einschränkungen des arbeitgeberseitigen Fragerechts aufgefaßt[40].

b. Datenübermittlung von Dritten

Die Informationsbeschaffung von Dritten regeln direkt weder § 23 noch §§ 24, 32 BDSG. §§ 24 u. 32 BDSG stellen zwar Voraussetzungen für die Übermittlung von Daten auf, § 11 BDSG tut dies für die Übermittlung von öffentlichen Stellen. Sie richten sich aber nicht an den Datenempfänger. Normadressat ist vielmehr die übermittelnde Stelle, also jeweils der Datengeber[41].

---

37 *Kroll*, S. 79ff.; *Louis*, Grundzüge des Datenschutzrechts, Rn 148; *Wohlgemuth*, Der Personalrat 85, 89ff., 90; *Schimmel* in: *Kamlah/Schimmel/Schwan*, § 23 Rn 17.

38 *Zöllner*, S. 48f.; *Sproll*, S. 149f.; *Simitis* in: *Simitis/Dammann/Mallmann/Reh*, § 23 Rn 51.

39 *Kroll*, S. 84ff.; *Auernhammer*, § 23 Anm. 6; *Hanau/Adomeit*, GA 2, S. 173; *Fitting/Auffarth/Kaiser*, § 83 Rn 13.

40 *Simitis* in: *Simitis/Dammann/Mallmann/Reh*, § 3 Rn 49f.; *Hümmerich*, DuD 78, 135ff., 137f.; *Hümmerich/Kniffka*, NJW 79, 1182ff., 1185.

41 *Auernhammer*, § 24 Rn 4.

Allerdings hat eine unzulässige Datenübermittlung indirekt Auswirkungen auf den Datenempfänger. War die Datenübermittlung unzulässig, wird auch die Datenspeicherung beim Empfänger gemäß § 23 BDSG unzulässig[42].

Im einzelnen gilt für die Zulässigkeit der Übermittlung folgendes. Öffentliche Stellen dürfen an den Arbeitgeber gemäß § 11 BDSG übermitteln, wenn der Arbeitgeber ein berechtigtes Interesse glaubhaft macht und schutzwürdige Belange des Betroffenen nicht beeinträchtigt werden. Ein solches berechtigtes Interesse ist etwa anzuerkennen, wenn der Arbeitgeber sich beim Verfassungsschutz über einen Bewerber erkundigen will, den er auf einer spionagegefährdeten Position einsetzen will[43]. Freilich ist die Übermittlung bereits rechtmäßig, wenn der Arbeitgeber die Spionagegefährdung des Arbeitsplatzes glaubhaft gemacht hat[44], ohne Rücksicht darauf, ob dies tatsächlich zutrifft.

Private Stellen, die für eigene Zwecke Daten verarbeiten, etwa der bisherige Arbeitgeber des Bewerbers, dürfen gemäß § 24 Abs. 1 BDSG entweder im Rahmen der Zweckbestimmung eines nachvertraglichen Vertrauensverhältnisses[45] oder zur Wahrung berechtigter Interessen der übermittelnden Stelle oder eines Dritten bei Ausschluß der Beeinträchtigung schutzwürdiger Belange des Betroffenen Daten übermitteln.

Die erste Variante wird regelmäßig ausscheiden, da die Datenweitergabe nicht der Abwicklung des ausgelaufenen Arbeitsvertrages dient[46]. Der Arbeitgeber kann sich jedoch auf die zweite Variante – berechtigte Interessen der übermittelnden Stelle – berufen, da die Varianten des § 24 BDSG ebenso wie die des § 23 BDSG unabhängig voneinander sind[47].

Fraglich ist, ob die Übermittlung deshalb zulässig sein kann, weil der neue Arbeitgeber sich auf seine berechtigten Interessen – 3. Variante: berechtigte Interessen eines Dritten – berufen kann. *Kroll*[48] hält dies nach der Zweckbestimmung des BDSG für ausgeschlossen, da die Auskunft für den neuen Arbeitgeber nicht erforderlich sei. Dieser könne sich durch ein qualifiziertes Zeugnis informieren, daneben habe die Auskunft keine eigenständige Funk-

42 *Wohlgemuth*, Datenschutz für Arbeitnehmer, S. 53; *Auernhammer*, § 23 Anm. 6; *Kroll*, S. 87.

43 Im laufenden Arbeitsverhältnis nimmt das BAG in solchen Fällen ein berechtigtes Interesse an, BAG Urt. v. 17.5.83 – 1 AZR 1249/79 – NJW 84, 824ff., 825 = DB 84, 139f. = DuD 84, 318f.

44 Das berechtigte Interesse muß nicht bewiesen werden, *Ordemann/Schomerus*, § 11 Anm. 1.2.

45 Das ebenfalls ein vertragsähnliches Vertrauensverhältnis ist, *Simitis* in: *Simitis/Dammann/Mallmann/Reh*, § 23 Rn 43.

46 *Kroll*, S. 141; *Ordemann/Schomerus*, § 24 Anm. 1.

47 Vgl. bereits oben A I 2a; a. A. *Kroll*, a.a.O., S. 141.

48 *Kroll*, S. 142ff.; *Kilian*, RdA 78, 201ff., 208.

tion. Lege der Bewerber nur ein einfaches oder gar kein Zeugnis vor, stehe es dem Arbeitgeber frei, seine Schlüsse daraus zu ziehen[49]. Die Datenübermittlung zwischen altem und neuem Arbeitgeber wäre danach nur mit Einwilligung des Bewerbers zulässig.

Gegen diese Folgerung aus dem bisherigen Rechtszustand spricht, daß die Erlaubnistatbestände des § 24 BDSG neben dem der Einwilligung des § 3 BDSG stehen, so daß prinzipiell eine Übermittlung auch gegen den Willen des Arbeitnehmers möglich ist.

Die Argumentation fußt letztlich darauf, daß die Vorschriften über das Zeugnis in § 630 BGB, § 73 HGB und § 113 GewO eine abschließende Regelung über den Informationsaustausch zwischen altem und neuem Arbeitgeber enthielten[50]. Die Exklusivität der Zeugnisvorschriften hat die Rechtsprechung aber bereits vor Inkrafttreten des BDSG nicht anerkannt, sondern Auskünfte neben dem Zeugnis bei berechtigtem Informationsinteresse zugelassen[51]. § 24 BDSG hat diese Möglichkeit nicht aufgehoben, sondern mit der Formel „berechtigtes Interesse“ übernommen. Aus den Zeugnisvorschriften läßt sich also nach dem gegenwärtigen Recht keine Übermittlungssperre für § 24 BDSG herleiten.

Beachtet werden muß allerdings, daß die Übermittlung nicht schutzwürdige Belange des Betroffenen beeinträchtigt. Die pauschale Weitergabe von einer Vielzahl unter Umständen ungeprüfter Daten oder Werturteilen, die der Betroffene nicht kontrollieren kann, spricht für eine solche Beeinträchtigung.

An die zentrale Auskunftsstelle über den Versicherungsaußendienst (AVAD) dürfen nach einer Entscheidung des LAG Berlin[52] Daten nach Beendigung des Arbeitsvertrages ohne Einwilligung (§ 3 BDSG) des Arbeitnehmers nicht weitergegeben werden, da diese Institution wie ein Strafzentralregister wirken könne.

Dabei ist noch zu berücksichtigen, daß Eintragungen bei dieser Auskunftsstelle häufig auf Vermutungen beruhen und in Form von Rundschreiben an sämtliche Versicherungsgesellschaften weitergegeben werden[53]. Dem Urteil ist zuzustimmen, da weder Zweckbestimmung noch berechtigte Interessen

---

49 *Kroll*, S. 144.

50 Deutlich bei *Hümmerich/Gola*, BB 77, 146ff., 149; ebenso bei *Wohlgemuth*, Datenschutz für Arbeitnehmer, S. 101.

51 Vgl. oben Teil 2 B I 2 und die dort genannten Nachweise sowie jetzt BAG Urt. v. 18.12.84 – 3 AZR 389/83 – DB 85, 2307ff., 2308.

52 LAG Berlin Urt. v. 13.2.79 – 3 Sa 104/78 – DB 79, 2187f., 2188.

53 *Hümmerich/Kniffka*, NJW 79, 1182ff., 1188.

die generelle Weitergabe rechtfertigen, abgesehen von der Beeinträchtigung schutzwürdiger Belange der betroffenen Arbeitnehmer. Im übrigen würde eine gegenteilige Interpretation auf die Legalisierung sog. „schwarzer Listen" hinauslaufen, so daß die Chancengleichheit auf dem Arbeitsmarkt schwer beeinträchtigt wäre. Das Gesagte schließt nicht aus, daß im Einzelfall doch einmal ein berechtigtes Übermittlungsinteresse vorliegen kann[54], denkbar etwa bei besonders schweren Pflichtverletzungen, vorausgesetzt, die Rechte des Arbeitnehmers (Information über die beabsichtigte Weitergabe, Anhörung und Gegenerklärung) werden gewahrt.

Ob Auskunfteien ihrerseits an den neuen Arbeitgeber, mit dem der Bewerber Kontakt aufgenommen hat, übermitteln dürfen, richtet sich nach § 32 Abs. 2 BDSG. Erforderlich ist, daß der Empfänger ein berechtigtes Interesse glaubhaft darlegt. Als berechtigtes Interesse ist zum Beispiel anzuerkennen, wenn sich der Arbeitgeber über einen Bewerber, den er in herausgehobener Vertrauensposition beschäftigen will, Daten von der Schufa über dessen Vermögensverhältnisse übermitteln lassen will. Schwachpunkt ist auch hier, daß die Übermittlung bereits rechtmäßig ist, wenn das berechtigte Interesse glaubhaft dargelegt ist, ohne daß es auf sein tatsächliches Vorliegen ankäme.

II. Informationen über außerdienstliches Verhalten im laufenden Arbeitsverhältnis

1. Arbeitsrechtliche Regelungen

Im laufenden Arbeitsverhältnis begrenzt die Rechtsprechung das Informationsrecht des Arbeitgebers hinsichtlich außerdienstlichen Verhaltens aufgrund des Persönlichkeitsrechts der Arbeitnehmer. So darf der Arbeitgeber nach einer Entscheidung des BAG[55] ein Strafurteil gegen einen Arbeitnehmer, das eine außerbetriebliche Verfehlung betrifft, nicht ins Führungszeugnis aufzunehmen ist und nicht gemäß § 51 Absatz 2 BRZG[56] offenbart werden muß, nicht in die Personalakten aufnehmen. Hier zeigt sich die gleiche Tendenz wie bei der Begrenzung des Fragerechts an Bewerber. Erforderlich ist hier wie dort, daß die erwünschten Informationen im Hinblick auf den Arbeitsplatz relevant sind und auf einem berechtigten Informationsinteresse beruhen. Deshalb ist die Befragung während des Arbeitsverhältnisses an die gleichen Voraussetzungen wie im Anbahnungsverhältnis geknüpft[57]. Daher

---

54 LAG Berlin, DB 79, 2188.
55 BAG Urt. v. 9.2.77 – 5 AZR 2/76 – AP Nr. 83 zu § 611 BGB Fürsorgepflicht.
56 Nunmehr § 53 BZRG.
57 *Kroll*, S. 95.

sind Angaben über die politische Betätigung der Arbeitnehmer dem Informationsrecht des Arbeitgebers entzogen, wobei für Tendenzbetriebe parallel zum Fragerecht an Bewerber eine Ausnahme zu machen ist. Eine weitere Ausnahme ist für den sicherheitsempfindlichen Bereich zu machen. Dort arbeitende Mitarbeiter darf der Arbeitgeber im Rahmen des Erforderlichen überprüfen[58], etwa durch eine Anfrage beim Verfassungsschutz.

Ein Unterschied ergibt sich hinsichtlich der Gewerkschaftszugehörigkeit. Diese darf bei der Einstellung nicht erfragt werden; da von der auf ihr beruhenden Tarifbindung aber Rechte des Arbeitnehmers abhängen, hat der Arbeitgeber nach Abschluß des Arbeitsvertrages Anspruch auf diese Angabe[59]. Kein berechtigtes Interesse besteht, soweit der Arbeitgeber Informationen über gewerkschaftliche Betätigung erlangen will.

Als nicht zulässig hat das ArbG Berlin die Sammlung und Weitergabe von Kantinendaten an die Konzernmutter des Unternehmens angesehen, wenn mit Hilfe der Daten eine detaillierte Auswertung der Eßgewohnheiten der einzelnen Mitarbeiter möglich sei[60]. Ebenso ist der Fall zu beurteilen, in dem der Arbeitgeber das Konsumverhalten seiner Mitarbeiter erfassen will, um festzustellen, inwieweit die Mitarbeiter ihren Bedarf in der firmeneigenen Verkaufsstätte decken[61]. Da diese Informationen für den Arbeitsplatz und das Arbeitsverhältnis keine Bedeutung haben, sondern zum privaten Lebensbereich gehören, geht das Persönlichkeitsrecht der Arbeitnehmer vor.

Zu berichten ist im Rahmen dieser Übersicht über den gegenwärtigen Rechtszustand schließlich über die Entscheidungen zur Telefondatenerfassung. Die Speicherung der Zielnummern privater Telefongespräche stellt nach zwei Urteilen des Arbeitsgerichts Hamburg sowohl einen Verstoß gegen das Persönlichkeitsrecht[62] als auch gegen § 23 BDSG[63] dar. Private Telefongespräche gehörten zum geschützten Persönlichkeitsbereich. Könne sich der Arbeitgeber jederzeit und ohne Kontrolle des Arbeitnehmers Kenntnis über Teilnehmer persönlicher Gespräche verschaffen, sei das Persönlichkeitsrecht der Arbeitnehmer erheblich betroffen. Die Speicherung sei auch nicht erforderlich, um die Kontrolle und Abrechnung privat geführter Telefongespräche zu ermöglichen. Letzteres trifft zumindest dann zu, wenn das

---

58 BAG Urt. v. 17.5.83 – 1 AZR 1249/79 – DB 84, 139f. = NJW 84, 824ff. = DuD 84, 318f.

59 *Fitting/Auffarth/Kaiser*, § 94 Rn 4; *Galperin/Löwisch*, § 94 Rn 10.

60 ArbG Berlin, Beschl. v. 27.10.83 – 6 BV 7/83 – DB 84, 410f., 410.

61 So der in der Frankfurter Rundschau Nr. 218 vom 18.9.1984, S. 4 berichtete Fall.

62 ArbG Hamburg, Beschl. v. 19.12.84 – 6 BV 14/83 – NZA 85, 191ff., 192 = DB 85, 599ff.

63 ArbG Hamburg, Beschl. v. 3.10.84 – 23 BV 6/84 – BB 84, 2191f. = DB 84, 2625f. bestätigt durch LAG Hamburg, Beschl. v. 31.1.86 – 8 Ta BV 1/85 – DB 86, 702f.; ebenso *Wohlgemuth*, Der Personalrat 85, 89ff., 90; a.A. *Färber/Kappes*, BB 86, 520ff., 523; sowie *Hilger*, DB 86, 911ff., 912.

Ziel der ordnungsgemäßen Abrechnung auch durch anonymisierte oder verkürzte Speicherung der Zielnummern erreicht werden könnte. Falls der Mitarbeiter alleinigen Zugang zu einer Nebenstelle hat, wäre das weniger einschneidende Mittel, nur die Dienstgespräche aufzuzeichnen und die darüber hinausgehenden Gebühreneinheiten ohne Zielnummernerfassung abzurechnen.

Von vornherein anders lag der Fall, der der Entscheidung des LAG Düsseldorf[64] zugrunde lag. Dort hatte der Arbeitgeber Privatgespräche generell verboten und wollte die Zielnummern sämtlicher Dienstgespräche aufzeichnen, um dieses Verbot kontrollieren zu können. Da Dienstgespräche nicht dem Persönlichkeitsbereich des Arbeitnehmers zuzuordnen sind, ist eine Speicherung unter persönlichkeitsrechtlichen Gesichtspunkten hinzunehmen[65]. Zu beachten ist jedoch das Mitbestimmungsrecht des Betriebsrates gemäß § 87 Abs. 1 Nr. 6 BetrVG.

2. Zweckbestimmung des Arbeitsverhältnisses und berechtigte Interessen als Erlaubnistatbestände des BDSG

Die Speicherung personenbezogener Daten, die sich auf das Privatleben des Arbeitnehmers beziehen, richtet sich im laufenden Arbeitsverhältnis in erster Linie nach der Zweckbestimmung des Arbeitsvertrages (§ 23 1. Variante BDSG). Wie im Anbahnungsverhältnis darf gespeichert werden, was erhoben werden darf[66]. Das Fragerecht wirkt auch hier als Speicherregel.

Da Tatsachen außerhalb der betrieblichen Tätigkeit regelmäßig für die Beurteilung der Arbeitsleistung und die Erfüllung arbeitsvertraglicher Pflichten nicht relevant sind, liegt es nicht im Rahmen der Zweckbestimmung des Arbeitsverhältnisses, solche Daten zu speichern. Anders sind Informationen zu beurteilen, die für die Durchführung des Arbeitsverhältnisses erforderlich sind, etwa die Religionszugehörigkeit und der Familienstand für die im Rahmen der Lohnabrechnung vorzunehmenden Steuerabzüge.

Private Angaben enthalten die Daten zur sozialen Auswahl, die gemäß § 1 Absatz 3 Satz 1 KSchG bei der betriebsbedingten Kündigung durchzuführen ist. Da der Arbeitgeber nicht verpflichtet ist, sämtliche in Betracht kommen-

---

64 LAG Düsseldorf, Beschl. v. 30.4.84 – 10(12) TaBV 10/84 – DB 84, 2624f.

65 *Bächt/Gola*, DuD 78, 74ff., 78; vgl. auch *Zehner*, DB 84, 666ff., 667; a.A. *Wohlgemuth*, Der Personalrat 85, 89ff., 90. Das BAG hat in seinem Beschluß v. 27.5.86 – 1 ABR 48/84 – DB 86, 2080ff. den Spruch einer Einigungsstelle, der die Zielnummernerfassung bei Dienstgesprächen, nicht jedoch bei Privatgesprächen vorsah, gebilligt.

66 *Linnenkohl/Rauschenberg*, BB 86, 1715f.; *Kroll*, S. 95; *Fitting/Auffarth/Kaiser*, § 83 Rn 13 m.w.N.; weitergehend LAG Baden-Württemberg, Urt. v. 11.7.85 – 7 Sa 97/84 – DB 85, 2567f., 2568.

den Sozialdaten der vergleichbaren Arbeitnehmer zu ermitteln[67], besteht kein unbeschränktes Nachforschungsrecht[68]. Auf der anderen Seite ist der Arbeitgeber – auch wenn der Arbeitnehmer für die fehlerhafte soziale Auswahl des § 1 Absatz 3 Satz 3 KSchG beweispflichtig ist – für das zutreffende Auswahlergebnis verantwortlich. Deshalb darf sich der Arbeitgeber Daten über die wichtigsten Auswahlkriterien Lebensalter, Dauer der Betriebszugehörigkeit, Unterhaltspflichten und -ansprüche (z.B. gegen mitverdienende Ehegatten) beschaffen und diese auch speichern, wenn betriebsbedingte Kündigungen beabsichtigt sind.

Dies wird der Zweckbestimmung des Arbeitsverhältnisses auch aus der Arbeitnehmerperspektive gerecht, weil der Schutzzweck, der in der vorgeschriebenen Sozialauswahl liegt, nur mit Hilfe ausreichender Informationen realisiert werden kann[69].

III. Die Grenzen für die Erhebung und Speicherung von Gesundheitsdaten im laufenden Arbeitsverhältnis

Inwieweit der Arbeitgeber sich Gesundheitsdaten beschaffen darf, ist arbeitsrechtlich nicht geregelt. Festgelegt ist nur durch § 8 Abs. 1 ArbSichG der Informationsaustausch zwischen Betriebsarzt und Arbeitgeber. Dies gehört in den Bereich der Datenübermittlung und soll dort behandelt werden (Teil 2 B VI 5).

Anerkannt ist, daß der Arbeitgeber den Arbeitnehmer nicht dazu zwingen kann, eine ärztliche Untersuchung durchführen zu lassen, oder behandelnde Ärzte von der Schweigepflicht zu entbinden[70].

Ob der Arbeitgeber Erkrankungen oder Anfälligkeiten speichern darf, hängt davon ab, ob die Information für die Gestaltung des Arbeitsablaufes und die Durchführung des Arbeitsvertrages erforderlich ist. Insoweit gilt das gleiche wie bei der Frage nach Krankheiten im Anbahnungsverhältnis. Gesundheitsbeeinträchtigungen, die voraussichtlich keine Auswirkungen auf die Arbeitsleistung haben werden[71], dürfen nicht gespeichert werden.

---

67 BAG Urt. v. 24.3.83 – 2 AZR 21/82 – NJW 84, 78ff., 79 = EzA Nr. 21 zu § 1 KSchG Betriebsbedingte Kündigung = DB 83, 1822ff.

68 *Kroll*, S. 105.

69 So auch LAG Baden-Württemberg, Urt. v. 11.7.85 – 7 Sa 97/84 – DB 85, 2567f., 2568 unter II 4a der Gründe.

70 *Zöllner*, S. 35ff., insbes. S. 37; siehe etwa auch *Schaub*, § 161 VI 5, S. 945; *Budde*, DB 85, 1529ff., 1530.

71 BAG Urt. v. 7.6.84 – 2 AZR 270/83 – DB 84, 2706f., 2707 = NJW 85, 645f.

Gentests ermöglichen die Feststellung, ob der Arbeitnehmer Arbeitsstoffe, die am Arbeitsplatz verwandt werden, nicht verträgt, ob insoweit also Krankheitsanfälligkeiten gegeben sind[72]. Sie könnten dazu führen, daß die Reduzierung gesundheitsschädigender Arbeitsstoffe aufgegeben wird und statt dessen die jeweils unempfindlichsten und robustesten Mitarbeiter eingesetzt würden. Unter persönlichkeitsrechtlichen Aspekten spricht entscheidend gegen sie, daß durch sie eine komplette Persönlichkeitsanalyse möglich ist[73]. Sämtliche menschlichen Eigenschaften können mit ihrer Hilfe ermittelt werden. Eine solche vollständige Persönlichkeitsdurchleuchtung ist ebenso wie bei psychologischen Tests[74] ein Verstoß gegen das Persönlichkeitsrecht. § 23 BDSG enthält für die Speicherung von Gesundheitsdaten keine besondere Regelung. Es verbleibt dabei, daß die Speicherung im Rahmen der Zweckbestimmung des Arbeitsvertrages oder bei berechtigtem Interesse des Arbeitgebers unter der Voraussetzung, daß die Beeinträchtigung schutzwürdiger Belange nicht zu befürchten ist, zulässig ist. Weder die Zweckbestimmung noch berechtigte Interessen rechtfertigen es, alle gesundheitlichen Daten des Arbeitnehmers auf Vorrat zu speichern[75], um den gegenwärtigen Gesundheitszustand vollständig erfassen und die zukünftige Entwicklung prognostizieren zu können. Erforderlich ist vielmehr nur das, was für die konkrete Arbeitsaufgabe relevant ist. Insofern ergeben sich keine Unterschiede zum Speicherungsrecht nach arbeitsrechtlichen Grundsätzen.

IV. Dauernde Speicherung

1. Die Tilgung nach § 51 BZRG und sonstige Tilgungsvorschriften

Eine generelle arbeitsrechtliche Regelung, Daten nach einer bestimmten Zeitspanne nicht mehr zu verwerten, gibt es nicht. Für den Bereich strafrechtlicher Verurteilungen ordnet § 51 BZRG an, daß Straftaten, die im Strafregister zu tilgen sind, dem Betroffenen im Rechtsverkehr nicht mehr vorgehalten und nicht zu seinem Nachteil verwertet werden dürfen. Die Tilgungsfrist beträgt fünf, zehn oder fünfzehn Jahre.

---

72 *Benda*, NJW 85, 1730ff., 1733f.

73 *Deutsch*, ZRP 86, 1ff., 2.

74 *Fitting/Auffarth/Kaiser*, § 94 Rn 5a.E.; *Gamillscheg*, Arbeitsrecht, Bd. 1, S. 100; *Deutsch*, ZRP 86, 1ff., 3.

75 Für die öffentlich-rechtliche Datenerhebung hat das BVerfG im Volkszählungsurteil, NJW 84, 419ff., 422 die Unzulässigkeit der Sammlung von Daten auf Vorrat ausdrücklich festgestellt. Ebenso für jegliche Datenerhebung *Wohlgemuth*, Der Betriebsrat 1985, 5ff., 8f.; *Simitis*, NJW 84, 398ff., 402; speziell für den arbeitsrechtlichen Bereich LAG Baden-Württemberg, Urt. v. 11.7.85 – 7 Sa 97/84 – DB 85, 2567f., 2568.

Das Bundesarbeitsgericht[76] hat zum Vorläufer des BZRG, dem Straftilgungsgesetz[77], entschieden, daß die strafrechtliche Verurteilung trotz des Tilgungsgebotes in der Personalakte verbleiben dürfe. Dies ist angesichts des Verwertungsverbotes zweifelhaft. Es führt zu dem unbefriedigenden Ergebnis, daß sich der Arbeitnehmer gemäß § 53 Abs. 1 Nr. 2 BZRG zwar als unbestraft bezeichnen darf, die Vorstrafe jedoch weiterhin in der Personalakte enthalten bleibt[78].

Für die Verhängung von Betriebsbußen gibt es ebenfalls keine gesetzliche Tilgungsvorschrift. Lediglich im öffentlichen Dienst ist die Tilgung disziplinarrechtlicher Verfehlungen teilweise vorgesehen[79]. Für alle übrigen Daten, seien es lange zurückliegende Pflichtverletzungen, Abmahnungen, Fehlzeiten, Gesundheitsdaten oder Leistungsbeurteilungen gibt es im laufenden Arbeitsverhältnis und auch nach dessen Beendigung keine Tilgungsvorschrift. Dies ist besonders im Hinblick auf die Tilgungsregelung des BZRG für die im Vergleich dazu schwerwiegenden strafrechtlichen Verfehlungen problematisch.

2. Sperrung und Löschung nach dem BDSG

Feste Tilgungsfristen sieht auch das BDSG nicht vor. Nach § 27 Abs. 2 BDSG sind personenbezogene Daten zu sperren, wenn die Richtigkeit vom Betroffenen bestritten wird und sich die Wahrheit nicht feststellen läßt oder wenn ihre Kenntnis für die Erfüllung des Zwecks der Speicherung nicht mehr erforderlich ist. Die Sperrung hat gemäß § 14 Abs. 2 BDSG zur Folge, daß die Daten nicht mehr verarbeitet, insbesondere übermittelt werden dürfen, es sei denn, dies ist zu Forschungszwecken, zur Behebung einer bestehenden Beweisnot oder aus sonstigen überwiegenden Interessen erforderlich.

Falls der Speicherungszweck entfallen ist, können die Daten gemäß § 27 Abs. 3 BDSG auch gelöscht werden, sie müssen es, wenn der Betroffene es verlangt oder bereits die Speicherung unzulässig war. Daten über gesundheitliche Verhältnisse, strafbare Handlungen, Ordnungswidrigkeiten sowie religiöse und politische Anschauungen sind nach der Spezialregelung des § 27 Abs. 3 Satz 3 BDSG bereits zu löschen, wenn ihre Richtigkeit von der speichernden Stelle nicht bewiesen werden kann. Die Löschung setzt mithin jedoch voraus, daß der Arbeitnehmer die über ihn gespeicherten Daten kennt und selbst die Initiative ergreift.

---

[76] BAG Urt. v. 17.1.56 – 3 AZR 304/54 – AP Nr. 1 zu § 611 BGB Fürsorgepflicht.
[77] Straftilgungsgesetz vom 9.4.1920, RGBl. I, S. 507.
[78] *Kroll*, S. 230; vgl. auch *Rebmann*, NJW 83, 1513 ff., 1519.
[79] Vgl. § 119 Niedersächs. Disziplinarordnung und die dazu ergangene Tilgungs-VO v. 26.9.74, Nds. GVBl. S. 428.

Befinden sich die Daten bei Dritten, etwa in der Zentrale eines Konzerns[80] oder bei einer Auskunftei[81], die geschäftsmäßig Daten zur weiteren Übermittlung speichern[82], gilt aufgrund des § 31 Abs. 1 Nr. 1 BDSG die Besonderheit des § 35 Abs. 2 Satz 2 BDSG, wonach die Sperrung am Ende des fünften Kalenderjahres nach der Einspeicherung zu erfolgen hat. Die Daten sind nach Ablauf dieses Zeitraums zu löschen, wenn der Betroffene es verlangt (§ 35 Abs. 3 Satz 2 BDSG). Die Regelung für besonders sensible Daten gilt auch hier. § 35 BDSG greift nicht, wenn es sich um Auftragsdatenverarbeitung im Sinne des § 31 Absatz 1 Nr. 3 BDSG handelt, wenn also der Arbeitgeber die Personaldaten bei einer externen Stelle verarbeiten läßt[83]. In diesem Fall bleibt es aufgrund der durch §§ 37, 22 Abs. 2 BDSG bestehen gebliebenen Verantwortlichkeit des Auftraggebers bei der Regelung des § 27 BDSG.

V. Technische Informationsgewinnung und -auswertung

1. Die Mitbestimmung aufgrund des § 87 Abs. 1 Nr. 6 BetrVG

§ 87 Abs. 1 Nr. 6 BetrVG unterwirft die Einführung und Anwendung von technischen Einrichtungen, die dazu bestimmt sind, das Verhalten oder die Leistung der Arbeitnehmer zu überwachen, der erzwingbaren Mitbestimmung des Betriebsrates. Damit besteht in diesem Bereich eine kollektive Regelung, die Persönlichkeitsgefährdungen durch die mit Hilfe technischer Apparaturen möglich gewordene permanente Kontrolle entgegenwirken soll[84].

Ob unter diesen Mitbestimmungstatbestand Personalinformationssysteme, die Leistungs- und Verhaltensdaten enthalten, subsumiert werden können, gehört zu den gegenwärtig am meisten diskutierten Fragen des Arbeitsrechts[85].

---

80 Die Konzernzentrale ist Dritter i.S.d. § 1 Abs. 3 Nr. 2 BDSG, vgl. *Knabben*, DB 78, 333 ff.; *Biesalski*, BB 78, 67 ff.; *Sproll*, S. 133 f.

81 *Ordemann/Schomerus*, § 31 Anm. 1.1.; *Auernhammer*, § 31 Rn 4; *Simitis*, Gutachten, S. 53 ff.

82 Diese Voraussetzung trifft für Konzerne zu, wenn die Daten für Konzernglieder in einer zentralen Personalverwaltung verwaltet und zugänglich gemacht werden, streitig, wie hier: *Kamlah* in: *Kamlah/Schimmel/Schwan*, § 31 Rn 24; a. A. etwa *Sproll*, S. 136; *Biesalski*, BB 78, 67 ff., 68; *Höfer*, DuD 82, 80 ff., 81 f.

83 Auch dies kann im Konzern der Fall sein, vgl. unten Teil 2 B VII 2 und *Biesalski*, BB 78, 67 ff.

84 *Jobs*, DB 83, 2307 ff., 2308; *Fitting/Auffarth/Kaiser*, § 87 Rn 66.

85 Aus der unübersehbar gewordenen Literatur soll hier nur verwiesen werden auf *Jobs*, DB 83, 2307 ff.; *Jobs* in: *Jobs/Samland*, Personalinformationssystem in Recht und Praxis, S. 123 ff.; *Schwarz*, BB 85, 531 ff.; *Ehmann*, NZA-Beilage 1/85, S. 2 ff.; *Söllner*, DB 84, 1244 ff.; *Braun*, BlStSozArbR 85, 54 ff.; *Müllner*, BB 84, 475 ff.; *Apitzsch/Schmitz*, DB 84, 983 ff.; *Hesse*, NZA-Beilage 1/85, S. 15 ff.; *Zöllner*, DB 84, 241 ff.; *Weng*, DB 85, 1341 ff.; *Schmidt-Dorrenbach/Goos*, DB-Beilage 11/83, S. 1 ff.; *Kilian*, BB 85, 403 ff.

Die Diskussion ist auch nach der Grundsatzentscheidung des Bundesarbeitsgerichts[86] zum sogenannten Technikerberichtssystem nicht verstummt. Neben einer Reihe von zustimmenden Äußerungen[87] ist die Diskussion ähnlich wie im Anschluß an die Bildschirmarbeitsplatzentscheidung des Bundesarbeitsgerichts[88] auch durch scharf ablehnende Stimmen gekennzeichnet[89].

In dem in der Grundsatzentscheidung zu beurteilenden Fall hatten Kundendiensttechniker für jeden Arbeitsauftrag eine Reihe von Belegen auszufüllen, in denen produkt- und leistungsbezogene Angaben über die Ausführung des Auftrages und die Personalnummer des Ausführenden einzutragen waren. Diese Daten mußten später in die EDV-Anlage eingegeben werden. Das Charakteristische dieser Fallgestaltung lag darin, daß die Daten nicht durch die technische Einrichtung selbst, sondern manuell erhoben und erst später in die EDV-Anlage eingegeben wurden[90].

Das Bundesarbeitsgericht[91] hat auch in dieser Konstellation ein Mitbestimmungsrecht bejaht. Dabei geht es davon aus, daß Überwachen alternativ das Sammeln oder Auswerten von Daten bedeute. Deshalb sei eine technische Überwachung anzunehmen, wenn lediglich die Auswertung auf technischem Wege erfolge, unabhängig von der Frage, in welchem Verfahren das Sammeln von Informationen geschehe[92]. Zur Überwachung bestimmt sei eine technische Einrichtung, wenn sie Daten zu Aussagen über Verhalten oder Leistung verarbeite, ohne daß es auf eine Überwachungsabsicht ankomme[93].

---

86 BAG, Beschl. v. 14.9.84 – 1 ABR 23/83 – DB 84, 2513 ff. = BB 85, 193 ff. = NZA 85, 28 ff. = BlStSozArbR 85, 49 ff. = NJW 85, 450 ff. = EZA Nr. 11 zu § 87 BetrVG. 1972 Kontrolleinrichtung mit zustimmender Anmerkung von *Löwisch/Rieble*.

87 *Klebe*, NZA 85, 44 ff.; *Simitis*, NJW 85, 401 ff.; *Walz*, ArbuR 85, 233 ff., 234; *Schapper/Waniorek*, ArbuR 85, 246 ff., 247 f.; *Kilian*, NJW 85, 453; *Schwarz*, BB 85, 531 ff., 535; *Braun*, BlStSozArbR 85, 54 ff., 57; *Matthes*, RDV 85, 16 ff., 19 f. Zustimmend zur ergebnisgleichen vorinstanzlichen Entscheidung *Dietz/Richardi*, § 87 BetrVG, Rn 333.

88 BAG, Beschl. v. 6.12.83 – 1 ABR 43/81 – AP Nr. 7 zu § 87 BetrVG 1972 Überwachung mit im wesentlichen zustimmender Anmerkung von *Richardi* = EZA Nr. 1 zu § 87 BetrVG 1972 Bildschirmarbeitsplatz mit Anm. v. *Ehmann* = DB 84, 775 ff. = BB 84, 850 ff. = NJW 84, 1476 ff.; vgl. zu dem Urteil die recht einseitige Kritik aus dem Arbeitnehmerlager von *Stevens-Bartol*, AiB 84, 133 ff. und *Michaelis*, Der Betriebsrat 1984, S. 85.

89 Vgl. etwa die Vorwürfe von *Hunold*, BB 85, 195 ff., 196 und *Weng*, DB 85, 1341 ff., hinsichtlich Wortlautüberdehnung und unzulässiger Rechtsfortbildung sowie *Seelmann*, Der Arbeitgeber 1984, S. 925 f.

90 Vgl. dazu auch *Otto* in: Rechtswissenschaft und Rechtsentwicklung, S. 227 ff., 234 ff.

91 BAG, DB 84, 2513, Leitsatz 1; ebenso *Schwarz*, BB 85, 531 ff.; *Kilian*, BB 85, 403 ff.; *Simitis*, NJW 85, 401 ff., 403 f.; *Klebe*, NZA 85, 44 ff., 45 f.

92 BAG, DB 84, 2514 f.; ebenso *Franz*, S. 191 ff.; *Schwarz*, BB 85, 531 ff.; 534; LAG Düsseldorf, Beschl. v. 14.12.81 – 26 TaBV 80/81 – DB 82, 550 ff., 551 f.; *Kilian*, NJW 85, 453; *Linnenkohl*, ArbuR 84, 129 ff., 134 f.; *Fitting/Auffarth/Kaiser*, § 87 Rn 75.

93 Zur Kritik an diesem Urteil sowie den rechtspolitischen Konsequenzen siehe unten Teil 3 A II 2 c.

Im Rahmen dieses Ergebnisprotokolls der bisherigen Rechtsprechung ist es wichtig festzuhalten, daß das Bundesarbeitsgericht seine Auffassung in zwei weiteren Entscheidungen bekräftigt hat[94].

2. Die Mitbestimmung aufgrund der §§ 95, 94 Abs. 2 BetrVG

Aufgrund dieser kollektivrechtlichen Verarbeitungsvoraussetzungen sind Auswahlrichtlinien und Beurteilungsgrundsätze mitbestimmungspflichtig. Fraglich ist, ob zu ersteren die oftmals automatisiert erstellten Anforderungsprofile zu rechnen sind.

Das Bundesarbeitsgericht[95] hat Anforderungsprofile als „festgeschriebene Vorstellungen des Arbeitgebers über die Stellenanforderungen" für mitbestimmungsfrei gehalten. Demgegenüber wird eingewandt, daß Anforderungsprofile und Auswahlrichtlinien sich durchaus überschneiden können, weil Stellenanforderungen zugleich die fachlichen und persönlichen Voraussetzungen bei der Besetzung der Stelle mitregeln können[96]. Soweit dies der Fall ist, wird deshalb ein Mitbestimmungsrecht befürwortet[97]. Zutreffend wird die Gefahr gesehen, daß der Arbeitgeber es durch die detaillierte Festlegung von Anforderungsprofilen in der Hand habe, fachliche und persönliche Voraussetzungen festzulegen[98] und damit eine Vorauswahl[99] zu treffen.

Fähigkeits- und Eignungsprofile betreffen dagegen unmittelbar die Beurteilung von persönlichen und fachlichen Eigenschaften und fallen daher unter die gemäß § 94 Abs. 2 BetrVG mitbestimmungspflichtigen Beurteilungsgrundsätze[100].

---

94 BAG, Beschl. v. 23.4.85 – 1 ABR 39/81 – DB 85, 1897f. = ArbuR 85, 194 = BB 85, 1666f. = EzA Nr. 12 zu § 87 BetrVG 72 Kontrolleinrichtung (TÜV-Prüfbelege); BAG, Beschl. v. 23.4.85 – 1 ABR 2/82 – DB 85, 1898ff., 1899 = BB 85, 1664ff. = EzA Nr. 13 zu § 87 BetrVG 72 Kontrolleinrichtung; ebenso LAG Hamburg, Beschl. v. 7.3.85 – 1 TaBV 1/84 – NZA 85, 604; vorher bereits LAG Frankfurt, Beschl. v. 1.9.83 – 4 TaBV 9/83 – DB 84, 459ff. und LAG Düsseldorf, Beschl. v. 14.12.81 – 26 TaBV 80/81 – DB 82, 550ff. (Vorinstanz hinsichtlich der BAG-Grundsatzentscheidung); ebenso jetzt BAG, Beschl. v. 18.2.86 – 1 ABR 21/84 – BB 86, 1154ff. und BAG, Beschl. v. 11.3.86 – 1 ABR 12/84 – DB 86, 1469ff. (Paisy).

95 BAG, Beschl. v. 31.5.83 – 1 ABR 6/80 – AP Nr. 2 zu § 95 BetrVG 1972 mit krit. Anm. v. *Löwisch* = DB 83, 2311ff.; gleicher Auffassung wie das BAG *Heinze*, Personalplanung, Einstellung und Kündigung, S. 30 Rn 68; *Hunold*, DB 76, 98ff., 102.

96 *Löwisch*, Anm. zu BAG AP Nr. 2 zu § 95 BetrVG 1972.

97 *Galperin/Löwisch*, § 95 Rn 7; *Dietz/Richardi*, § 95 Rn 15; *Fitting/Auffarth/Kaiser*, § 95 Rn 2b.

98 *Löwisch*, Anm. zu BAG AP Nr. 2 zu § 95 BetrVG 1972.

99 Insbesondere wenn ein Computerprogramm die dann noch in Betracht kommenden Arbeitnehmer ermittelt, *Otto* in: Rechtswissenschaft u. Rechtsentwicklung, S. 227ff., 238; unzutreffend deshalb *Zöllner*, S. 95 und dort Fn. 46.

100 *Schmidt-Dorrenbach/Goos*, DB-Beilage Nr. 11/83, S. 1ff., 7; *Dietz/Richardi*, § 94 Rn 41; *Fitting/Auffarth/Kaiser*, § 95 Rn 2b; *Hümmerich*, DB 78, 1932ff., 1934; zu restriktiv deshalb *Zöllner*, S. 94.

3. Die Beurteilung als Datenveränderung gemäß §§ 25, 33 BDSG

Werden vorhandene Daten mit Hilfe einer Datenverarbeitungsanlage miteinander verknüpft, um neue Informationen zu erhalten, so handelt es sich um eine Datenänderung im Sinne der §§ 25 und 33 BDSG[101]. Eine solche Verknüpfung, die zu einem veränderten Informationsgehalt führt, liegt auch vor, wenn eine Kontextveränderung vorgenommen wird[102]. Beispielsweise ist eine Datenveränderung gegeben, wenn die Zahl der Fehltage in einem bestimmten Zeitraum, die zu Abrechnungszwecken gespeichert wurden, mit Daten über die Ursache oder die Lage der Fehltage zusammengeführt werden, um eine Kontrolle der Mitarbeiter zu ermöglichen[103].

Eine solche Datenveränderung ist nach § 25 BDSG, der parallel zu § 23 BDSG konstruiert ist, möglich, wenn sie im Rahmen der Zweckbestimmung des Arbeitsverhältnis liegt oder wenn sie zur Wahrung berechtigter Interessen der speichernden Stelle erforderlich ist und kein Grund zu der Annahme besteht, daß schutzwürdige Belange des Betroffenen beeinträchtigt werden. Handelt es sich um geschäftsmäßige Datenverarbeitung in fremden Interesse gemäß § 31 Abs. 1 Nr. 1 BDSG[104], kommt es gemäß § 33 BDSG nur auf die schutzwürdigen Belange des Betroffenen an.

Im oben angesprochenen Beispiel ist eine Datenveränderung zur Mitarbeiterkontrolle von der Zweckbestimmung der Arbeitsverhältnisse gedeckt, sofern sie erforderlich ist, das heißt, für sie ein konkreter Anlaß besteht. Eine zweckwidrige Verknüpfung wäre aber zum Beispiel schon im Hinblick auf § 75 Abs. 1 Satz 1 und 2 BetrVG anzunehmen, wenn überdurchschnittliche Fehlzeiten nur hinsichtlich der Mitarbeiter, die älter als fünfzig Jahre sind, oder der weiblichen Mitarbeiter ermittelt würden.

VI. Datenübermittlung innerhalb des Unternehmens

1. Die Regelungen des Betriebsverfassungsgesetzes

In einer Reihe von Vorschriften des BetrVG sind Informationsansprüche zumeist des Betriebsrates und Informations- und Übermittlungsgrenzen enthalten. Der Betriebsrat hat etwa Anspruch auf die Mitteilung personenbezogener Daten bei personellen Einzelmaßnahmen gemäß §§ 99ff. BetrVG,

---

101 *Simitis* in: *Simitis/Dammann/Mallmann/Reh,* § 25 Rn 7.
102 *Kroll,* S. 152f.
103 *Ehmann,* NZA-Beilage 1/85, S. 2ff., 5f.
104 Dazu oben Teil 2, B IV 2.

insbesondere bei der Kündigung gemäß § 102 Abs. 1 BetrVG einschließlich der Sozialdaten für die soziale Auswahl[105]. § 80 Absatz 2 Satz 2 BetrVG gestattet dem Betriebsrat, in die Listen über Bruttolöhne und -gehälter Einblick zu nehmen. Auf der anderen Seite begrenzt § 79 BetrVG die Übermittlungsbefugnis des Betriebsrates für vom Arbeitgeber ausdrücklich als geheimhaltungsbedürftig bezeichnete Betriebs- und Geschäftsgeheimnisse.

Hierbei handelt es sich um materielle Informationsregelungen, die dem formellen Rahmenrecht des BDSG vorgehen[106].

Dies folgt aus der in § 45 Satz 1 BDSG angeordneten Subsidiarität des BDSG gegenüber vorrangigen Rechtsvorschriften. Zu diesen gehören nicht nur die in § 45 Satz 2 Nr. 5 beispielhaft aufgeführten Einsichtsrechte, sondern auch die Informationsrechte und -grenzen des BetrVG[107]. Abgesehen davon handelt es sich dabei um Erlaubnisnormen zur Datenverarbeitung im Sinne des § 3 Nr. 1 BDSG[108].

Deshalb hindert das BDSG den Betriebsrat nicht, in die Bruttolohn- und -gehaltslisten Einblick zu nehmen[109]. Sofern das Stadium der Planung erreicht ist, hat der Betriebsrat gemäß § 92 BetrVG Anspruch auf Einsicht in die Personalplanungsunterlagen einschließlich der dabei verwendeten personenbezogenen Daten[110]. Folgerichtig ist es auch, einen Anspruch des Betriebsrates gegen den Arbeitgeber auf Mitteilung der Privatanschriften der Arbeitnehmer während eines arbeitskampfbedingten Produktionsstillstandes anzunehmen[111], denn die Privatanschriften gehören zu den Unterlagen, die der Betriebsrat gemäß § 80 Absatz 2 BetrVG zur Durchführung seiner Aufgaben, wozu die situationsangemessene Information der Belegschaft z.B. über Lohnansprüche oder Ansprüche auf Arbeitslosengeld gehört, beanspruchen kann. Eine Verarbeitungsbarriere enthält § 83 Absatz 1 Satz 2 BetrVG, indem die Einsichtnahme des Betriebsrates in Personalakten von dem Wunsch des Betroffenen abhängig gemacht wird. Der Betriebsrat hat also keinen An-

---

105 Die bereits bei der Anhörung mitgeteilt werden müssen, BAG, Urt. v. 29.3.84 – 2 AZR 429/83 – EzA Nr. 55 zu § 102 BetrVG 72 = DB 84, 1990ff.; LAG Hamm (Vorinstanz), Urt. v. 24.5.83 – 6 Sa 151/83 – EzA Nr. 51 zu § 102 BetrVG 72.

106 *Kamlah* in: Datenschutz im Konflikt, DVR-Beiheft 14, S. 59ff., 63f.

107 LAG Berlin, Beschl. v. 28.6.84 – 12 TaBV 3/84 – NZA 84, 405ff., 407; *Kroll*, S. 120.

108 BAG, Urt. v. 24.3.83 – 2 AZR 21/82 – DB 83, 1822f., 1823 = EzA Nr. 21 zu § 1 KSchG Betriebsbedingte Kündigung = NJW 84, 78ff.; *Kroll*, a.a.O., S. 120; LAG Berlin, NZA 84, 407; *v. Hoyningen-Huene*, NZA-Beilage 1/85, S. 19ff., 22.

109 BAG, Beschl. v. 17.3.83 – 6 ABR 33/80 – DB 83, 1607f., 1608; LAG Bremen, Beschl. v. 1.9.78 – 1 TaBV 12/77 – DB 78, 2488f.; *Kroll*, DB 79, 1182f.; 1182.

110 BAG, Beschl. v. 19.6.84 – 1 ABR 6/83 – NZA 84, 329f., 329.

111 LAG Berlin, NZA 84, 406.

spruch, alle Personalakten etwa im Hinblick auf erteilte Abmahnungsschreiben ohne Zustimmung der jeweils Betroffenen einzusehen[112].

2. Die Schweigepflicht der Betriebsärzte

Für die Weitergabe medizinischer Daten innerhalb des Unternehmens enthält § 8 Abs. 1 Satz 2 i.V.m. § 203 StGB die Bindung der Betriebsärzte an die ärztliche Schweigepflicht. Das bedeutet, daß medizinische Daten der Beschäftigten vom Betriebsarzt grundsätzlich nicht an den Arbeitgeber weitergegeben werden dürfen, es sei denn, der Mitarbeiter hat den Betriebsarzt von der Schweigepflicht entbunden. Da der Arbeitgeber keinen Anspruch darauf hat, daß der Arbeitnehmer sich untersuchen läßt, kann er gegen den Arbeitnehmer auch keinen Anspruch auf Entbindung von der Schweigepflicht geltend machen[113]. Aus der Weigerung, eine Untersuchung vornehmen zu lassen oder der Weitergabe der Untersuchungsbefunde zuzustimmen, dürfen jedoch für den Arbeitnehmer nachteilige Konsequenzen gezogen werden[114], insbesondere wenn es sich um gesetzlich vorgeschriebene Untersuchungen handelt[115].

Die Einwilligung muß bezogen auf die konkrete Untersuchung erteilt werden, eine pauschale Entbindung von der Schweigepflicht bereits im Arbeitsvertrag ist unwirksam[116]. Überwiegend wird angenommen, daß der Mitarbeiter durch sein Erscheinen bei der Untersuchung konkludent in die Weitergabe des Untersuchungsergebnisses, z.B. geeignet/nicht geeignet, einwillige[117]. Dagegen bedarf die Weitergabe von Befund-, Therapie- und Diagnosedaten stets der ausdrücklichen Einwilligung[118].

Zweifel sind angebracht, ob die soeben geschilderte Rechtslage in der Praxis genügend beachtet wird. Immerhin sind nach der Untersuchung von *Kilian* bei 41,8% der untersuchten Unternehmen Gesundheitsdaten, darunter auch Befund-, Diagnose- und Therapiedaten im zentralen Personalinformationssystem gespeichert mit der Möglichkeit jederzeitigen Zugriffs durch die Personalabteilung[119].

---

112 LAG Frankfurt, Beschl. v. 22.5.84 – 4 TaBV 93/83 – NZA 85, 97f., 97; *Dietz/Richardi*, § 80 Rn 49; *Galperin/Löwisch*, § 80 Rn 31; *Fitting/Auffarth/Kaiser*, § 80 Rn 21; *Hümmerich*, RdA 79, 143ff., 148; a. A. *Pfarr*, ArbuR 76, 198ff., 202.

113 *Budde*, DB 85, 1529ff., 1530.

114 *Zöllner*, S. 37; *Budde*, DB 85, 1529ff., 1531; *Wiese*, DuD 80, 17ff., 18.

115 Etwa § 22 der ArbStoff.-Verordnung vom 29.7.80 (BGBl. I S. 1071ff.), dazu und zu weiteren durch Rechtsvorschriften vorgeschriebenen Untersuchungen *Budde*, DB 85, 1529ff., 1530f.

116 *Budde*, DB 85, 1529ff., 1530.

117 *Eiermann*, BB 80, 214f., 215; *Wegener*, Der Betriebsarzt, S. 106; im Ergebnis ebenso *Zöllner*, S. 38; kritisch *Budde*, DB 85, 1529ff., 1531.

118 *Zöllner*, S. 38; *Budde*, DB 85, 1529ff., 1531.

119 *Kilian*, Personalinformationssystem, S. 99.

3. Der Schutz durch das Datengeheimnis des § 5 BDSG

Die §§ 24, 32 BDSG gelten für die Datenweitergabe innerhalb des Unternehmens nicht, denn insoweit wird nicht an Dritte (§ 2 Abs. 3 Nr. 2 BDSG) übermittelt. Es handelt sich vielmehr um Datenverkehr innerhalb der speichernden Stelle, die auch dann als Einheit gilt, wenn an verschiedenen Stellen im Unternehmen gespeichert wird. Der Betriebsrat ist deshalb nicht Dritter, sondern gehört zur speichernden Stelle. Zwar ist seine Informationsverarbeitung für den Arbeitgeber nicht zugänglich und kontrollierbar, ebensowenig wie beispielsweise die des unternehmensangehörigen Betriebsarztes. Gleichwohl gehört er zur speichernden Stelle, so daß die Vorschriften für die Übermittlung an Dritte keine Anwendung finden[120].

Für den internen Datenverkehr kann nur auf § 5 BDSG rekurriert werden. Allen bei der Datenverarbeitung beschäftigten Personen ist danach untersagt, geschützte personenbezogene Daten zu anderen als dem zur jeweiligen rechtmäßigen Aufgabenerfüllung gehörenden Zweck zu nutzen. Bei der Datenverarbeitung beschäftigt ist ein Mitarbeiter, wenn er durch seine ausgeübte Tätigkeit Kenntnis von personenbezogenen Daten erlangt[121]. § 5 BDSG greift also nicht ein, wenn ein Mitarbeiter sich außerhalb seines Aufgabenbereichs Zugang zu personenbezogenen Daten verschafft[122]. In diesem Fall ist auch der strafrechtliche Schutz durch § 41 BDSG lückenhaft, denn strafbar ist gemäß § 41 Abs. 1 Nr. 2 BDSG nur das Abrufen von Daten aus einer automatisierten Datenverarbeitungsanlage oder das Verschaffen aus einer verschlossenen Datei[123], nicht jedoch das Verschaffen aus versehentlich oder grundsätzlich nicht abgeschlossenen Dateien oder aus Datensammlungen (z.B. Akten), die den Dateibegriff des § 2 Absatz 3 Nr. 3 BDSG nicht erfüllen. Fraglich ist, wie es zu beurteilen ist, wenn einem Mitarbeiter von der speichernden Stelle Daten außerhalb seiner dienstlichen Funktion übermittelt werden, etwa wenn die Anschriften der Arbeitnehmer einem im Nebenamt als Bausparkassenvertreter tätigen Mitarbeiter, oder wenn einem Mitarbeiter die Gehaltspfändung seiner Arbeitskollegen übermittelt werden[124]. Bisher behilft man sich hier mit der Konstruktion, ein Mitarbeiter sei zwar grundsätzlich Teil der speichernden Stelle; wenn ihm jedoch Daten außerhalb seiner dienstlichen Funktion übermittelt würden, werde er zum außenstehen-

---

120 *Auernhammer,* § 2 Rn 17; *Ordemann/Schomerus,* § 22 Anm. 2; *Dammann* in: *Simitis/Dammann/Mallmann/Reh,* § 2 Rn 163; *Linnenkohl,* NJW 81, 202ff., 203; *Zöllner,* S. 75f.; *Kroll,* S. 119f.; *Karad,* der arbeitgeber 76, 656f.; *Matysiak,* S. 182ff.; *Kriependorf,* DuD 79, 17ff., 18f.; anderer Auffassung *Sproll,* S. 132f.; *Tönnies,* DuD 80, 128ff., 131; *Hesse,* S. 133ff.; *Wahsner/Borgaes,* BlStSozArbR 80, 49ff., 50.

121 *Dammann* in: *Simitis/Dammann/Mallmann/Reh,* § 5 Rn 6.

122 Kritisch deshalb *Garstka,* ZRP 78, 237ff., 240.

123 *Ordemann/Schomerus,* § 41 Anm. 1.2.3. und 1.2.4.

124 So der Fall im Urt. des ArbG Bonn v. 23.11.82 – 4 Ca 2565/82 – DuD 83, 147.

den Dritten im Sinne des § 2 Abs. 3 Nr. 2 BDSG[125]. Somit fänden dann die Übermittlungsvorschriften der §§ 24 und 32 Abs. 2 BDSG Anwendung. Diese Konstruktion ist vor allem deshalb problematisch, weil die Einstufung des Mitarbeiters nicht generell vorgenommen wird, sondern von Fall zu Fall, je nachdem, ob dies zum dienstlichen Bereich gehört oder nicht. Auch wird die Abgrenzung zwischen dienstlicher und privater Aufgabenerfüllung im Einzelfall schwierig sein. Dies mag die Problematik der sogenannten Rennlisten[126] bei Versicherungsgesellschaften verdeutlichen, bei denen der Arbeitgeber den Außendienstmitarbeitern monatlich eine – meistens durch elektronische Datenverarbeitung erstellte – Liste mit den Umsätzen aller namentlich aufgeführten Außendienstmitarbeiter übermittelt, aus der jeder Mitarbeiter seinen Platz auf der Umsatzskala ersehen kann. Ob die Kenntnis dieser Daten tatsächlich nicht zum dienstlichen Bereich gehört, wie *Küstner* meint[127], ist fraglich. Immerhin soll die Mitteilung der Daten nach der Vorstellung des Arbeitgebers zu vermehrter Arbeitsanstrengung im dienstlichen Bereich bewegen. Sicher ist jedoch die namentliche Nennung der übrigen Mitarbeiter zur Erreichung dieses Ziels nicht erforderlich, da die Einschätzung der eigenen Umsatzleistung ebenso möglich wäre, wenn die Umsätze der übrigen Mitarbeiter ohne Namensnennung bekannt gegeben würden. Deshalb ist die Übermittlung der Namen dem außerdienstlichen Bereich zuzuordnen. Sie ist unzulässig, weil sie von der Zweckbestimmung des Arbeitsverhältnisses her nicht erforderlich ist.

VII. Datenübermittlung nach außen

1. Arbeitsrechtliche Vorschriften

Eine generelle arbeitsrechtliche Übermittlungsvorschrift gibt es nicht. Allerdings gibt es einzelne Normen, die die Übermittlung bestimmter Angaben erlauben. Für die Übermittlung von Bewerberdaten vom alten zum neuen Arbeitgeber kommen die Zeugnisvorschriften in Betracht, wie unter Teil 2 B I dargestellt wurde. Aus der Darlegungs- und Beweislast im arbeitsgerichtlichen Verfahren sowie der Mitteilungspflicht des § 1 Abs. 3 Satz 1, 2. Halbsatz KSchG folgt das Recht des Arbeitgebers, die Sozialdaten der vergleichbaren Arbeitnehmer dem Arbeitsgericht mitzuteilen[128]. Zwar sind die

---

[125] *Ordemann/Schomerus*, § 2 Anm. 3.2.; *Dammann* in: *Simitis/Dammann/Mallmann/Reh*, § 2 Rn 157f.

[126] *Küstner*, BB 84, 1906ff.

[127] *Küstner*, BB 84, 1906ff., 1908.

[128] BAG, Urt. v. 24.3.83 – 2 AZR 21/82 – DB 83, 1822ff., 1823 = EzA Nr. 21 zu § 1 KSchG 1969 Betriebsbedingte Kündigung = NJW 84, 78ff.; *Gola*, DuD 84, 32f.; *ders.*, NJW 85, 1196ff., 1202; *Rost*, ZIP 82, 1396ff., 1405; *Achenbach*, NZA 84, 278ff., 280; *Brill*, ArbuR 84, 140ff., 143f.; *Boewer*, RDV 85, 22ff., 26.

Bedenken von *Rasch*[129], es würden höchstpersönliche Dinge in aller Öffentlichkeit erörtert, nicht leicht zu nehmen. Ohne die Mitteilung der Sozialdaten wäre jedoch eine gerechte Sozialauswahl und deren Überprüfung, die im Interesse aller Arbeitnehmer ist, nicht möglich.

2. Die Übermittlungsregelung des § 24 BDSG

Hinsichtlich der Übermittlung von Sozialdaten ergibt sich unter dem Blickwinkel des § 24 BDSG keine Veränderung, weil die prozessualen bzw. außerprozessualen Mitteilungspflichten vorgehende Rechtsvorschriften im Sinne des § 3 Nr. 1 BDSG sind[130]. § 24 BDSG greift aber ein, wenn Daten vom Betriebsrat an den Konzernbetriebsrat oder die Gewerkschaften übermittelt werden. Beide Institutionen sind außenstehende Dritte[131]. Voraussetzung ist natürlich auch hier, daß die Übermittlung aus Dateien erfolgt und es sich nicht um interne manuelle Daten handelt.

Die Übermittlung von Mitarbeiterdaten an den Konzernbetriebsrat oder die Gewerkschaften ist – abgesehen von der Möglichkeit der Einwilligung – nach § 24 Abs. 1 1. Alternative BDSG zulässig im Rahmen der Zweckbestimmung des Arbeitsverhältnisses. Zwischen dem Betriebsrat und dem Arbeitnehmer bestehen jedoch keine vertraglichen Beziehungen, so daß diese Alternative ausscheidet. Auch wenn der Arbeitgeber Daten an die Gewerkschaft übermitteln will, etwa Gehaltsdaten, um der Gewerkschaft die Überprüfung der Beitragsehrlichkeit zu ermöglichen, trägt diese Alternative die Übermittlung nicht, weil die Gewerkschaftszugehörigkeit außerhalb der Zweckbestimmung des Arbeitsverhältnisses liegt[132].

Möglich bleibt nur eine Rechtfertigung aufgrund der berechtigten Interessen der übermittelnden Stelle oder des Empfängers (§ 24 Abs. 1 2. Alternative BDSG). Diese werden in dem geschilderten Beispiel jedoch nicht gegeben sein, da die Gewerkschaft durch den einfacheren Weg der direkten Befragung oder der Einholung der Einwilligung die Richtigkeit der Beiträge überprüfen kann[133], wobei noch auf die Freiwilligkeit der Gewerkschaftszugehörigkeit insgesamt hingewiesen werden soll. Bei der Übermittlung vom Betriebsrat an den Konzernbetriebsrat können berechtigte Interessen nur gegeben sein, wenn die Übermittlung der rechtmäßigen Aufgabenerfüllung dient. Zusätzlich ist aber immer zu prüfen, ob durch die Übermittlung nicht schutz-

---

129 *Rasch*, DB 82, 2296f., 2297.

130 Siehe dazu unmittelbar zuvor Teil 2 B VII 1 sowie BAG, DB 83, 1823; *Rost*, ZIP 82, 1396ff., 1405 und die weiteren oben genannten Nachweise.

131 *Simitis*, Gutachten, S. 53f., 69f.; *Linnenkohl*, NJW 81, 202ff., 203f.

132 *Simitis* in: *Simitis/Dammann/Mallmann/Reh*, § 24 Rn 28 m.w.N.

133 *Simitis*, Gutachten, S. 95.

würdige Belange des oder der Betroffenen beeinträchtigt werden (§ 24 Abs. 2 2. Alt. BDSG). Dies kann gerade deshalb der Fall sein, weil der Betroffene von der Übermittlung nichts erfährt und sie deshalb nicht kontrollieren oder kommentieren kann. Die Gefahr der Beeinträchtigung schutzwürdiger Belange läßt sich am besten durch die Einwilligung des Betroffenen vermeiden.

Für alle Übermittlungstatbestände gilt, daß im Falle rechtmäßiger Übermittlung der Datenempfänger bei der weiteren Datenverwendung an den bisherigen Erhebungs- und Verwendungszweck nicht gebunden ist[134]. Lediglich Daten, die einem Berufs- oder besonderem Amtsgeheimnis unterliegen, dürften gemäß § 24 Abs. 1 Satz 2 BDSG nicht mehr weitergegeben werden, wodurch die weitere interne Nutzung aber nicht beschränkt wird.

Der Datenaustausch im Konzern schließlich wird unterschiedlich behandelt. Ist ein konzernangehöriges Unternehmen oder die Konzernzentrale damit beauftragt, für andere konzernangehörige Unternehmen die Personaldatenverarbeitung durchzuführen, handelt es sich um Auftragsdatenverarbeitung[135] (§ 31 Abs. 1 Nr. 3 BDSG). Weil der Auftragnehmer im Verhältnis zum Auftraggeber nicht als Dritter gilt, wie § 2 Abs. 3 Nr. 2 BDSG ausdrücklich feststellt, gelten die Übermittlungsschranken des BDSG überhaupt nicht, insbesondere ist die Übermittlung an den Auftragnehmer unabhängig von der Zweckbestimmung des Arbeitsvertrages möglich, wenngleich dieser an die Weisungen des Auftraggebers gemäß § 37 BDSG gebunden bleibt. Ansonsten gilt der konzerninterne Datenaustausch als Übermittlung auf den entweder § 24 BDSG oder § 32 BDSG anzuwenden ist, je nachdem, ob die Verarbeitung für eigene oder für fremde Zwecke erfolgt.

VIII. Die Kontrolle des Datenschutzes im Arbeitsrecht

1. Die Kontrollrechte der Arbeitnehmer

a. Das Einsichtsrecht des § 83 BetrVG

§ 83 Abs. 1 BetrVG begründet für den Arbeitnehmer das Recht zur Einsicht in seine Personalakte und gilt unabhängig davon, ob im Betrieb ein Betriebsrat existiert[136]. Zu den Personalakten gehören alle Personalunterlagen des Arbeitnehmers[137], der Arbeitgeber darf also nicht durch Führung von

---

134 *Auernhammer*, DuD 85, 5ff., 7f.

135 Im einzelnen *Simitis* in: *Simitis/Dammann/Mallmann/Reh*, § 22 Rn 43ff.; *Biesalski*, BB 78, 67ff., 69.

136 *Pramann*, DB 83, 1922ff., 1925.

137 *Dietz/Richardi*, § 83 Rn 11.

Nebenakten das Einsichtsrecht des Arbeitnehmers umgehen. Das Recht zur Einsicht beinhaltet das Recht, sich auf eigene Kosten Fotokopien aus der Akte herzustellen[138]; der Arbeitnehmer muß sich auch nicht mit Auskünften über seine Personalakte begnügen, er hat das Recht zur gegenständlichen Inaugenscheinnahme. Die unterstützende Funktion des Betriebsrates wird daran deutlich, daß der Arbeitnehmer ihn gemäß § 83 Abs. 1 BetrVG zur Einsichtnahme hinzuziehen und sich seiner Hilfe bei Beschwerden gemäß §§ 84 Abs. 1 S. 2, 85 BetrVG bedienen kann.

Enthält die Personalakte unrichtige Angaben, ist der Arbeitgeber aufgrund seiner Fürsorgepflicht nach der bisherigen Rechtsprechung des Bundesarbeitsgerichts[139] verpflichtet, diese aus der Akte zu entfernen. Dies gilt auch, wenn der Arbeitgeber den Inhalt eines Vermerks wegen Zeitablaufs nicht mehr beweisen kann[140]. Neuerdings wird dieser Berichtigungs- und Löschungsanspruch negiert. Das LAG Köln[141] hält den Arbeitgeber nicht für verpflichtet, unrichtige Abmahnungen aus der Personalakte zu entfernen, weil dadurch die Arbeitsgerichte statt mit Rechtsfragen mit Tatsachenfeststellungen befaßt würden und dies aus prozeßökonomischen Gründen unzweckmäßig sei. Diese Begründung ist sehr zweifelhaft. Die Tatsachenfeststellung ist auch sonst Inhalt des Streitgegenstandes, wie die zivilrechtlichen Streitigkeiten bezüglich Unterlassung und Widerruf unwahrer Tatsachenbehauptungen zeigen. Und die Überlastung der Arbeitsgerichte darf nicht zur Verweigerung des Rechtsschutzes führen.

Ein nicht zu unterschätzendes Kontrollrecht[142] enthält § 83 Abs. 2 BetrVG. Dadurch erhält der Arbeitnehmer die Möglichkeit, eigene Erklärungen der Personalakte beizufügen. Diese Vorschrift institutionalisiert den Grundsatz des Rechts auf rechtliches Gehör, weil der Arbeitnehmer dadurch in die Lage versetzt wird, zu Vorfällen und Beurteilungen aus seiner Sicht Stellung zu nehmen.

---

138 *Fitting/Auffarth/Kaiser,* § 83 Rn 3; *Galperin/Löwisch,* § 83 Rn 9.

139 BAG, Urt. v. 25.2.59 – 4 AZR 549/57 – AP Nr. 6 zu § 611 BGB Fürsorgepflicht = BAGE 7, 267ff.; BAG, Urt. v. 25.4.72 – 1 AZR 322/71 – AP Nr. 9 zu § 611 BGB öffentl. Dienst; BAG, Urt. v. 16.3.82 – 1 AZR 406/80 – EzA Nr. 5 zu § 108 BetrVG 1972 = DB 82, 1326f.; LAG Rheinland-Pfalz, Urt. v. 20.3.81 – 6 Sa 815/80 – DB 82, 438 (L); ebenso *Dietz/Richardi,* § 83 Rn 33; *Fitting/Auffarth/Kaiser,* § 83 Rn 5a; *Stege/Weinspach,* § 83 Rn 16; *Becker-Schaffner,* BlStSozArbR 80, 177ff., 179f.; *Geulen,* Die Personalakte in Recht und Praxis, S. 107ff.

140 BAG, Urt. v. 28.3.79 – 5 AZR 80/77 – DB 79, 1703f., 1704 unter III 3b der Gründe.

141 LAG Köln, Urt. v. 2.11.83 – 7 Sa 901/83 – DB 84, 1930f., Revision eingelegt; aufgehoben durch BAG, Urt. v. 27.11.85 – 5 AZR 101/84 – BB 86, 594f.

142 Zur Bedeutung dieses Rechts zutreffend *Zöllner,* S. 67.

b. *Der Auskunftsanspruch des § 26 BDSG*

Der in § 26 BDSG vorgesehene Auskunftsanspruch hängt zunächst wieder davon ab, daß die Daten in einer Datei gespeichert sind. Ist die Personalakte in Dateiform angelegt, hat § 83 BetrVG aufgrund des § 45 Nr. 5 BDSG Vorrang vor dem Auskunftsanspruch des § 26 BDSG. Unklar ist, ob dies auch für die nach § 26 Abs. 2 Satz 2 BDSG zu erteilenden Auskünfte über die regelmäßigen Datenempfänger gilt[143]. Dieser Anspruch besteht von vornherein nur für automatisch verarbeitete Daten. Bei manuell verarbeiteten Daten hat der Bundesgerichtshof[144] ein Auskunftsrecht hinsichtlich der Datenempfänger aus § 1004 BGB analog anerkannt, wenn feststeht, daß die Übermittlung rechtswidrig war. Abgelehnt hat der Bundesgerichtshof[145] dagegen eine Verpflichtung des Datenverarbeiters, diejenigen externen Stellen zu benennen, die durch einen On-line-Anschluß direkten Zugriff auf die Daten haben. Dies ist besonders deshalb problematisch, weil nach der Legaldefinition des § 2 Abs. 2 Nr. 2 BDSG der Tatbestand des Übermittelns schon gegeben ist, wenn die Daten zum Abruf bereit gehalten werden[146], so daß als regelmäßige Übermittlung im Sinne des § 26 Abs. 2 Satz 2 BDSG schon das regelmäßige Bereithalten zum Abruf angesehen werden muß.

Geht es um Arbeitnehmerdaten außerhalb von Personalakten, etwa in betriebsärztlichen Unterlagen, findet § 26 BDSG uneingeschränkt Anwendung. Zu beachten ist, daß die Vorschrift nur ein Recht auf – in der Regel schriftliche – Auskunft und kein eigenes Zugangs- und Wahrnehmungsrecht enthält. Für die Auskunft kann nach § 26 Abs. 3 BDSG ein Entgelt verlangt werden – eine Regelung, die für das Arbeitsrecht verfehlt ist[147]. § 26 Absatz 4 BDSG zählt eine Reihe von Auskunftsverweigerungsrechten auf, unter anderem die Gefährdung der Geschäftszwecke der speichernden Stelle, die Gefährdung der öffentlichen Sicherheit oder die Nachteilhaftigkeit für das Wohl des Bundes oder eines Landes und die Geheimhaltung aus überwiegenden berechtigten Interessen eines Dritten.

c. *Die Ansprüche auf Berichtigung, Sperrung und Löschung*

§ 27 BDSG gibt dem Arbeitnehmer das Recht, Berichtigung, Sperrung und Löschung zu verlangen. Berichtigung kann nur verlangt werden, wenn die Unrichtigkeit feststeht, wobei sich aus dem Verhältnis zu § 27 Abs. 2 BDSG

---

143 Gegen einen Vorrang insoweit *Dietz/Richardi*, § 83 Rn 29; *Kroll*, S. 209, 233; *Fitting/Auffahrt/Kaiser*, § 83 Rn 15; *Kilian*, RdA 78, 201 ff., 206; anderer Auffassung *Hümmerich*, DB 78, 1932 ff., 1933; *Wiese*, GK-BetrVG § 83 Rn 13 a.

144 BGH, Urt. v. 22.5.84 – VI ZR 105/82 – NJW 84, 1886 f., 1887.

145 BGH, Urt. v. 15.12.83 – III ZR 187/82 – JZ 84, 676 ff., 678 = NJW 84, 1887 f. = BB 84, 809.

146 Ebenso *Fiedler*, JZ 84, 678 f., 679; OLG Düsseldorf, Urt. v. 22.9.82 – 15 U 244/81 – NJW 83, 399 f.

147 *Zöllner*, S. 70.

ergibt, daß der Arbeitnehmer die Beweislast trägt[148]. Ist die Richtigkeit streitig, sind die Daten zu sperren[149], nicht jedoch zu löschen. Geht es um Daten in Personalakten, verdrängt das Recht auf Gegendarstellung (§ 83 Abs. 2 BetrVG) den Sperrungsanspruch[150].

Die Löschung richtiger Daten kann nach § 27 Abs. 3 Satz 2 in Verbindung mit § 27 Abs. 2 Satz 2 BDSG durchgesetzt werden, wenn der Speicherungszweck entfallen ist.

2. Die Stellung und die Möglichkeiten des betrieblichen Datenschutzbeauftragten

Der betriebliche Datenschutzbeauftragte soll der Eigenkontrolle der Unternehmen zur Sicherstellung des Datenschutzes dienen. Er muß gemäß § 28 Abs. 1 BDSG in den Unternehmen bestellt werden, die entweder mindestens fünf Arbeitnehmer bei automatischer oder zwanzig Arbeitnehmer bei manueller Datenverarbeitung beschäftigen. Es kann sowohl ein externer Datenschutzbeauftragter aufgrund eines freien Dienstvertrages als auch ein unternehmensinterner Mitarbeiter bestellt werden. Voraussetzung der Bestellung sind Fachkunde und Zuverlässigkeit. Das BDSG enthält für den betrieblichen Datenschutzbeauftragten keinen besonderen Kündigungs- oder Abberufungsschutz, § 28 Abs. 3 schreibt lediglich vor, daß er aufgrund seiner Aufgabenerfüllung nicht benachteiligt werden darf und in seiner Tätigkeit weisungsfrei ist. Auch gibt es keinerlei Inkompatibilitätsvorschriften, die ausschließen, daß die im Unternehmen für die Datenverarbeitung Verantwortlichen gleichzeitig zu betrieblichen Datenschutzbeauftragten bestellt werden. Seine Aufgabe besteht im wesentlichen gemäß § 29 BDSG darin, die Einhaltung des BDSG sowie anderer Bestimmungen über den Datenschutz sicherzustellen. Damit ist zugleich klargestellt, daß sich die Kontrolle nicht auf den Anwendungsbereich des BDSG beschränken soll, sondern alle informationsschutzrechtlichen Vorschriften einbeziehen muß[151].

Im Grundsatz besteht überwiegend Einigkeit, daß sich die Kontrollaufgabe des betrieblichen Datenschutzbeauftragten auch auf die Datenverarbeitung durch den Betriebsrat erstreckt[152]. Ungeklärt ist indessen, wie verhindert

---

148 Vgl. *Mallmann* in: *Simitis/Dammann/Mallmann/Reh,* § 14 Rn 20, für die Parallelbestimmung des § 14 BDSG.

149 Zu den Folgen der Sperrung § 14 Abs. 2 Satz 3 BDSG und oben Teil 2 B IV 2.

150 *Dietz/Richardi,* § 83 Rn 36; *Wiese,* GK, § 83 Rn 17c; *Mallmann* in: *Simitis/Dammann/Mallmann/Reh,* § 27 Rn 38; *Kroll,* S. 234; *Hümmerich/Gola,* BB 77, 146ff., 149; a. A. *Kilian,* RdA 78, 201ff., 208.

151 *Simitis* in: *Simitis/Dammann/Mallmann/Reh,* § 29 Rn 13f.; unzutreffend deshalb *Wahsner/Borgaes,* BlStSozArR 80, 49ff., 53.

152 *Simitis,* Gutachten, S. 78; *Zöllner,* S. 76; *Matysiak,* S. 240; *von Hoyningen-Huene,* NZA-Beilage 1/85, S. 19ff., 24; *Auernhammer,* § 28 Rn 17; *Kilian,* Personalinformations-

werden kann, daß sich der Arbeitgeber mit Hilfe des von ihm bestellten Datenschutzbeauftragten Zugang zu den Informationen des Betriebsrates verschafft[153]. Bei Ausübung seiner Kontrolltätigkeit kann sich der betriebliche Datenschutzbeauftragte in Zweifelsfällen an die staatliche Aufsichtsbehörde wenden. Entscheidungskompetenzen und Zwangsbefugnisse hat er nicht.

3. Die ergänzende Funktion der staatlichen Aufsicht

Die staatliche Aufsichtsbehörde überprüft im Einzelfall, ob der datenrechtliche Persönlichkeitsschutz beachtet worden ist, wenn ein Betroffener begründet darlegt, in seinen Rechten verletzt zu sein (Anlaßaufsicht).

Die Behörde darf gemäß § 30 Abs. 1 BDSG also nicht von sich aus tätig werden. Dabei muß zusätzlich berücksichtigt werden, daß es dem betroffenen Arbeitnehmer im sozialen Abhängigkeitsverhältnis schwerfallen wird, sich an die Aufsichtsbehörde zu wenden, zumal die Anrufung von staatlichen Aufsichtsbehörden in der Rechtsprechung teilweise als Treuepflichtverstoß und verhaltensbedingter Kündigungsgrund gewertet worden ist[154].

Handelt es sich dagegen um geschäftsmäßige Datenverarbeitung für fremde Zwecke, wie es bei der Datenverarbeitung der Konzernmutter für Konzerntöchter der Fall sein kann[155], findet statt der Anlaßaufsicht eine regelmäßige Überprüfung statt (§ 40 BDSG).

Festzuhalten ist noch, daß die staatliche Aufsichtsbehörde keinerlei Zwangsbefugnisse hat[156], also zum Beispiel nicht in der Lage ist, die Anwendung unzulässiger Persönlichkeitsdurchleuchtungsprogramme oder unzulässige Datenübermittlungen zu untersagen und dies durchzusetzen.

---

systeme, S. 252; *Kriependorf*, DuD 79, 17ff., 19; *Schaffland/Wiltfang*, § 29 Rn 49; *Krieger*, DuD 80, 205ff., 207; anderer Auffassung *Linnenkohl*, NJW 81, 201ff., 206; *Dietz/Richardi*, § 80 Rn 105; *Hesse*, S. 254f.

[153] Dazu etwa *Wahsner/Borgaes*, BlStSozArbR 80, 49ff., 50.

[154] LAG Baden-Württemberg, Urt. v. 20.10.76 – 6 Sa 51/76 – EzA Nr. 8 zu § 1 KSchG 1969 Verhaltensbedingte Kündigung = KJ 79, 323ff., 325; dazu auch *Wohlgemuth*, ArbuR 82, 269ff., 272.

[155] Dazu oben Teil 2 B IV 2.

[156] *Auernhammer*, DuD 84, 5ff., 9; *ders.*, § 30 BDSG Rn 10; *Kamlah* in: *Kamlah/Schimmel/Schwan*, § 30 Rn 31f.; *Simitis* in: *Simitis/Dammann/Mallmann/Reh*, § 30 Rn 7ff.; *Gallwas/Schneider/Schwappach/Schweinoch/Steinbrinck*, § 30 Rn 4f. u. U. kommt eine Strafanzeige in Betracht.

4. Die Kontrollrechte des Betriebsrates

a. *Die Kontrollzuständigkeit*

In § 75 Abs. 2 BetrVG ist für Arbeitgeber und Betriebsrat die Verpflichtung niedergelegt, die freie Entfaltung der Persönlichkeit der im Betrieb beschäftigten Arbeitnehmer zu schützen und zu fördern. Damit ist das Grundrecht des Artikel 2 Abs. 1 GG als Handlungsmaxime für die betrieblichen Sozialpartner festgeschrieben. Es handelt sich dabei nicht um einen unverbindlichen Programmsatz, sondern um eine Aufgabenzuweisung, die Arbeitgeber und Betriebsrat zur aktiven Tätigkeit verpflichtet[157].

Zum Recht auf freie Entfaltung der Persönlichkeit gehört nach der oben bereits gewürdigten[158] Rechtsprechung des Bundesverfassungsgerichts das Recht auf informationelle Selbstbestimmung, das die Zulässigkeit der Datenverarbeitung begrenzt. Mithin hat der Betriebsrat auch im Bereich der Datenverarbeitung die Aufgabe, das informationelle Selbstbestimmungsrecht der Beschäftigten zu schützen und zu fördern. Daraus folgt gleichzeitig, daß der Betriebsrat dabei nicht auf das BDSG beschränkt ist, sondern jede Form der Datenverarbeitung unter diesem Gesichtspunkt prüfen muß.

Die allgemeine Kontrollzuständigkeit folgt darüber hinaus aus § 80 Abs. 1 Nr. 1 BetrVG[159]. Nach anfänglichen Unsicherheiten[160] hat sich die Auffassung durchgesetzt, daß zu den zugunsten der Arbeitnehmer geltenden Gesetzen auch das BDSG gehört[161].

b. *Die einzelnen Kontrollrechte*

An erster Stelle sind hier die Unterrichtungs- und Beratungsrechte zu nennen. Diesen Anspruch hat der Betriebsrat generell nach § 80 Abs. 2 Satz 1 BetrVG. Er wird ihm darüber hinaus durch §§ 90 und 92 BetrVG gewährt, wenn es um die technische Unternehmensplanung oder die Personalplanung geht. Beide Bereiche sind zum Beispiel durch die Einführung und den Betrieb von Personalinformationssystemen berührt[162].

---

[157] *Franz, S. 88 spricht zutre*ffend von einer Forderungspflicht; ebenso *Dietz/Richardi*, § 75 Rn 37.

[158] Siehe oben Teil 1 E.

[159] *Zöllner*, S. 73; *Franz*, S. 89ff.; *Hesse*, S. 218ff.; *Hümmerich*, DB 78, 1932ff., 1935; *ders.*, RdA 79, 143ff., 147f.

[160] *Stege/Weinspach*, § 80 Rn 2 a.

[161] *Dietz/Richardi*, § 80 Rn 6 und 97f.; *Fitting/Auffarth/Kaiser*, § 80 Rn 2; *Galperin/Löwisch*, § 80 Rn 7a; LAG Niedersachsen, Beschl. v. 28.9.79 – 3 TaBV 3/79 – EzA Nr. 64 zu § 37 BetrVG 72; *Gola*, DuD 78, 25ff., 25f.; *Hesse*, NZA-Beilage 1/85, S. 15ff., 18; *v. Hoyningen-Huene*, NZA-Beilage 1/85, S. 19ff., 20; *Boewer*, RDV 85, 22ff., 24.

[162] *Brill*, BlStSozArbR 78, 163ff., 164f.; *Franz*, S. 114ff. u. 214; *Freund*, S. 32 und 124; *Schmidt-Dorrenbach/Goos*, DB-Beilage 11/83, S. 1ff., 3f. Für die Umstellung eines

Weiterhin gibt § 80 Abs. 2 Satz 2 BetrVG ein Recht auf Vorlage der erforderlichen Unterlagen. Dazu gehören unter anderem die Verarbeitungsprogramme[163]. Damit ist dem Betriebsrat jedoch kein Recht auf eigenen Zugang zur gesamten Datenverarbeitungsanlage gegeben, insbesondere kann er nicht ein eigenes Datenmaterial verlangen, das an die Anlage angeschlossen ist[164]. Erlaubt ist allerdings der Zugang, sofern er stichprobenartiger Kontrolle dient[165]. Gemäß § 80 Abs. 3 BetrVG kann der Betriebsrat zur Durchführung seiner Aufgaben mit Zustimmung des Arbeitgebers, die durch das Arbeitsgericht ersetzt werden kann, Sachverständige hinzuziehen. Angesichts der komplizierten technischen und rechtlichen Verhältnisse im EDV-Bereich wird die Hinzuziehung eines Sachverständigen regelmäßig erforderlich sein[166]. Um Interessenkollisionen auszuschließen, kann ein unternehmensexterner Sachverständiger notwendig werden[167].

c. *Das Verhältnis zum betrieblichen Datenschutzbeauftragten*

Die Bestellung und Abberufung des betrieblichen Datenschutzbeauftragten ist bisher nicht von der Mitbestimmung des Betriebsrates abhängig. Gegeben ist lediglich das beschränkte Zustimmungsverweigerungsrecht des § 99 Abs. 2 BetrVG, mit dem die Neueinstellung eines Arbeitnehmers auf diese Position oder die Versetzung eines Arbeitnehmers auf diese Position oder von ihr weg erfaßt ist[168], nicht jedoch die Entlassung. § 99 BetrVG greift auch nicht, wenn durch freien Dienstvertrag ein externer Beauftragter bestellt wird oder ein leitender Angestellter. Zwar ist der betriebliche Datenschutzbeauftragte nicht bereits durch sein Amt leitender Angestellter im Sinne des § 5 Abs. 3 BetrVG[169], andererseits sind nach der Untersuchung von *Kilian*[170] zwei Drittel der Datenschutzbeauftragten in den untersuchten Unternehmen aufgrund ihrer sonstigen Tätigkeit leitende Angestellte. In diesen Fällen muß der Betriebsrat aufgrund des § 105 BetrVG lediglich unterrichtet werden.

Personalabrechnungssystems hat etwa das LAG Hamburg, Beschl. v. 20.6.85 – 7 TaBV 10/84 – BB 85, 2110ff., 2111 ein Unterrichtungs- und Beratungsrecht gemäß § 90 Nr. 2 BetrVG angenommen.

163 *Fitting/Auffarth/Kaiser*, § 80 Rn 21 a.

164 *Zöllner*, S. 73f.

165 *Zöllner*, S. 74; *Fitting/Auffarth/Kaiser*, § 80 Rn 21 a.

166 Etwa LAG Hamburg, Beschl. v. 20.6.85 – 7 TaBV 10/84 – BB 85, 2110ff., 2112.

167 ArbG Braunschweig, Beschl. v. 14.11.84 – 2 BV 52/84 – DB 85, 1488ff.

168 *Otto* in: Rechtswissenschaft u. Rechtsentwicklung, S. 227ff., 232; LAG München, Beschl. v. 16.11.78 – 8 TaBV 6/78 – NJW 79, 1846f. = DB 79, 1561.

169 *Otto* in: Rechtswissenschaft u. Rechtsentwicklung, S. 227ff., 232; *Simitis*, Gutachten, S. 83; *von Hoyningen-Huene*, NZA-Beilage 1/85, S. 19ff., 22f.; *Zöllner*, S. 74f.; *Fitting/Auffarth/Kaiser*, § 5 Rn 24b; *Hesse*, S. 241f.; unzutreffend deshalb *Linnenkohl*, NJW 79, 1190ff., 1194.

170 *Kilian*, Personalinformationssysteme, S. 248f.

Weil der Betriebsrat von der Bestellung des betrieblichen Datenschutzbeauftragten weitgehend ausgeschlossen ist, empfindet er diesen oft mehr als „Mann des Unternehmens", der im Interesse des Arbeitgebers zur Kontrolle des Betriebsrats tätig wird, denn als kooperatives Organ zur Kontrolle des Datenschutzes.

Aus diesem Grund stößt die Zusammenarbeit dieser beiden Kontrollinstanzen auf Schwierigkeiten und Hindernisse[171].

C. Zusammenfassung

Die Übersicht über den gegenwärtigen Rechtszustand anhand der Hauptproblemfelder hat folgendes Bild ergeben:

Die Informationsbeschaffung im Bewerbungsstadium ist weitgehend durch die Begrenzung des Fragerechts durch die Rechtsprechung geprägt, wenngleich die Unzulässigkeit einiger Fragen, z. B. nach der Gewerkschaftszugehörigkeit nicht unumstritten ist. Die Informationsbeschaffung von Dritten ist nach der bisherigen Rechtsprechung auch gegen den Willen des Bewerbers zulässig. Die Beteiligung des Betriebsrates erstreckt sich über den Wortlaut hinaus auf alle formalisierten Informationserhebungen beim Bewerber.

Informationen über außerdienstliches Verhalten und gesundheitliche Verhältnisse stehen dem Arbeitgeber in den gleichen Grenzen wie bei der Einstellung zur Verfügung.

Tilgungsfristen gibt es bisher nicht.

Die vom Bundesarbeitsgericht für mitbestimmungspflichtig erklärte technische Auswertung von Leistungs- und Verhaltensdaten ist umstritten.

Der interne Datenfluß ist hinsichtlich medizinischer Daten geregelt. Vorrangig sind ferner die betriebsverfassungsrechtlichen Informationsansprüche. Ansonsten muß auf § 5 BDSG zurückgegriffen werden.

Die Datenübermittlung nach außen orientiert sich in erster Linie an gegenüber dem BDSG vorrangigen Übermittlungsvorschriften. Die Kontrolle des Datenschutzes ist primär dem betrieblichen Datenschutzbeauftragten anver-

---

171 *Kilian*, Personalinformationssysteme, S. 249ff.; *Simitis*, Gutachten, S. 79ff.; *Kriependorf*, DuD 79, 17ff., 20; *Krieger*, DuD 81, 205ff., 207f.

traut, sekundär der staatlichen Aufsicht. Die Kontrollrechte des einzelnen differieren, je nachdem ob arbeitsrechtliche oder datenschutzrechtliche Bestimmungen Anwendung finden. Der Betriebsrat hat aufgrund der §§ 75 Abs. 2, 80 BetrVG ebenfalls Kontrollbefugnisse.

TEIL 3

Die zur Verfügung stehenden Alternativen und ihre Effektivität

A. Materiell-rechtliche Verbesserungen der datenbezogenen Persönlichkeitsrechte der Arbeitnehmer

Nachdem im vorangegangenen Teil der Arbeit eine Übersicht über den gegenwärtigen Rechtszustand gegeben worden ist, soll nunmehr das Augenmerk darauf gerichtet werden, welche gesetzlichen Änderungen möglich und sinnvoll sind. Dabei wird die Grobeinteilung beibehalten und dementsprechend zuerst die materiell-rechtliche Verbesserung des Persönlichkeitsschutzes der Arbeitnehmer behandelt.

I. Anbahnung des Arbeitsverhältnisses

1. Begrenzung der Informationserhebung durch individualrechtliche Verbote

Die Einengung der Freiheit des Arbeitgebers, Informationen über den Bewerber einzuholen, sehen zwei Gesetzgebungsvorschläge vor. Zum einen enthält der Entwurf der Arbeitsgesetzbuchkommission in § 5 und § 8[1] die Begrenzung des Fragerechts des Arbeitgebers und eine Regelung für Eignungsuntersuchungen. Zum anderen regelt auch der SPD-Entwurf zur Änderung des BDSG in § 25a[2] beide Komplexe.

a. Fragerecht

§ 5 Abs. 1 des Arbeitsgesetzbuchentwurfs erlaubt dem Arbeitgeber nur Fragen, an denen er im Hinblick auf das zu begründende Arbeitsverhältnis ein berechtigtes Interesse hat. In diesem Rahmen sind nach Satz 2 Fragen nach persönlichen und wirtschaftlichen Verhältnissen zulässig, wenn dem Bewerber die Bedeutung für das Arbeitsverhältnis erkennbar ist oder erläutert

---

1 Entwurf der Arbeitsgesetzbuchkommission 1977, S. 23f. und S. 25f.
2 SPD-Entwurf vom 27.3.84, BT-Drucksache 10/1180, S. 3ff. = DuD 84, 212ff., 216f.

wird. Satz 4 erklärt § 51 Abs. 1 BZRG[3] für entsprechend anwendbar, so daß sich ein Bewerber unter den dort genannten Voraussetzungen als nicht vorbestraft bezeichnen darf. Satz 5 schließlich statuiert ausdrücklich die Unzulässigkeit von Fragen nach Religions-, Gewerkschafts- und Parteizugehörigkeit. Davon macht § 5 Abs. 3 des Entwurfs eine Ausnahme, wenn ein Bewerber in ein Tendenzunternehmen eingestellt werden will und sich die verfolgte Tendenz auf das Arbeitsverhältnis auswirken kann. Damit sind in Tendenzunternehmen tendenzbezogene Fragen unzulässig, wenn sie an Bewerber gerichtet werden sollen, deren Tätigkeit keinen Bezug zur Tendenzverwirklichung aufweist, etwa Pförtner oder Putzfrauen.

Auch der SPD-Entwurf läßt Fragen des Arbeitgebers an den Bewerber nur zu, wenn es sich entweder um solche nach beruflichen und fachlichen Kenntnissen und Erfahrungen handelt, oder, bei Fragen nach persönlichen und wirtschaftlichen Verhältnissen, ein berechtigtes Interesse im Hinblick auf die zu leistende Arbeit besteht (§ 25a Abs. 2 Sätze 1 und 2 des Entwurfs)[4]. Ein ausdrückliches Verbot der Erhebung von Tendenzdaten (Partei-, Religions-, und Gewerkschaftszugehörigkeit) enthält der Entwurf nicht, infolgedessen auch keine Ausnahme für Tendenzunternehmen. § 3a Abs. 3 des SPD-Entwurfs[5] bestimmt lediglich, daß solche Daten nur mit Einwilligung des Betroffenen verarbeitet werden dürfen, diese Einwilligung ist nach § 25a Abs. 1 Satz 2 des Entwurfs[6] nur wirksam, wenn die Datenverarbeitung der Eingehung, Durchführung, Beendigung oder Abwicklung des Arbeitsverhältnisses dient.

Auf den jetzigen § 53 BZRG – die eingeschränkte Offenbarungspflicht bei strafgerichtlichen Verurteilungen – verweist der SPD-Entwurf im Gegensatz zum Arbeitsgesetzbuchkommissionsentwurf nicht ausdrücklich[7].

Aus der Begründung des SPD-Entwurfs[8] ergibt sich ferner, daß die Frage nach der Schwangerschaft unzulässig sein soll, weil es in der Regel an einem berechtigten Interesse im Sinne des § 25a ABs. 2 Satz 2 fehle. Dagegen erlaubt die Arbeitsgesetzbuchkommission diese Frage ausdrücklich (§ 5 Abs. 1 Satz 2).

Im Gegensatz zum SPD-Entwurf ist dort explizit klargestellt, daß der Bewerber unzulässige Fragen falsch beantworten darf, ohne daß ihm daraus

[3] Seit der Neufassung des BZRG v. 24.9.84 ist die Regelung des § 51 BZRG in § 53 BZRG enthalten.

[4] SPD-Entwurf, DuD 84, 216.

[5] SPD-Entwurf, DuD 84, 213.

[6] SPD-Entwurf, DuD 84, 216.

[7] Vgl. aber § 3a Abs. 4 des SPD-Entwurfs, wonach generell *auf Verlangen des Betroffenen* die Datenverarbeitung hinsichtlich im Bundeszentralregister getilgter Daten zu unterlassen ist.

[8] SPD-Entwurf, DuD 84, 224.

Nachteile erwachsen dürfen (§ 5 Abs. 4). Damit ist das Recht zur Lüge auf unzulässige Fragen festgeschrieben.

b. *Ärztliche Untersuchungen und Testverfahren*

Der Kommissionsentwurf für das Arbeitsgesetzbuch läßt Einstellungsuntersuchungen in § 8 Abs. 1[9] insoweit zu, als es um körperliche und geistige Eigenschaften geht, nach denen der Arbeitgeber zulässigerweise fragen dürfte. Dabei wird vorausgesetzt, daß der Bewerber sich der Untersuchung freiwillig unterzieht, was an der Formulierung deutlich wird, der Arbeitgeber dürfe die Einstellung von einer solchen Untersuchung abhängig machen, worin für den Bewerber die Möglichkeit eingeschlossen ist, auf die Untersuchung (und die Einstellung) zu verzichten. Für psychologische Eignungstests muß gemäß § 8 Abs. 1 Satz 2 des Entwurfs die Einwilligung des Bewerbers vorher schriftlich vorliegen. Restriktiver verhält sich der SPD-Entwurf. Eine ärztliche Untersuchung ist nach § 25a Abs. 3 des Entwurfs[10] insoweit möglich, als die Eignung des Arbeitnehmers für die zu leistende Arbeit festgestellt werden soll und dessen Einverständnis vorliegt. Abgesehen davon, daß hier die Freiwilligkeit der Untersuchung explizit angesprochen wird, bewirkt die Orientierung der Untersuchung an der Eignung für die zu leistende Arbeit eine engere Begrenzung der Untersuchungsmöglichkeit. Denn nach dem Arbeitsgesetzbuchentwurf dürfte sich die Untersuchung soweit erstrecken, als der Arbeitgeber im Hinblick auf das zu begründende Arbeitsverhältnis ein berechtigtes Interesse hat (§ 8 Abs. 1 Satz 1 in Verbindung mit § 5 Abs. 1 des Entwurfs)[11]. Dieses berechtigte Interesse kann im Einzelfall auch die Untersuchung auf allgemeine Gesundheitsrisiken und -anfälligkeiten umfassen, die für die Eignung für die zu verrichtende Arbeit aktuell keine Bedeutung haben.

Psychologische Tests billigt der SPD-Entwurf gemäß § 25a Abs. 3 Sätze 3 bis 5[12] nur noch dann, wenn sie wegen besonderer Anforderungen an den Arbeitnehmer im Hinblick auf die zu leistende Arbeit erforderlich sind, vorhandene Bewerbungsunterlagen zur Beurteilung nicht ausreichen, das Einverständnis des Arbeitnehmers vorliegt und der Test von einem Psychologen durchgeführt wird, der sich einer staatlich anerkannten, wissenschaftlichen Abschlußprüfung unterzogen hat. Allgemeine Persönlichkeitstests werden ausdrücklich als unzulässig eingestuft.

---

9 Entwurf der Arbeitsgesetzbuchkommission, S. 25f.
10 SPD-Entwurf, DuD 84, 216f.
11 DuD 84, S. 25f. u. 23.
12 DuD 84, 216f.

c. Bewertung der Vorschläge

aa. Zweckmäßigkeit der Kodifizierung des Fragerechts

Beide Entwürfe knüpfen die Zulässigkeit von Fragen im persönlichen und wirtschaftlichen Bereich an die Voraussetzung des berechtigten Informationsinteresses des Arbeitgebers im Hinblick auf die zu verrichtende Arbeit. Beide Vorschläge übernehmen die Zulässigkeitskriterien der Rechtsprechung. Sie laufen damit weitgehend auf eine Kodifizierung des bisherigen Richterrechts hinaus.

Zöllner[13] macht gegen eine Kodifizierung geltend, sie bringe mindestens ebensoviele Nachteile wie Vorteile mit sich, außerdem sei eine weitere gesetzliche Konkretisierung kaum sinnvoll.

Dieser Einwand unterschätzt die Wirkung einer gesetzlichen Absicherung des Richterrechts. Die dogmatische Grundlage der Begrenzung des Fragerechts ist nach wie vor nicht geklärt. Zwar besteht Einigkeit, daß ein Bewerber unzulässige Fragen falsch beantworten darf[14], keineswegs klar ist aber, warum eine falsche Antwort nicht den Tatbestand der arglistigen Täuschung des § 123 BGB erfüllen soll. Teils wird gesagt, es liege schon gar keine Täuschung vor, weil der Arbeitgeber die Willenserklärung (das Einstellungsangebot) nicht von unzulässigen Fragen abhängig machen dürfe[15]. Teils wird angenommen, es liege in diesen Fällen keine Arglist des Bewerbers vor, weil er keinen Täuschungswillen habe[16]. Andere wiederum stützen das Ergebnis auf ein Notwehrrecht des Bewerbers, das darin bestehe, unzulässige Fragen falsch beantworten zu dürfen[17]. Die rechtliche Einordnung ist keineswegs nur von theoretischer Bedeutung, wie ein Blick auf die Beweislast zeigt. Handelte es sich um ein Notwehrrecht, müßte der Arbeitnehmer dessen Voraussetzungen beweisen[18], und damit auch die Unzulässigkeit der Fragestellung, etwa daß der Arbeitgeber die Frage nach Vorstrafen ganz allgemein gestellt habe. Anders wäre es, wenn die Zulässigkeit der Frage Tatbestandsmerkmal der arglistigen Täuschung wäre. Dann trüge der Arbeitgeber als Anfechtender[19] die Beweislast.

Alle dogmatischen Erklärungsversuche sind ersichtlich von dem — zu billigenden — Ergebnis bestimmt. Dogmatisch vermag keiner zu befriedigen. Eine

---

13 *Zöllner*, S. 33.

14 *Dietz/Richardi*, § 94 Rn 16; *Fitting/Auffarth/Kaiser*, § 94 Rn 3; BAG, Urt. v. 5.12. 57 — 1 AZR 549/56 — AP Nr. 2 zu § 123 BGB = BB 58, 232f.

15 Vgl. *Hanau/Adomeit*, F III 2, S. 148.

16 BAG, Urt. v. 5.12.57 — 1 AZR 549/56 — AP Nr. 2 zu § 123 BGB.

17 MünchKomm-*Kramer*, § 123 BGB Rn 7; *Degener*, S. 101.

18 *Palandt-Heinrichs*, § 227 BGB Anm. 6.

19 *Palandt-Heinrichs*, § 123 BGB Anm. 6; *Schaub*, Arbeitsrechtshandbuch, § 35 II 5 i.V.m. § 26 III 2.

Täuschung liegt begrifflich auch dann vor, wenn der Arbeitgeber die Einstellung von der Nichtzugehörigkeit zu einer Gewerkschaft abhängig machen will und der Bewerber falsche Angaben macht. Daß der Täuschungswille fehlen soll, ist ebenfalls kaum überzeugend, denn der Bewerber gibt die falsche Information ja gerade deshalb, um eingestellt zu werden. Es fehlt eben nicht am Täuschungswillen, sondern am Willen, sich rechtswidrig zu verhalten. Schließlich ist die Begründung eines Notwehrrechts zweifelhaft, weil schwerlich ein durch § 227 BGB geschütztes Rechtsgut betroffen ist.

Eine gesetzliche Regelung würde die Begrenzung des Fragerechts auf eine klare rechtliche Grundlage stellen. Zugleich wäre damit den Bewerbern ein großes Stück *psychologischer Unsicherheit genommen.* Eine gesetzlich festgeschriebene Begrenzung der Fragen würde den Bewerbern viel mehr als eine Einzelfallrechtsprechung die Sicherheit und psychologische Standfestigkeit geben, unzulässige Fragen falsch zu beantworten und damit dem Arbeitgeber die Informationen vorzuenthalten, die er für eine sachgerechte Beurteilung nicht benötigt. Mittelbar wäre dadurch ferner die Beweislast festgelegt, denn die Anfechtung des Arbeitsvertrages würde dann voraussetzen, daß der Arbeitgeber nachweist, sich an die ausdrücklich normierten Grenzen des Fragerechts gehalten zu haben.

Schließlich spricht für eine gesetzliche Lösung, daß die Unzulässigkeit einiger Fragen, wie etwa der nach Gewerkschafts-[20] und Religionszugehörigkeit[21] oder der nach nicht einschlägigen Vorstrafen[22] keineswegs juristisches Allgemeingut ist. Auch aus diesem Grund ist eine gesetzliche Absicherung der Rechtsprechungsergebnisse geboten.

bb. Inhalt der Begrenzung

Die Begrenzung ist mit der bisherigen Rechtsprechung so zu formulieren, daß Fragen nur insoweit zulässig sind, als der Arbeitgeber im Hinblick auf die zu leistende Arbeit ein berechtigtes Informationsinteresse hat. Aus dem zuvor Gesagten ergibt sich, daß um der Rechtsklarheit willen auch die Rechtsfolgen unzulässiger Fragen geregelt sein müßten. Es empfiehlt sich also die Regelung des § 5 Abs. 4 des Arbeitsgesetzbuchkommissionsentwurfs, wonach dem Arbeitnehmer aus der wahrheitswidrigen Beantwortung unzulässiger Fragen keine Nachteile entstehen dürfen.

---

[20] Vgl. oben Teil 2 B I 1 c und etwa *Stege/Weinspach,* § 94 Rn 21; *Kammann/Hess/Schlochauer,* § 94 Rn 12.

[21] Vgl. oben Teil 2 B I 1 c und *Hümmerich,* Erfassungsschutz, S. 179 ff.

[22] Vgl. oben Teil 2 B I 1 c und *Hanau/Adomeit,* F III 2, S. 148; *Hofmann,* ZfA 75, 1 ff., 30 ff.

Problematisch ist, ob für Tendenzbetriebe eine eigenständige Regelung vorzusehen ist, oder ob man davon ausgehen kann, daß die berechtigten Interessen im Hinblick auf die zu leistende Arbeit das Fragerecht der Tendenzbetriebe sachgerecht festlegen. Gewährleistet werden muß, daß die Tendenzbetriebe tendenzbezogene Fragen an diejenigen Bewerber stellen dürfen, die die Tendenz nach innen oder außen repräsentieren, an die Tendenzträger also. Hinsichtlich der übrigen Mitarbeiter (Hausmeister, technische Angestellte, etc.) ist ein so weit gehendes Fragerecht nicht erforderlich und im Hinblick auf die anzustrengende Einheitlichkeit der Beschäftigungsverhältnisse nicht wünschenswert.

Außerdem darf die erweiterte Befragungsmöglichkeit der Tendenzträger nur den Bereich betreffen, der mit der verfolgten Tendenz im Zusammenhang steht. Eine Gewerkschaft sollte ihre Bewerber deshalb nach ihrer Gewerkschaftszugehörigkeit, eine Kirche nach der Konfession fragen dürfen. Nicht einzusehen wäre es jedoch, wenn beide nach der Parteizugehörigkeit oder die Gewerkschaft nach der Konfession und die Kirche nach der Gewerkschaftszugehörigkeit fragen dürften. Es gilt daher dem Mißverständnis vorzubeugen, die berechtigten Interessen bedeuteten für Tendenzbetriebe eine *generelle Freigabe des Fragerechts.* Deshalb empfiehlt sich für Tendenzbetriebe eine gesonderte Regelung. Sie müßte beinhalten, daß an Tendenzträger tendenzbezogene Fragen zulässig sind, soweit sie mit der Tendenzverfolgung im Arbeitsverhältnis in Zusammenhang stehen. Zugleich müßte statuiert werden, daß abgesehen von dieser Ausnahme für Tendenzunternehmen tendenzbezogene Fragen unzulässig sind. Durch die Bezugnahme auf die Relevanz für den Arbeitsplatz wäre klargestellt, daß allgemeine Fragen nach Vorstrafen nicht zulässig sind[23]. Zutreffend beantwortet werden muß nur die Frage nach solchen Vorstrafen, die für den Arbeitsplatz von Bedeutung sind und die ins Führungszeugnis aufzunehmen oder noch nicht getilgt sind. Ein gesonderter Verweis auf § 53 BZRG ist zwar nicht erforderlich, da dort bereits ausdrücklich festgestellt wird, ein Verurteilter dürfte sich als unbestraft bezeichnen, wenn die Straftat nicht ins Führungszeugnis aufzunehmen oder zu tilgen sei. Gleichwohl ist ein solcher Verweis im Hinblick auf die Übersichtlichkeit und die Zusammenfassung des Regelungsstoffes an einer Stelle nützlich.

Legt man die berechtigten Informationsinteressen im Hinblick auf die zu leistende Arbeit zugrunde, fragt es sich, ob damit die Frage nach der Schwangerschaft ausgeschlossen ist, wie in der Begründung zum SPD-Entwurf[24] an-

---

23 Wie bisher schon überwiegend angenommen worden ist, vgl. oben Teil 2 B I 1 c, die dort genannten Nachweise sowie *Wohlgemuth*, ArbuR 85, 239ff., 242; *Linnenkohl*, ArbuR 83, 129ff., 134f.; *Galperin/Löwisch*, § 94 Rn 9; *Löwisch*, BetrVG, § 94 Rn 2.

24 SPD-Entwurf, DuD 84, 224.

genommen wird. Berücksichtigt man, daß die schwangere Arbeitnehmerin innerhalb der Schutzfristen ihre Tätigkeit nicht ausüben kann und der Arbeitgeber durch den Zuschuß zum Mutterschaftsgeld (§ 14 MuSchG) zusätzliche finanzielle Lasten zu tragen hat, so ist die Auswirkung auf das konkrete Arbeitsverhältnis und damit das berechtigte Interesse nicht zu leugnen. Auf der anderen Seite ist nicht von der Hand zu weisen, daß gerade die Frage nach der Schwangerschaft zur Diskriminierung der Frau im Arbeitsleben beiträgt[25], ganz abgesehen davon, daß die schwangere Bewerberin sich in einer Notlage befindet[26]. Zugunsten der schwangeren Arbeitnehmerin könnte das Problem nur gelöst werden, wenn man den Sozialschutz höher gewichtet als die an sich berechtigten Informationsinteressen des Arbeitgebers und dies als gesetzliche Ausnahme anordnet. Das setzt die Grundsatzentscheidung voraus, daß die Arbeitgeber die sich aus Schwanger- und Mutterschaft ergebenden finanziellen Belastungen auch im Fall von Neueinstellungen mitzutragen haben. Je mehr diese Belastungen auf den Staat oder die Versichertengemeinschaft verlagert werden, desto weniger kann sich der Arbeitgeber allerdings auf berechtigte Informationsinteressen im Hinblick auf den Arbeitsplatz berufen. Letztlich ist dies ein Problem des Umfanges und der Effektivität des Sozialschutzes. Unter diesem Gesichtspunkt ist nicht auszuschließen, daß die Statuierung der Frage nach der Schwangerschaft als unzulässig die geschlechtsbezogene Diskriminierung nicht abbaut, sondern eher noch verstärkt, indem die Einstellungspraxis gegenüber Frauen noch *restriktiver* wird. Insofern sind gegenüber einer gesetzlichen Regelung Vorbehalte angebracht.

cc. Ärztliche Untersuchungen und psychologische Tests

Bereits nach der Rechtsprechung des BAG[27] sind Fragen nach Erkrankungen nur insoweit erlaubt, als die Krankheiten geeignet sind, die Arbeitsleistung zu beeinträchtigen. Fragen nach dem allgemeinen Gesundheitszustand sind dem Arbeitgeber nicht gestattet. Deshalb erscheint es richtiger, die ärztliche Einstellungsuntersuchung ebenfalls auf die Eignung für den konkreten Arbeitsplatz zu beschränken, wie dies § 25a Abs. 3 des SPD-Entwurfs[28] vorschlägt. Nützlich erscheint auch die Klarstellung, daß die Untersuchung freiwillig ist. Eine solche Begrenzung hätte zudem den Vorteil, daß die beim Betriebsarzt vorhandene Datenmenge begrenzt wäre. Dadurch würde die Gefahr verkleinert, daß der Arbeitgeber in Folge der oft gegebenen Verbindung des betriebsärztlichen Informationssystems zum zentralen Personal-

---

[25] Vgl. ArbG Frankfurt, Urt. v. 5.8.82 – 5 Ca 534/81 – KJ 82, 419ff., 421f.; *Bellgardt*, BB 83, 2187ff., 2191; in diese Richtung jetzt auch BAG, Urt. v. 20.2.86 – 2 AZR 244/85 – DB 86, S. 2287f.

[26] Diesen Gesichtspunkt hebt *Gamillscheg*, Arbeitsrecht, Bd. 1, Fall 63, S. 132 zu Recht hervor.

[27] BAG, Urt. v. 7.6.84 – 2 AZR 270/83 – DB 84, 2076f. = NJW 85, 645f.

[28] SPD-Entwurf, DuD 84, 216.

informationssystem[29] Kenntnis über die über das Untersuchungsergebnis hinausgehenden Gesundheitsdaten des Bewerbers erhielte. Richtig erscheint es auch, psychologische Tests nicht mehr generell zuzulassen. Damit würde verhindert, daß auch bei einfachen oder untergeordneten Tätigkeiten jeweils ein psychologischer Test durchgeführt würde. Dem entspricht es, daß Tests bisher schon von der Rechtsprechung unter dem Gesichtspunkt der Verhältnismäßigkeit beurteilt wurden[30].

Angesichts manchmal zweifelhafter Methoden und Ergebnisse[31] – man gewinnt zuweilen den Eindruck, daß die erwarteten Antworten die Vorurteile der Untersuchenden widerspiegeln – ist es sinnvoll, dem Arbeitgeber die Darlegungslast dafür aufzubürden, warum der Test im Hinblick auf den Arbeitsplatz notwendig und vorhandene Bewerbungsunterlagen nicht ausreichend sind (§ 25a Abs. 3 Satz 3 des SPD-Entwurfs). Dies ist um so notwendiger, als sich der Bewerber anders als bei unzulässigen Fragen nicht mit Falschantworten schützen kann, denn diese können durch die Tests unter Umständen aufgedeckt werden. Der Schutz kann sich hier nur mit Hilfe der Arbeitnehmervertretung vollziehen, diese benötigt aber gesetzliche Vorgaben. Allgemeine Persönlichkeitstests, die eine komplette Analyse der Persönlichkeit ermöglichen, also auch Gentests, sollten generell nicht gestattet sein (entsprechend § 25a Abs. 3 Satz 4 SPD-Entwurf).

dd. Standort der Regelung

Wie bereits erwähnt[32], beginnt der Schutz des BDSG erst mit der Datenspeicherung, die vorher erfolgende Datenerhebung wird nicht erfaßt. Auf der anderen Seite herrscht Einigkeit[33], daß das Fragerecht nicht von der Form der Datenverarbeitung abhängen darf. Ob die Datenerhebungsphase ausdrücklich dem BDSG unterstellt werden muß, hängt davon ab, wo das Fragerecht geregelt wird. Wird die Regelung in das BDSG selbst eingefügt – wie dies der SPD-Entwurf vorsieht – muß auch die Datenerhebungsphase in das BDSG einbezogen werden – folgerichtig deshalb der SPD-Entwurf in § 25a Abs. 1[34]. Wenn die Begrenzung des Fragerechts dagegen außerhalb des BDSG festgelegt wird, beispielsweise im Arbeitsgesetzbuch oder im BGB, würde dies automatisch eine Begrenzung des Speicherungsrechts aufgrund des Kri-

---

29 Nach der Untersuchung von *Kilian*, Personalinformationssysteme, S. 99 war dies bei 41,8% der untersuchten Unternehmen der Fall.

30 BAG, Urt. v. 13.2.64 – 2 AZR 286/63 – AP Nr. 1 zu Art. 1 GG; *Wiese*, ZfA 71, 273ff., 296f.; *Fitting/Auffarth/Kaiser*, § 94 Rn 5 a. E.

31 Dazu *Hümmerich/Gola*, Personaldatenrecht, S. 83 mit mehreren Beispielen, so soll etwa die vorbehaltlose Zustimmung zu dem Satz: „Ich gehe gern ins Theater“ den Verdacht auf eine „homosexuelle Zacke“ begründen. Die mangelnde Validität graphologischer Gutachten stellen *Michel/Wiese*, NZA 86, 505ff. überzeugend dar.

32 Oben Teil 2 B I 3 a.

33 *Zöllner*, S. 99.

34 SPD-Entwurf, DuD 84, 216.

teriums der Zweckbestimmung (§ 23 BDSG) zur Folge haben[35]. Für die letztgenannte Lösung spricht, daß eine auf das Teilgebiet Arbeitsrecht bezogene Lösung besser in eine eigenständige arbeitsrechtliche Regelung gehört als in das als allgemeiner Teil des Datenschutzes gedachte BDSG.

ee. Zusammenfassung

Abschließend läßt sich zu diesem Untersuchungspunkt festhalten, daß eine Kodifizierung der richterrechtlichen Begrenzung des Fragerechts sinnvoll ist. Die Fragebefugnis sollte von den berechtigten Informationsinteressen des Arbeitgebers im Hinblick auf die zu verrichtende Arbeit abhängig gemacht werden. Das Fragerecht in Tendenzbetrieben bedarf einer gesonderten Regelung, ärztliche Untersuchungen müssen sich auf die Eignung für den Arbeitsplatz beziehen und psychologische Tests sollten nur eingeschränkt zulässig sein.

2. Anknüpfung an die Autonomie des Betroffenen

a. Auskünfte von Dritten über den Bewerber

Ansatzpunkt für eine Stärkung der Autonomie des Betroffenen im Bewerbungsstadium ist die Einschränkung der Auskünfte von Dritten über den Bewerber.

Zum Teil wird bereits de lege lata die Ansicht vertreten[36], daß solche Auskünfte von Dritten, insbesondere dem alten Arbeitgeber, aber auch der Schufa, einer Detektei oder des Verfassungsschutzes von der Zustimmung des Bewerbers abhingen. Zur Begründung wird vor allem auf die Exklusivität der Zeugnisvorschriften verwiesen[37]. Aufgrund des geltenden Rechts läßt sich aus den oben genannten Gründen[38] eine solche Auffassung nicht halten. Es ist aber zu überlegen, ob de lege ferenda eine solche Zustimmungspflicht nicht eingeführt werden sollte. In diese Richtung geht der Kommissionsentwurf für ein Arbeitsgesetzbuch in § 116 Abs. 2[39]. Danach darf der alte Arbeitgeber Auskünfte erteilen, wenn der Arbeitnehmer dies nicht untersagt hat. Nach Satz 2 kann der Arbeitnehmer die Auskunftserteilung auf bestimmte Personen beschränken.

---

[35] Zur Korrelation zwischen Frage- und Speicherungsrecht oben Teil 2 B I 3 a.

[36] *Kroll*, S. 142ff.; *Kilian*, RdA 78, 201 ff., 208; vgl. auch *Birk*, Auskünfte über Arbeitnehmer, S. 262f.

[37] *Kroll*, S. 144; *Wohlgemuth*, Datenschutz, S. 101.

[38] Siehe oben Teil 2 B I 3 b.

[39] Entwurf der Arbeitsgesetzbuchkommission, S. 135.

Ein Referentenentwurf des Hessischen Innenministeriums[40] sieht für Dienst- und Arbeitsverhältnisse ebenfalls das Verbot der Datenübermittlung an private Stellen und der Erteilung von Auskünften vom bisherigen an den neuen Arbeitgeber ohne Einwilligung des Bewerbers vor.

Dem liegt der Gedanke zugrunde, daß es der *freien Entscheidung* des Bewerbers unterliegen soll, welche Informationen er dem neuen Arbeitgeber zur Beurteilung seiner Bewerbung zur Verfügung stellen will. Selbstverständlich bleibt der Arbeitgeber frei in seiner Entscheidung, aus der verweigerten Einwilligung nachteilige Schlüsse zu ziehen[41].

Die Situation ist vergleichbar mit der Gewährung öffentlicher Leistungen an Anspruchsberechtigte. Auch dort liegt es in der Selbstbestimmung des Antragstellers, ob er die Informationen erteilt, die für die Gewährung der Leistung berechtigterweise benötigt werden. Beispielsweise unterliegt es der freien Entscheidung der Mutter eines unehelichen Kindes, ob sie bei der Beantragung von Sozialhilfe den Vater des Kindes namentlich benennt. Tut sie es nicht, muß sie, weil das berechtigte Informationsinteresse wegen der Überleitung von Unterhaltsansprüchen in der Regel gegeben ist[42], die Versagung der Leistung hinnehmen. Genauso muß ein Bewerber, der sich dem berechtigten Informationsinteresse des Arbeitgebers verschließt, das Scheitern seiner Bewerbung in Kauf nehmen. Daß die Freiheit der Bewerberentscheidung, welche Informationen Dritte über ihn geben, dem geltenden Recht nicht fremd ist, zeigen die Zeugnisvorschriften in § 630 BGB, § 73 HGB und § 113 GewO. Die Möglichkeit, sich nur ein einfaches Zeugnis ohne jegliche Angaben über die Leistungen und die Führung ausstellen zu lassen, belegt die Entscheidungsfreiheit in diesem Bereich.

Beim qualifizierten Zeugnis mit leistungs- und führungsbezogenen Angaben stellt sich die Frage, welche Funktion daneben die Auskunfterteilung vom alten an den neuen Arbeitgeber haben könnte[43]. Da das Zeugnis wahr und vollständig sein muß[44], muß sein Inhalt ein getreues Spiegelbild der Tätigkeit des Arbeitnehmers sein. Dann ist aber nicht ohne weiteres einsichtig, welche weiteren Informationen für den neuen Arbeitgeber erforderlich sind. Zumindest ist dem Arbeitgeber, dem die Zeugnisinformationen nicht reichen, zuzumuten, sein Informationsinteresse gegenüber dem Bewerber offenzulegen, indem er um die Zustimmung bittet. Hinter zusätzlichen Informationswünschen wird oft ein Mißtrauen gegenüber der Richtigkeit des Zeug-

---

40 Referentenentwurf v. 5.2.85, § 53, zitiert bei *Walz*, ArbuR 85, 233ff., 238.
41 *Simitis*, Gutachten, S. 123.
42 BVerwG, Urt. v. 5.5.83 – 5 C 112/81 – NJW 83, 2954ff., 2955f.
43 *Kroll*, S. 142ff.
44 MünchKomm-*Schwerdtner*, § 630 Rn 8ff.; dazu etwa LAG Frankfurt, Urt. v. 14.9. 84 – 13 Sa 64/84 – ArbuR 85, 228.

nisses stehen. Dann kann es aber auch nicht falsch sein, wenn dem Arbeitgeber insoweit die Rechtfertigungslast auferlegt wird, abgesehen davon, daß man im Regelfall ohnehin davon ausgehen kann, daß das qualifizierte Zeugnis den gesetzlichen Anforderungen entspricht, also wahr und vollständig ist. Andernfalls würde sich der Aussteller schadensersatzpflichtig machen[45]. Zur Wahrheit und Vollständigkeit gehört es beispielsweise, daß das Zeugnis Angaben über schwere arbeitsplatzbezogene Straftaten, etwa Sexualstraftaten eines Heimerziehers, Trunkenheitsdelikt des Kraftfahrers etc., enthält[46]. Daneben bedarf es einer Auskunft des Arbeitgebers nicht.

Eine solche Regelung kann sich zudem auf das informationelle Selbstbestimmungsrecht stützen. Das Bundesverfassungsgericht hat der Sicherung der *Autonomie des Einzelnen im Kommunikationsprozeß* Priorität eingeräumt[47]. Der Einzelne soll nicht nur Objekt, sondern auch Subjekt der Kommunikation sein. Verhindert werden soll die Geheimkommunikation ohne Wissen und Einwirkungsmöglichkeit des Betroffenen[48]. Unter diesem Aspekt erscheint es richtig, vom Arbeitgeber zu verlangen, zusätzliche Kommunikationswünsche und -quellen offenzulegen. Dies würde der Transparenz des Kommunikationsprozesses dienen, wobei noch zu berücksichtigen ist, daß bereits nach der bisherigen Rechtsprechung[49] dem Arbeitnehmer der Inhalt der Auskünfte mitgeteilt werden muß, wenn dieser es verlangt.

Mit dem Einwilligungserfordernis würde der Kommunikationsprozeß nicht blockiert, er würde nur für den Betroffenen durchschaubarer. Noch wichtiger ist die daraus resultierende Möglichkeit, zu dem Inhalt der Auskünfte Stellung nehmen zu können. Damit wäre eine dem *Recht auf rechtliches Gehör* (Art. 103 Abs. 1 GG) entsprechende Möglichkeit eröffnet, die im laufenden Arbeitsverhältnis ihre Entsprechung im Recht auf eine Gegenerklärung gemäß § 83 Abs. 2 BetrVG findet. Andernfalls besteht für den Bewerber die Gefahr, daß er aufgrund von Auskünften abgewiesen wird, von denen er nichts weiß und bei denen er nicht einmal die Chance erhält, die Unrichtigkeit darzulegen und zu beweisen. Gerade darin liegt eine Beeinträchtigung des informationellen Selbstbestimmungsrechts und damit des allgemeinen

---

[45] *Kölsch*, NZA 85, 382ff., 384f.; BGH, Urt. v. 15.5.79 – VI ZR 230/76 – NJW 79, 1882ff.; BGH, Urt. v. 22.9.70 – VI ZR 193/69 – AP Nr. 16 zu § 826 BGB; ebenso bei falscher Auskunft, siehe LAG Hamburg, Urt. v. 16.8.84 – 2 Sa 144/83 – DB 85, 284ff., 285.

[46] BAG, Urt. v. 5.8.76 – 3 AZR 491/75 – AP Nr. 10 zu § 630 BGB, unter I. der Gründe wird die Pflicht des Arbeitgebers hervorgehoben, strafrechtliche relevante sittliche Verfehlungen eines Heimerziehers im Zeugnis anzusprechen.

[47] BVerfG, Urt. v. 15.12.83 – 1 BvR 209/83 u.a. – (Volkszählungsurteil) NJW 84, 419ff., 423 unter C II 2 b bb der Gründe.

[48] BVerfG, NJW 84, 422 unter C II 1 a der Gründe.

[49] BGH, Urt. v. 10.7.59 – VI ZR 149/58 – AP Nr. 2 zu § 630 BGB; zustimmend etwa *Schaub*, § 147, 3., S. 887.

Persönlichkeitsrechts[50], weil dem Bewerber Wahrheitskontrolle und Gegenwehr verschlossen sind. Dies ist besonders dann wichtig, wenn es sich um Auskünfte von Branchenauskunftsdiensten wie etwa der Auskunftsstelle für den Versicherungsaußendienst (AVAD) handelt, bei denen aufgrund pauschaler Angaben und einer Vielzahl von Auskünften nur zu leicht falsche Auskünfte möglich sind[51].

Eine solche Regelung böte auch von der Durchführung her keine nennenswerten Schwierigkeiten. Der Arbeitgeber könnte schon in der Bewerbungsanzeige, aber auch im weiteren Verlauf der Bewerbungsgespräche um das Einverständnis zur Einholung von Auskünften bitten. Dieses Verfahren wird, soweit es bei Bewerbungen im öffentlichen Dienst um die Einsicht in die Personalakte beim früheren Arbeitgeber geht, ohnehin praktiziert. Im übrigen hätte die Regelung den Vorteil, daß die auskunftgebende Stelle die Berechtigung des Informationsinteresses nicht mehr prüfen müßte.

Hinzuzusetzen ist freilich, daß das Auskunftsverlangen inhaltlich die Grenzen des Fragerechts nicht überschreiten darf[52]. Soweit dem Arbeitgeber die Frage nach Vermögensvedhältnissen verwehrt ist, darf er auch die Einwilligung zur Auskunfterteilung der Schufa diesbezüglich nicht verlangen. Genauso darf das Verbot der Frage nach der Parteizugehörigkeit nicht durch eine Anfrage beim Verfassungsschutz umgangen werden. Die Regelung beeinträchtigt weder die Informations- noch die Abschlußfreiheit des Arbeitgebers in relevanter Weise. Es ist nicht recht einsichtig, wenn beispielsweise *Zöllner*[53] die Informationsfreiheit des Arbeitgebers dadurch beeinträchtigt sieht, daß der Arbeitgeber nicht mehr den Hauswirt des Arbeitnehmers befragen dürfe. Bei einem solchen Informationsbegehren läßt sich kein sachlicher Zusammenhang zum Arbeitsverhältnis herstellen, deshalb ist das Informationsinteresse insoweit auch nicht schützenswert. Alle *sachlich erforderlichen* Informationen kann der Arbeitgeber beanspruchen und aus der Verweigerung der Einwilligung des Bewerbers – nachteilige – Schlüsse ziehen. Ein weitergehendes Informationsrecht würde im Grunde das Recht zur *willkürlichen Einstellungsentscheidung* sichern und verstärken. Dies ist dem Arbeitgeber aber zum Teil bereits verfassungsrechtlich, zum Beispiel durch Art. 9 Abs. 3 Satz 2 GG, oder gesetzlich, zum Beispiel durch § 611 a BGB verboten. Im übrigen läßt sich die gesamte Rechtsprechung zur Begrenzung des Fragerechts nur als Mittel zur Verhinderung willkürlicher Einstellungsentscheidungen begreifen[54].

---

50 Unzutreffend deshalb *Zöllner*, S. 45.
51 *Hümmerich/Kniffka*, NJW 79, 1182ff., 1188.
52 *Wohlgemuth*, BB 80, 1530ff., 15; *ders.*, ArbuR 82, 269ff., 275.
53 *Zöllner*, S. 44.
54 Vgl. auch *Gamillscheg*, Arbeitsrecht, Bd. 1, Fall 33, S. 67f.; *Otto*, Personale Freiheit und soziale Bindung, S. 55f.

Deshalb empfiehlt sich eine Regelung, die im Anschluß und unter Hinweis auf die Grenzen des Fragerechts die Auskunfterteilung von Dritten – unabhängig von der Form der Datenverarbeitung – von der Zustimmung des Bewerbers abhängig macht.

Sie könnte etwa folgendermaßen lauten: „Im Rahmen des Fragerechts darf der Arbeitgeber mit Einverständnis des Bewerbers Auskünfte bei Dritten einholen. Auf Verlangen ist dem Arbeitnehmer der Inhalt der Auskünfte mitzuteilen."

b. Bewerbungsunterlagen

Steht fest, daß eine Bewerbung keinen Erfolg hat, böte es sich an, das Schicksal der Bewerbungsunterlagen und des ausgefüllten Personalfragebogens von der autonomen Entscheidung des Bewerbers abhängig zu machen, ob er die Unterlagen zum Beispiel für eine eventuelle Neubewerbung im Unternehmen belassen will oder nicht. Noch weiter geht § 6 des Entwurfs der Arbeitsgesetzbuchkommission[55], wenn er anordnet, daß der Arbeitgeber verpflichtet sei, die Unterlagen wieder auszuhändigen. Diese Regelung ist unzweckmäßig, wenn der Bewerber einen Verbleib der Unterlagen im Unternehmen wünscht.

Legitime Interessen des Arbeitgebers, die Unterlagen gegen den Willen des Bewerbers zu behalten, sind schwerlich feststellbar. Anders wäre es bei einem drohenden Prozeß mit dem abgelehnten Bewerber[56], wenngleich der Arbeitgeber die Vorlage der Unterlagen gemäß §§ 421ff. ZPO, § 810 BGB selbst in diesem Fall erzwingen könnte.

Eine Regelung ist freilich nicht dringlich, da die Rechtsprechung insoweit Klarheit geschaffen hat. Die dazu nunmehr ergangene Entscheidung des BAG[57] legt fest, daß die Unterlagen gegen den Willen des Arbeitnehmers nicht beim Arbeitgeber verbleiben dürfen.

3. Steuerung der Informationsbeschaffung durch erweiterte Mitbestimmungsmöglichkeiten des Betriebsrates

In diesem Bereich ist zu überlegen, ob die Ausdehnung der Mirbestimmungsregelung des § 94 BetrVG auf alle formalisierten Informationserhebungsverfahren, die die Literatur ganz überwiegend befürwortet hat[58], durch

[55] Entwurf der Arbeitsgesetzbuchkommission, S. 25.
[56] *Zöllner*, S. 63.
[57] BAG, Urt. v. 6.6.84 – 5 AZR 286/81 – NJW 84, 2910ff., 2911 = BB 84, 2130ff.
[58] Dazu oben Teil 2 B I 1 a.

eine Gesetzesänderung nachzuvollziehen und zu bestätigen ist. Daß die Mitbestimmung auch und gerade bei mündlichen Befragungen und Tests greifen muß, insbesondere weil die Möglichkeit des Bewerbers, die Einwilligung zu verweigern oder falsche Antworten zu geben, keinen Schutz bietet, ist nahezu unumstritten[59], auch bei jenen, die eine Mitbestimmung nach geltendem Recht verneinen[60]. Eine gesetzliche Klarstellung könnte deshalb sinnvoll sein.

Eine weitere Frage ist, ob dem Betriebsrat zusätzlich hinsichtlich der Verwendung der durch standardisierte Informationserhebung erlangten Bewerberdaten ein Mitbestimmungsrecht eingeräumt werden sollte. Daß dies nach dem geltenden Recht nicht möglich ist, wurde bereits dargelegt[61]. Es mangelt jedoch nicht an Stimmen, die eine diesbezügliche Möglichkeit rechtspolitisch für wünschenswert halten[62]. Begründet wird dies mit dem Argument, unzulässige Eingriffe in die Persönlichkeitssphäre der Arbeitnehmer ließen sich nur vermeiden, wenn der Betriebsrat auch über den Verwendungszweck der einmal erhobenen Daten mitentscheiden könne[63]. Die Zulässigkeit einer Informationserhebung könne gar nicht beurteilt werden ohne die Kenntnis des Verwendungszwecks[64]. Der Gefahr der aus dem Kontext herausgelösten Verwendung gerade bei sensiblen Daten müsse der Betriebsrat durch das Verlangen nach Beschränkung des Verwendungszwecks oder Anonymisierung begegnen können[65].

Zweifelhaft erscheint, ob die Prämisse dieser Auffassungen stimmt, daß der Zweck der Informationserhebung und -verwendung gar nicht festliegt, der Arbeitgeber also insofern noch freie Verwendungsmöglichkeiten hat. Der Erhebungszweck ist durch die Zweckbestimmung des vertragsähnlichen Vertrauensverhältnisses, also das arbeitsvertragliche Anbahnungsverhältnis, gemäß § 23 Satz 1 2. Alternative BDSG festgelegt. Die Erhebung darf einzig und allein dem Zweck dienen, die Entscheidung über die Bewerberauswahl zu treffen. Eine weitere Verwendung erlaubt die Zweckbestimmung des Anbahnungsverhältnisses nicht, denn dieses endet mit der Entscheidung für einen Bewerber. Das ist der Grund dafür, daß bei Scheitern der Bewerbung die Bewerbungsunterlagen zurückgegeben und der ausgefüllte Personalfragebogen vernichtet werden müssen[66]. Weil nämlich der Erhebungs- und Spei-

---

[59] Dazu oben Teil 2 B I 1 a sowie hier nur *Dietz/Richardi*, § 94 Rn 5 und *Hanau*, BB 72, 451ff., 453.

[60] *Hümmerich*, RdA 79, 143ff., 145f.

[61] ObenTeil 2 B I 1 b.

[62] *Weiss*, § 94 Anm. 7; *Linnenkohl*, ArbuR 84, 129ff., 136; *Schapper* in: Chancen und Risiken des Datenschutzes, DVR-Beiheft 18, S. 8 ff., 12; *Simitis*, Gutachten, S. 38ff.

[63] *Schapper*, DVR-Beiheft 18, S. 8ff., 12.

[64] Vgl. *Simitis*, Gutachten, S. 38ff.

[65] *Fitting/Auffarth/Kaiser*, § 94 Rn 2.

[66] BAG, Urt. v. 6.6.84 – 5 AZR 286/81 – NJW 84, 2910ff., 2911 = BB 84, 2130ff.

cherungszweck mit dem Mißerfolg der Bewerbung fortfällt, besteht für die weitere Speicherung keine Rechtsgrundlage mehr (§ 27 Abs. 2 und 3 BDSG).

Der Hinweis auf die Notwendigkeit kollektiven Schutzes im Bereich der besonders sensiblen Daten läßt sich im übrigen dadurch entkräften, daß dieses zuallermeist Daten sind, die ohnehin nicht erfragt werden dürfen. Weil etwa politische, religiöse oder persönliche Verhältnisse grundsätzlich für die zu verrichtende Arbeit keine Bedeutung haben, endet hier schon das Informationsrecht des Arbeitgebers[67], so daß sich die Problematik der Verwendung solcher Informationen nicht stellen kann.

Es verbleibt die Verwendung der Daten der *eingestellten* Bewerber. Hier besteht ebenfalls keine Verwendungsfreiheit des Arbeitgebers. Die Datenverwendung richtet sich nunmehr in erster Linie nach der Zweckbestimung des abgeschlossenen Arbeitsverhältnisses (§ 23 Satz 1, 1. Alternative und § 25, 1. Alternative BDSG). Wie der Arbeitgeber die Daten nutzt, etwa für Fähigkeitsprofile, und ob dies mitbestimmungspflichtig sein sollte, gehört in den Bereich der Datenverarbeitung im laufenden Arbeitsverhältnis und soll dort behandelt werden[68].

Hinsichtlich der Verwendung von Bewerberinformationen besteht deshalb kein Bedürfnis für eine Mitbestimmung des Betriebsrates. Weil das Bewerbungsverfahren abgeschlossen ist, könnte eine eventuelle Mitbestimmungsmöglichkeit des Betriebsrates den Bewerbern ja auch gar nicht mehr zugute kommen.

II. Datenverarbeitung während des Arbeitsverhältnisses

1. Begrenzung des Datenumfangs

Die Begrenzung des Datenumfangs könnte dem Ziel dienen, einen verbesserten datenrechtlichen Persönlichkeitsschutz der Arbeitnehmer zu verwirklichen. Da die Gefahren, wie dargelegt[69], vor allem aus der Datenmenge, dem Kontextverlust, den Kombinationsmöglichkeiten und der zeitlich unbeschränkten Verfügbarkeit herrühren, erscheint es naheliegend, die Probleme durch eine Begrenzung des Datenumfanges zu lösen, zumal auch die Arbeitgeberseite die Datenflut bei Entscheidungsvorgängen inzwischen eher als hinderlich ansieht[70].

---

67 Vgl. dazu oben Teil 2 B I und Teil 3 A I 1.
68 Siehe unten Teil 3 A II 3 e.
69 Siehe oben Teil 1 C III.
70 *Hentschel*, DB 84, 186ff., 186; siehe auch *Weise* in: *Hentschel/Wronka*, Personalinformationssysteme in der Diskussion, S. 81ff., 86ff.

In dieser Richtung gibt es verschiedene Ansätze, deren Überzeugungskraft und Effizienz in diesem Abschnitt zu untersuchen sind.

a. *Irrelevanz der Einwilligung*

Bisher steht die Einwilligung als Rechtfertigungsgrund für die Datenverarbeitung unbeschränkt und ohne Rücksicht auf die Zweckbestimmung des Arbeitsverhältnisses zur Verfügung. Die Einwilligung gibt dem einzelnen Arbeitnehmer in der Kommunikation mit dem Arbeitgeber zwar theoretisch umfassende Bewegungsfreiheit. Indessen sind Zweifel angebracht, ob sich die gesetzlich garantierte Autonomie praktisch umsetzen läßt. *Zöllner*[71] macht mit Recht darauf aufmerksam, daß gegen die Einwilligung als unbeschränkter Erlaubnistatbestand für die Arbeitnehmerdatenverarbeitung Bedenken bestehen, weil das Arbeitsrecht, soweit es Schutzfunktion zu erfüllen habe, durchweg mit zwingender Wirkung ausgestattet sei. Dem liegt die Erkenntnis zugrunde, daß Autonomie im sozialen Abhängigkeitsverhältnis, wie es der Arbeitsvertrag darstellt, nur unzureichend zu verwirklichen ist.

So verwundert es nicht, daß es Vorstellungen gibt, die die Einwilligung als Rechtfertigung der Datenverarbeitung einschränken oder ausschließen wollen. § 3 Abs. 3 des SPD-Entwurfs[72] enthält den Vorschlag, die Unwirksamkeit der Einwilligung anzunehmen, wenn sie den Betroffenen entgegen den Grundsätzen von Treu und Glauben unangemessen benachteiligt. Der Vorschlag ist ersichtlich an § 9 Abs. 1 des Gesetzes über die Allgemeinen Geschäftsbedingungen angelehnt. Darüber hinaus läßt § 25a Abs. 1 Satz 2 des SPD-Entwurfs im Arbeitsverhältnis die Datenverarbeitung trotz Einwilligung nur insoweit zu, als sie der Eingehung, Durchführung, Beendigung oder Abwicklung des Arbeitsverhältnisses dient[73].

So richtig es sein mag, grundsätzlich eine präzisierte Zweckbestimmung des Arbeitsverhältnisses als Verarbeitungsrahmen festzulegen, erscheint es doch zweifelhaft, die Autonomie des einzelnen Arbeitnehmers so weit zurückzudrängen. Immerhin sind Fallgestaltungen denkbar, in denen dem Arbeitnehmer an der Geheimhaltung bestimmter Daten nichts liegt[74]. Ein völliger Ausschluß der Autonomie wird sich kaum mit dem informationellen Selbstbestimmungsrecht in Einklang bringen lassen, denn dieses setzt voraus, daß dem Betroffenen ein Freiraum verbleibt, den er selbst bestimmen kann und der nicht durch zwingende gesetzliche Regelungen vorherbestimmt ist.

---

[71] *Zöllner*, a.a.O., S. 50; kritisch ebenfalls *Hümmerich*, DuD 78, 135ff., 135 und 137f.; *Simitis*, VersR 81, 197ff., 202ff.; *v. Uckermann*, DuD 79, 163ff., 166f.

[72] SPD-Entwurf, DuD 84, 213.

[73] SPD-Entwurf, DuD 84, 216; ebenso vorher bereits *Simitis*, Gutachten, S. 107f.

[74] *Zöllner*, S. 50; *Peters*, DSWR 86, 186ff., 190.

Es darf zudem nicht unberücksichtigt bleiben, daß der Druck, den der Arbeitgeber ausüben kann, im Anbahnungsverhältnis ungleich stärker als im laufenden Arbeitsverhältnis ist, da die Gefahr der Nichteinstellung den Arbeitnehmer viel mehr treffen wird als die Gefahr von Sanktionen im laufenden Arbeitsverhältnis. Wenn deshalb ein völliger Ausschluß der Einwilligung als Rechtfertigung der Datenverarbeitung im laufenden Arbeitsverhältnis nicht richtig erscheint, muß die Freiwilligkeit der Entscheidung des Arbeitnehmers bei der Einwilligung gleichwohl gesichert werden. Bereits nach jetzigem Recht ist eine Einwilligung nicht unbeschränkt wirksam, sondern an den §§ 138, 242 BGB zu messen[75]. Eine unter Zwang, Drohung oder Täuschung zustandegekommene Einwilligung ist ebenso unwirksam wie eine Einwilligung, die unter Verletzung des Prinzips von Treu und Glauben gefordert und erteilt worden ist.

Damit hätte die vorgeschlagene Regelung, die Unwirksamkeit der Einwilligung bei gegen Treu und Glauben verstoßender unangemessener Benachteiligung anzunehmen, insoweit klarstellende Bedeutung. Darüber hinaus bietet sich die Anknüpfung an das AGBG[76] deshalb an, weil damit gerichtlich überprüft werden kann, ob die im Grundsatz vorhandene Verhandlungsunterlegenheit des Arbeitnehmers zu einer unangemessenen Benachteiligung geführt hat. Die Situation ist insofern die gleiche wie bei den Allgemeinen Geschäftsbedingungen, weil deren Inhaltskontrolle ebenfalls dem Ausgleich unterschiedlicher Verhandlungs- und Marktmacht dient[77].

Zu diesem Punkt läßt sich daher als Ergebnis festhalten, daß ein Ausschluß der Einwilligung nicht in Betracht kommt, daß jedoch die Wirksamkeit der Einwilligung aufgrund einer einzuführenden Vorschrift daraufhin überprüft werden kann, ob sie den Betroffenen unter Berücksichtigung von Treu und Glauben unangemessen benachteiligt.

b. *Ausweitung inhaltlicher Schranken*

Die Begrenzung des Datenumfangs ist auch in der Weise vorstellbar, daß die Datenverarbeitung bestimmter Daten aufgrund ihres Inhalts zu unterbleiben hat oder jedenfalls an restriktivere Voraussetzungen geknüpft wird. Die

---

[75] *Hümmerich*, DuD 78, 135ff., 136; *Auernhammer*, § 3 Rn 6; *Simitis* in: *Simitis/Dammann/Mallmann/Reh*, § 3 Rn 51f.; *Kilian*, JZ 77, 481ff., 484; vgl. auch *Hollmann*, NJW 78, 2332f.

[76] So schon *Gola/Hümmerich/Kerstan*, Datenschutzrecht, Bd. 1, S. 55. Soweit im zivilrechtlichen Bereich das AGBG anwendbar ist, überprüft die Rspr. die Einwilligung anhand des § 9 AGBG, vgl. etwa BGH, Urt. v. 19.9.1985 – III ZR 213/83 – ZIP 85, 1253ff., 1254f. (Schufa-Klausel), = NJW 86, 46ff., wonach die pauschale, hinsichtlich der Art der Daten nicht beschränkte, formularmäßige Einwilligung unwirksam ist.

[77] *Larenz*, Allg. Teil des BGB. § 29 a, S. 504ff.; *Ulmer/Brandner/Hensen*, Kommentar zum AGBG, § 9 Rn. 3f.

Differenzierung könnte bei dem Grad der Sensitivität der Daten ansetzen und so bewirken, daß besonders sensible Date auch besonders geschützt sind. Zwei Regelungswerke beschreiten diesen Weg.

Die Datenschutzkonvention des Europarates, die die Bundesregierung als Gesetzentwurf eingebracht hat[78] und die inzwischen ratifiziert ist[79], sieht in Art. 6 vor[80], daß personenbezogene Daten, welche die rassische Herkunft, politische Anschauungen oder religiöse oder andere Überzeugungen erkennen lassen, sowie Daten, welche die Gesundheit oder das Sexualleben betreffen, automatisch nur verarbeitet werden dürfen, wenn das innerstaatliche Recht einen geeigneten Schutz gewährleistet. Dasselbe soll nach Satz 2 für personenbezogene Daten gelten, die Strafurteile betreffen.

Der SPD-Entwurf enthält in § 3a Abs. 2 und 3[81] im wesentlichen, daß personenbezogene Daten über politische Anschauungen und religiöse und weltanschauliche Erkenntnisse nur mit Einwilligung des Betroffenen oder aufgrund besonderer gesetzlicher Vorschrift verarbeitet werden dürfen. Einen Bezug zu diesem Ansatz des datenrechtlichen Persönlichkeitsschutzes weist ferner Art. 4 Abs. 4 des Arbeitsgesetzbuchkommissionsentwurfs[82] auf, wenn er festlegt, daß das Privatleben des Arbeitnehmers nur insoweit zum Gegenstand arbeitsvertraglicher Pflichten gemacht oder als Kündigungsgrund herangezogen werden darf, als dies im Hinblick auf die Auswirkungen im Arbeitsverhältnis gerechtfertigt erscheint.

Gedankliche Voraussetzung dieses Ansatzes ist, daß es sensible und weniger sensible Daten gibt, die ein unterschiedliches Schutzbedürfnis haben. Das wird zuweilen in Frage gestellt mit der These, es gebe keine harmlosen Daten[83]. Vielmehr könne jedes Datum eines Betroffenen potentiell eine Persönlichkeitsrechtsbeeinträchtigung verursachen[84]. Zusätzlich wird darauf verwiesen, daß das Bundesverfassungsgericht[85] in seinem Volkszählungsurteil keinen Unterschied zwischen einzelnen Arten von Daten gemacht habe[86]. Richtig an dieser Argumentation ist, daß es in der Tat keine an sich „harmlosen Daten" gibt. Es kommt vielmehr immer auf den Verwendungszusam-

---

[78] Gesetzentwurf der Bundesregierung zur Ratifizierung der Datenschutzkonvention des Europarates vom 28.1.1981, BT-Drucksache 10/2118, 1ff., abgedruckt auch bei *Auernhammer*, Anhang, S. 425ff.

[79] BGBl Teil II 1985, S. 538ff.

[80] BT-Drucksache 10/2118, 1ff., 9.

[81] DuD 84, 213.

[82] DuD 84, S. 20.

[83] *Simitis*, ArbuR 77, 97ff., 99f.

[84] *Geiger*, DSWR 84, 43ff., 44f.

[85] BVerfG, NJW 84, 419ff., 422.

[86] Stellungnahme der Datenschutzbeauftragten zum Volkszählungsurteil, DÖV 84, 504ff., 505 = DuD 84, 207; *Heußner*, ArbuR 85, 309ff., 312f.; *Simitis*, NJW 84, 398ff., 402.

menhang und den Kontext an. Zur Illustration soll folgendes Beispiel aus der Rechtsprechung dienen:

Die neue Adresse eines Betroffenen ist sicher ein Datum, das für sich genommen keine Persönlichkeitsrechtsgefährdung befürchten läßt. Anders sieht die Sache aber aus, wenn die neue Adresse eine Justizvollzugsanstalt[87] oder psychiatrische Krankenanstalt ist, also sofort erkennen läßt, daß der Betroffene sich in Strafhaft bzw. in psychiatrischer Behandlung befindet.

Dieser Befund spricht jedoch nicht dagegen, regelmäßig besonders sensible Daten verstärkt zu schützen; er ist nur ein Argument dagegen, die Verarbeitung harmloser Daten voraussetzungslos freizugeben. Die Abhängigkeit der Sensibilität der Daten vom Erhebungs- und Verwendungskontext nimmt Art. 6 der Datenschutzkonvention gerade auf, wenn er den besonderen Schutz davon abhängig machen will, ob die Daten *Rückschlüsse* auf besonders schützenswerte Bereiche der Persönlichkeit zulassen.

Der Schutz sensibler Daten ist nach dem jetzigen BDSG nur marginal in §§ 27 Abs. 3 Satz 3 und 35 Abs. 3 Satz 3 angesprochen und betrifft die Löschungspflicht bei Nichterweislichkeit solcher sensibler Daten, wie sie in der Datenschutzkonvention benannt sind. Durch die Ratifizierung[88] der Datenschutzkonvention hat sich die Bundesrepublik jedoch gemäß Art. 3 Abs. 1 der Konvention verpflichtet, das Übereinkommen auf die nationale Datenverarbeitung sowohl im öffentlichen als auch im privaten Bereich anzuwenden und die entsprechenden Regelungen zu schaffen. Damit besteht auch die Verpflichtung, den durch Art. 6 der Konvention geforderten besonderen Schutz für sensible Daten zu verwirklichen. In der Begründung der Bundesregierung zu dem Ratifizierungsentwurf[89] wird dazu gesagt, diese durch Art. 6 der Konvention begründete Verpflichtung werde zunehmend durch bereichsspezifische Regelungen erfüllt. Gleichzeitig wird eingeräumt, daß das Datenschutzrecht der Bundesrepublik bisher im allgemeinen keine Differenzierung personenbezogener Daten nach dem Grad ihrer Empfindlichkeit kenne[90].

Aus der Begründung geht nicht klar hervor, ob die gegenwärtigen bereichsspezifischen Regelungen für ausreichend gehalten werden oder ob insofern auf gesetzliche Initiativen – dafür spricht das Wort „zunehmend" – verwiesen werden soll. Bisher gibt es im Arbeitsrecht nur den punktuellen Schutz durch die Rechtsprechung, der im wesentlichen darin besteht, für Außendienstliches nur dann ein Informationsinteresse des Arbeitgebers anzuerken-

---

87 So der Fall des Beschl. des OVG Koblenz v. 24.7.80 – 2 B 63/80 – NJW 81, 837f.
88 Gesetz vom 13.3.85, BGBl Teil II 1985, 538ff.
89 BT-Drucksache 10/2118, 1ff., 20 oben.
90 BT-Drucksache 10/2118, 1ff., 19 unten.

nen, wenn dies im Hinblick auf das Arbeitsverhältnis relevant ist[91]. Außerdienstliche Umstände und Verhaltensweisen werden sich in weiten Teilen mit den in Art. 6 der Datenschutzkonvention angesprochenen Daten decken, beispielsweise politische oder religiöse Betätigung, oder Strafurteile, die nicht arbeitsplatzrelevant sind[92]. Deckungsgleichheit beider Bereiche liegt jedoch nicht vor, denn gesundheitliche Daten können sehr wohl arbeitsplatzrelevant sein, bedürfen jedoch aufgrund des Art. 6 der Datenschutzkonvention trotzdem des besonderen Schutzes. Die Absicherung durch die Rechtsprechung ist insofern unvollständig. Die gerichtliche Absicherung muß insgesamt auch deshalb unvollständig sein, weil sie immer nur punktuell erfolgen kann und – genauso wie beim Fragerecht[93] – weder das dogmatische Problem lösen noch den Betroffenen Rechtssicherheit geben kann.

Ein Rekurs auf das informationelle Selbstbestimmungsrecht bestätigt das Ergebnis. Je mehr es um Daten aus der Privat- und Intimsphäre geht, desto mehr muß es dem Betroffenen möglich sein, autonom zu bestimmen, wem und was er davon mitteilen will. Und je mehr muß er in der Lage sein, zu wissen, welche Daten wo über ihn gespeichert sind, um Abhängigkeiten und dem Ausnutzen von Schwachstellen zu entgehen. Damit ist zugleich die Richtung der Lösung vorgezeichnet. Um die Autonomie abzusichern, muß die Verarbeitung der in Art. 6 der Datenschutzkonvention genannten Daten prinzipiell an die Einwilligung des Betroffenen gebunden werden. Ausnahmsweise muß die Verarbeitung bei ausdrücklicher Ermächtigung durch Rechtsvorschrift zulässig sein. Die allgemeinen Rechtfertigungsnormen der §§ 23ff. BDSG dürften jedoch keine Anwendung finden.

Damit ist nicht ausgeschlossen, daß der Arbeitgeber Informationen aus dem privaten Bereich des Arbeitnehmers beanspruchen darf, wenn dafür im Hinblick auf die zu leistende Arbeit ein berechtigtes Interesse besteht, etwa eine Sicherheitsüberprüfung bei einem spionagegefährdeten Arbeitsplatz oder eine ärztliche Untersuchung bei einer Versetzung auf einen körperlich anstrengenderen Arbeitsplatz. Ausgeschlossen ist aber, daß der Arbeitgeber sich diese Informationen gegen den Willen und ohne Wissen des Arbeitnehmers verschafft. Die positive Wirkung der Einwilligung liegt darin, daß der Arbeitgeber gezwungen wird, seine diesbezüglichen Informationsinteressen offenzulegen. Verweigert der Arbeitnehmer die Einwilligung, obwohl ein berechtigtes Informationsinteresse besteht, muß er für sich nachteilige Arbeitgeberentscheidungen in Kauf nehmen. Besteht kein berechtigtes Informationsinteresse, ist die Verweigerung der Einwilligung eine zulässige Ausübung von

---

[91] Siehe im einzelnen oben Teil 2 B II.

[92] Gegen eine Aufnahme solcher Urteile in die Personalakten BAG, Urt. v. 9.2.77 – 5 AZR 2/76 – AP Nr. 83 zu § 611 BGB Fürsorgepflicht.

[93] Dazu oben Teil 3 A I c aa.

Arbeitnehmerrechten, wegen der der Arbeitnehmer gemäß § 612a BGB nicht benachteiligt werden darf.

Besonders sensible Daten sind also durch das Einwilligungserfordernis gesetzlich zu schützen, die Informationsbedürfnisse des Arbeitgebers sind im Hinblick auf die zu leistende Arbeit und das Arbeitsverhältnis auf die insofern berechtigten Informationsinteressen zu begrenzen. Zum Teil würde dies ohnehin auf eine Kodifizierung der bisherigen richterrechtlichen Lage hinauslaufen. Bei Gesundheitsdaten etwa ist anerkannt, daß insoweit stets die Einwilligung des Arbeitnehmers erforderlich ist[94]. Bei außerdienstlichen Umständen wie nicht arbeitsplatzrelevanten strafgerichtlichen Verurteilungen hat die Rechtsprechung dies ebenfalls anerkannt[95].

An die Einwilligung sind – wie schon bisher – strenge Anforderungen zu stellen[96]. Vorgedruckte Blankoeinwilligungen sind gerade bei besonders sensiblen Daten nicht ausreichend[97]. Ergänzt werden müßte das Einwilligungserfordernis durch eine Vorschrift, die es untersagt, den Arbeitnehmer wegen der Verweigerung der Einwilligung zu benachteiligen, wenn das Informationsbegehren des Arbeitgebers im Hinblick auf den Arbeitsplatz nicht gerechtfertigt ist. Damit würde dem Arbeitnehmer parallel zu dem Benachteiligungsverbot bei unzulässigen Fragen an Bewerber[98] die Entscheidungsfreiheit über die Erteilung der Einwilligung gesichert.

Persönlichkeitsgefährdungen durch die Verarbeitung besonders sensibler Daten sind keineswegs nur auf die automatische Verarbeitungsform beschränkt. Persönlichkeitsrechtsverletzungen sind genausogut bei manueller Verarbeitung und bei solcher außerhalb einer Datei möglich. Das Bekanntwerden von Gesundheitsdaten beispielsweise kann einen Arbeitnehmer unabhängig von der Datenverarbeitungsform nachhaltig in seinen Rechten verletzen und sein Fortkommen erschweren.

Das vorgeschlagene Einwilligungserfordernis mit Benachteiligungsverbot für besonders sensible Daten müßte deshalb für alle Verarbeitungsformen gelten. Das ließe sich entweder durch eine allgemeine arbeitsrechtliche Regelung

---

94 *Zöllner*, S. 38; *Budde*, BD 85, 1529ff., 15 und oben Teil 2 B III und VI 2.

95 BAG, Urt. v. 9.2.77 – 5 AZR 2/76 – AP Nr. 83 zu § 611 BGB Fürsorgepflicht.

96 Siehe im einzelnen hinsichtlich Form, angemessener Aufklärung und hinlänglicher Bestimmtheit *Ordemann/Schomerus*, § 3 Anm. 4.1 – 4.4.; *Simitis* in: *Simitis/Dammann/Mallmann/Reh*, § 3 Rn 57ff., 60ff. und 82ff.

97 OLG Celle, Urt. v. 14.11.79 – 3 U 92/79 – NJW 80, 347ff.; 348; zustimmend *Schuster/Simon*, NJW 80, 1287ff., 1288, Der BGH hat in seinem Urteil v. 19.9.85 – III ZR 213/83 – ZIP 85, 1253ff., 1254f. pauschale formularmäßige Einwilligungen in Allg. Geschäftsbedingungen als unwirksam erachtet.

98 Siehe den zutreffenden Vorschlag der Arbeitsgesetzbuchkommision in § 5 Abs. 4, danach dürfen dem Arbeitnehmer aus der wahrheitswidrigen Beantwortung unzulässiger Fragen keine Nachteile entstehen. Zum Ganzen oben Teil 3 A I 1 c bb.

außerhalb des BDSG erreichen, wie sie schon für den Komplex der Informationsbeschaffung über Bewerber vorgeschlagen wurde[99], oder dadurch, daß dies in der entsprechenden Vorschrift des BDSG explizit festgelegt würde.

c. *Einführung zeitlicher Grenzen*

Zeitliche Begrenzungen enthält ansatzweise die Datenschutzkonvention. Art. 5 e[100] ordnet an, daß der Betroffene nicht länger identifiziert werden können darf, als es für den Speicherungszweck erforderlich ist. Im BDSG sind zeitliche Begrenzungsregelungen nur schwach ausgeprägt[101]. Das steht in ausgeprägtem Gegensatz dazu, daß gerade insofern ein besonderes Schutzbedürfnis besteht. Es ist unbefriedigend, daß der schon zitierte „Segen des Vergessens" im datenrechtlichen Arbeitnehmerschutz keine Ausprägung gefunden hat, obwohl die Persönlichkeitsgefährdung durch veraltete, nicht mehr zutreffende Informationen erheblich ist[102].

Dabei ist die zeitliche Begrenzung von Informationen, ja sogar von Rechten ein allgemeines Prinzip, das seinen sichtbarsten Ausdruck in den vielfältigen Verjährungsvorschriften (z.B. §§ 194ff. BGB), aber auch in dem Institut der Verwirkung gefunden hat. Die Tilgungsvorschriften des BZRG für strafgerichtliche Verurteilungen sind ebenfalls ein Beispiel für die zeitliche Begrenzung. Es leuchtet nicht recht ein, weshalb diese Begrenzung – wie die Rechtsprechung annimmt[103] – auf die Registrierung von Straftaten im arbeitsrechtlichen Bereich keine Anwendung findet[104], und erst recht nicht, weshalb sie nicht für im Vergleich zu Straftaten ungleich harmlosere Dinge wie Fehlzeiten, Abmahnungen wegen Pflichtverletzungen oder Leistungsschwächen gelten soll.

Dieser Mangel wird nicht dadurch behoben, daß Betriebsvereinbarungen – nicht selten freiwillige Vereinbarungen nach § 88 BetrVG – zum Teil Löschungsfristen vorsehen[105], denn sie können, abgesehen von der oft fehlenden Erzwingbarkeit, eine generelle Regelung nicht ersetzen.

Außerhalb des Arbeitsrechts sind Tilgungsvorschriften nichts Ungewöhnliches. Belegen läßt sich die zeitlich begrenzte Verfügbarkeit etwa mit den gemäß § 915 ZPO bei den Amtsgerichten zu führenden Schuldnerverzeichnissen, in die alle Schuldner eingetragen werden, die die eidesstattliche Ver-

---

99 Siehe oben Teil 3 A I 1 c cc und 2 a.
100 BT-Drucksache 10/2118, 1ff., 9.
101 Vgl. im einzelnen oben Teil 2 B IV 2.
102 Vgl. oben Teil 1 C III 4.
103 BAG, Urt. v. 17.1.56 – 3 AZR 304/54 – AP Nr. 1 zu § 611 BGB Fürsorgepflicht.
104 Zutreffend *Kroll*, S. 230.
105 *Wohlgemuth*, Datenschutz für Arbeitnehmer, S. 78, hält zutreffend bei Betriebsvereinbarung die Festlegung von Löschungsvorschriften für einen wichtigen Punkt.

sicherung zwecks Offenbarung der Vermögensverhältnisse gemäß § 807 ZPO abgelegt haben oder gegen die wegen des Ausbleibens im Termin zur eidesstattlichen Versicherung gemäß § 901 ZPO die Haft angeordnet ist. Alle Eintragungen werden spätestens nach *drei Jahren* aufgrund des § 915 Abs. 2 Satz 1, 2. Alternative ZPO gelöscht. Dabei wird über den Wortlaut hinausgehend sogar auf einen entsprechenden Antrag des Schuldners verzichtet[106].

Ein weiteres Beispiel bildet das Schuldnerverzeichnis nach § 107 Abs. 2 KO. In dieses Register werden alle Schuldner eingetragen, bei denen die Eröffnung des Konkursverfahrens mangels Masse abgelehnt worden ist. § 107 Abs. 2 Satz 3 schreibt vor, daß die Eintragung des Schuldners in das Register *fünf Jahre* nach der Abweisung des Eröffnungsantrages zu löschen ist. Daß im Arbeitsrecht Informationen nur zeitlich begrenzte Gestaltungskraft haben, wird auch daran deutlich, daß Abmahnungen wegen Pflichtverletzungen nach einer gewissen zeitlichen Distanz der Verwirkung unterliegen[107].

Für die Einführung zeitlicher Grenzen spricht ferner, daß vor langer Zeit eingespeicherte Daten sehr viel schwerer zu widerlegen sind; die Erinnerungsfähigkeit des Arbeitnehmers ist begrenzt und Beweismittel sind nach langer zeitlicher Distanz nur schwer zu erlangen. Dieser Aspekt, der maßgebend für das Institut der Verjährung überhaupt war[108], müßte im Arbeitsrecht hinsichtlich der Personalinformationen ebenfalls gelten.

Die Schwäche des gegenwärtigen Rechts besteht zusätzlich darin, daß selbst falsche Daten nicht automatisch gelöscht werden. Vielmehr muß der Betroffene aktiv werden. Das setzt die Kenntnis der Daten voraus und den Willen zur Durchsetzung der Rechte im sozialen Abhängigkeitsverhältnis. Gäbe es Tilgungsfristen, müßten die unrichtigen Daten nach Zeitablauf ohne Zutun des Betroffenen gelöscht werden. Die Situation bei nicht erweislichen Daten ist für den Arbeitnehmer bisher nicht befriedigender. Diese sind normalerweise zu sperren, wenn es sich um sensible Daten handelt, zu löschen[109]. Die Nichterweislichkeit setzt jedoch voraus, daß der Betroffene aktiv wird[110]. Er muß, wie es in § 27 Abs. 2 Satz 1 und § 35 Abs. 2 Satz 1 BDSG heißt, die Richtigkeit der Daten bestreiten. Eine automatische Prüfung des Arbeitgebers erfolgt insoweit nicht. Dies wäre jedoch der Vorteil einer zeitlichen Begrenzung. Der Arbeitgeber wäre nach gewissem Zeitablauf gezwungen, die Richtigkeit, Erweislichkeit, Aktualität und die Frage, ob aus-

---

106 *Zöller-Scherübl*, ZPO, § 915 Anm. II 2 a.
107 *Brill*, NZA 85, 109f.; ebenso LAG Hamm, Urt. v. 14.5.86 – 2 Sa 320/86 – DB 86, 1628.
108 *Palandt-Heinrichs*, Überblick vor § 194, Anm. 2; *Larenz*, Allg. Teil des BGB, § 14 III, S. 222f.
109 Vgl. § 27 Abs. 2 und 3 und § 35 Abs. 2 und 3 und oben ausführlich Teil 2 B IV 2.
110 Darauf weist *Auernhammer*, § 27 Anm. 18 zu Recht hin.

nahmsweise eine weitere Speicherung gerechtfertigt ist, zu überprüfen. Dies würde für die Arbeitgeber den positiven Nebeneffekt haben, daß die Informationen in angemessenen Zeitabständen aktualisiert werden und die mit zunehmender Zeit nicht mehr überschaubare Datenflut begrenzt wird.

Da die Gefahren zeitlich unbegrenzter Speicherung hauptsächlich aus der elektronischen Datenverarbeitung resultieren, sollte die Begrenzung auf das BDSG beschränkt sein. Für den übrigen Bereich müßte die Akzessorietät zu spezialgesetzlichen Löschungsvorschriften festgelegt werden, so daß spezielle Tilgungsvorschriften, etwa die des BZRG, auch in der Personaldatenverarbeitung Anwendung fänden.

Als Vorbild für den Bereich des BDSG könnte § 35 Abs. 2 Satz 2 BDSG dienen, wonach personenbezogene Daten am Ende des fünften Kalenderjahres nach ihrer Einspeicherung zu sperren sind und damit im Regelfall nicht mehr genutzt werden dürfen[111]. Dies ist insofern sehr praktikabel, weil die Prüfung aller Daten in der Datenverarbeitungsanlage nur einmal im Jahr jeweils am Jahresende erfolgen muß[112].

Offengehalten werden müßte selbstverständlich die Möglichkeit, die Sperrung aufzuschieben, wenn der Speicherungszweck fortdauert oder ein neuer damit zu vereinbarender Zweck entstanden ist.

Das wird insbesondere bei Stammdaten, die für die Lohn- und Gehaltsabrechnung erforderlich sind, der Fall sein, aber auch bei Daten, die für die Abfassung eines Zeugnisses relevant sind. Dagegen wird man etwa bei Fehlzeiten, Abmahnungen wegen Pflichtverletzungen oder Leistungsschwächen, die fünf Jahre zurückliegen, keine Fortdauer des Speicherungszwecks annehmen können, es sei denn, es handelt sich dabei um Tatbestände, die sich bis in die Gegenwart hinein wiederholt haben.

Ohnehin offen bliebe die Möglichkeit, die Daten mit Einwilligung des Betroffenen eingespeichert zu lassen. Das ist bei Daten denkbar, deren Speicherungszweck zwar entfallen ist, z. B. Daten über ein getilgtes Arbeitgeberdarlehen, deren weitere Verfügbarkeit der Betroffene aber gleichwohl wünscht, etwa aus Beweisinteressen gegenüber außenstehenden Dritten.

Der Regeltilgungsfrist käme damit in erster Linie die Funktion zu, eine regelmäßige Überprüfung durch den Arbeitgeber daraufhin zu gewährleisten,

---

111 Ausnahmen sind gemäß § 14 Abs. 2 Satz 3 BDSG möglich, siehe oben Teil 2 B IV 2.

112 So für § 35 Abs. 2 Satz 2 BDSG *Simitis* in: *Simitis/Dammann/Mallmann/Reh,* § 35 Rn 18; *Auernhammer,* § 35 Rn 7; *Ordemann/Schomerus,* § 35 Anm. 2.1.

ob und welche Daten weiterhin noch verfügbar sein müssen. Auf diese Weise wäre eine kontinuierliche Bereinigung des Datenbestandes gesichert.

Dabei ist die Fünfjahresgrenze auch deshalb angemessen, weil sie der Mindesttilgungsfrist des § 46 Abs. 1 Nr. 1 BZRG entspricht.

Es empfiehlt sich für die Dateidatenverarbeitung im Arbeitsrecht also eine Regelung, daß die Daten mit dem Ablauf des fünften Kalenderjahres nach der Einspeicherung zu sperren[113] sind, wenn nicht ihre Kenntnis für die weitere Erfüllung des Zwecks der Speicherung oder damit zu vereinbarender Zwecke erforderlich ist.

d. Einräumung eines Mitbestimmungsrechts

Denkbar wäre, hinsichtlich des Datenumfanges, sowohl was den inhaltlichen als auch was den zeitlichen Umfang angeht, ein Mitbestimmungsrecht einzuräumen. Die Funktion eines solchen Mitbestimmungsrechts wäre jedoch zweifelhaft. Würde der Datenumfang durch die vorgeschlagenen inhaltlichen und zeitlichen Schranken begrenzt, wäre für die Betriebspartner kaum noch Regelungsspielraum. Die vorgeschlagenen Regelungen müssen jedoch individualrechtlich und nicht kollektivrechtlich ansetzen, um auch den Arbeitnehmern in Betrieben ohne Betriebsrat Schutz zu gewähren. Was dem Betriebsrat bleibt, ist die wichtige Aufgabe, die Einhaltung der zeitlichen und inhaltlichen Grenzen zu überwachen, zu denen auch die Zulässigkeit des Einwilligungsverlangens bei besonders sensiblen Daten und die Freiwilligkeit der diesbezüglichen Entscheidung gehören. Dies alles aber unterfällt bereits seiner Überwachungszuständigkeit gemäß § 80 BetrVG[114], für eine Gestaltungszuständigkeit fehlt daher das Bedürfnis. Aus dem Überwachungsrecht folgt allerdings nicht die Befugnis, die rechtswidrige Überschreitung des zulässigen Datenumfangs auf gerichtlichem Weg zu verhindern[115]. Dies ist jedoch auch nicht erforderlich, da der Betriebsrat sowohl durch die Information der Betroffenen und die Aufforderung an sie, ihre Rechte wahrzunehmen, wie durch die Verständigung der staatlichen Aufsichtsbehörde[116] auf die Herbeiführung eines rechtmäßigen Zustandes hinwirken kann.

---

[113] Zur Frage, ob die Sperrung nicht grundsätzlich die Löschung zur Folge haben sollte, siehe unten Teil 3 C III 4.

[114] Dazu oben Teil 2 B VIII 4 und unten Teil 3 C IV.

[115] Vgl. *Dietz/Richardi*, § 80 Rn 13ff.; *Boewer*, RDV 85, 22ff., 25; BAG, Beschl. v. 10.6.86 – 1 ABR 59/84 – DB 86, S. 2293f.

[116] Die freilich Eingriffsmöglichkeiten haben muß, siehe unten Teil 3 C II 2 b.

2. Informationsbeschaffung und -auswertung durch technische Einrichtungen

a. Technische Vorschriften zum Datenschutz

Die Gewinnung von Informationen über Arbeitnehmer durch technische Geräte und die technische Auswertung von Arbeitnehmerinformationen ließen sich durch technische Vorgaben steuern. So wäre es denkbar, die Zulassung solcher technischer Anlagen von der Erfüllung bestimmter technischer Datensicherungsmaßnahmen abhängig zu machen. Diesen Weg ist das schwedische Datenschutzgesetz gegangen, indem es eine Genehmigungspflicht für Datenregister, in denen Daten automatisch verarbeitet werden, vorsieht[117]. Die Genehmigung wird von der Erfüllung technischer Datensicherungsmaßnahmen in Bezug auf Zugang, Benutzung und Verwendung abhängig gemacht. Der gleiche Ansatz findet sich in Nr. 17 der Entschließung des Europäischen Parlaments[118]. Dort wird erwogen, den Betrieb von Datenbanken einer nationalen Anmelde- und Genehmigungspflicht zu unterwerfen. Eine solche Regelung bietet den Vorteil, präventiv eingreifen zu können, bevor es zu Persönlichkeitsrechtsverletzungen kommt. Auf der anderen Seite dürfen jedoch die gravierenden Nachteile einer solchen Regelung nicht übersehen werden. Zum einen ist sie mit einem erheblichen Anwachsen des bürokratischen Aufwandes verbunden, der bei der Anwenderseite auf keinerlei Akzeptanz stoßen wird[119]. Zum anderen kann sie betriebliche Entscheidungen hemmen und technische Neuentwicklungen, die ja – unter Datenschutzgesichtspunkten – nicht per se negativ sein müssen, verzögern. Eine solche Lösung wäre letztlich nur zu vertreten, wenn man als sicher unterstellen könnte, daß alle sonstigen – nachträglichen – Kontrollmechanismen versagen und auch nicht durch Weiterentwicklung effizienter werden können. Davon kann nach dem gegenwärtigen Stand nicht ausgegangen werden, so daß die Notwendigkeit einer solch weitreichenden Regelung gegenwärtig nicht begründet werden kann.

b. Genauere inhaltliche Begrenzungen

Vorgeschlagen wird insoweit in § 3a Abs. 1 des SPD-Entwurfs[120] und dem folgend in § 4 Abs. 3 Satz 2 des nordrhein-westfälischen Gesetzentwurfs zur

---

117 §§ 2 und 3 des schwedischen Datenschutzgesetzes vom 11.5.73, abdedruckt in deutscher Übersetzung in: *Dammann/Mallmann/Simitis*, Data Protection Legislation, S. 129ff.

118 Entschließung vom 23.3.82, BT-Drucksache 9/1516, S. 1ff., 4; in diese Richtung auch *Brinckmann*, DuD 82, 157ff.

119 Die Bedenken von *Zöllner*, S. 15 hinsichtlich der Akzeptanz sind insoweit berechtigt.

120 SPD-Entwurf, DuD 84, 213.

Fortentwicklung des Datenschutzes[121] die Nutzung technischer Einrichtungen insoweit zu verbieten, als Persönlichkeitsbewertungen allein auf ein Persönlichkeitsprofil gestützt werden, das durch automatisierte Datenverarbeitung entstanden ist. So gut gemeint eine solche Regelung sein mag, so wenig wird sie in der Praxis umsetzbar sein. Der Begriff „Persönlichkeitsprofil" wird nicht zu definieren sein, erst recht wird er nicht justiziabel sein[122]. Dieser Vorschlag scheidet daher aus.

c. *Erweiterung der Mitbestimmungsrechte*

aa. Die einzelnen Vorschläge

Dem Ansatz, die Mitbestimmung des Betriebsrates insoweit auszudehnen, folgen die meisten der Vorschläge. Bereits *Simitis*[123] und *Kilian*[124] haben angeregt, die Planung, Entwicklung und Einführung von Personalinformationssystemen und die Auswertung von Personaldaten durch technische Einrichtungen der Mitbestimmung des Betriebsrates in § 87 Abs. 1 Nr. 6 BetrVG ausdrücklich zu unterstellen. Im Personalvertretungsrecht haben drei Bundesländer bisher diesen Ansatzpunkt in unterschiedlicher Weise aufgegriffen. Das novellierte Hessische PersVG gibt dem Personalrat in § 61 Abs. 1 Nr. 17[125] ein Mitbestimmungsrecht bei der Einführung, Anwendung, Änderung oder Erweiterung von automatisierter Verarbeitung personenbezogener Daten der Beschäftigten oder von sonstigen technischen Einrichtungen, soweit diese dazu geeignet sind, das Verhalten oder die Leistung der Beschäftigten zu überwachen. Nach der Änderung des nordrheinwestfälischen PersVG setzt die Mitbestimmung des Personalrats gemäß § 72 Abs. 3 Nr. 1[126] erst ein, wenn es um die Einführung, Anwendung, *wesentliche* Erweiterung oder *wesentliche* Änderung von automatisierter Verarbeitung personenbezogener Daten der Beschäftigten geht. Das geänderte rheinland-pfälzische Personalvertretungsgesetz schließlich läßt in § 77a Abs. 1 Nr. 5[127] die Mitbestimmung bei der Einführung und Anwendung von Personalinformationssystemen zu. Auf den insbesondere um die hessische Novelle entbrannten verfas-

---

121 Entwurf v. 14.2.85, Landtags-Drucks. 9/4075, zitiert nach *Walz*, ArbuR 85, 233ff., 238.

122 *Walz*, ArbuR 85, 233ff., 238.

123 *Simitis*, Gutachten, S. 186 unter Pkt. 4.

124 *Kilian*, Personalinformationssysteme in deutschen Großunternehmen, S. 292 unter Pkt. 15.61.

125 Änderungsgesetz zum Hessischen PersVG vom 11.7.84, GVBl I, S. 181ff., 185. Der Hessische Staatsgerichtshof hat in seinem Urteil v. 30.4.86 die Mitbestimmung hinsichtlich der technischen Überwachung mit der Hessischen Verfassung für vereinbar erklärt, nicht jedoch die generelle Mitbestimmung bei automatisierter Verarbeitung, siehe Die Personalvertretung 1986, S. 227ff., 248ff.

126 GVBl Nr. 3 vom 21.1.85, S. 29ff., 33f.; dazu auch *Wahlers*, Die Personalvertetung 85, 177ff.

127 GVBl Nr. 9/85, S. 113ff.; dazu *Herbig*, Die Personalvertretung 85, 353ff., 354f.

sungsrechtlichen Streit[128], ob diese Regelungen mit dem Prinzip der Volkssouveränität und dem Demokratieprinzip vereinbar sind, kann hier nicht näher eingegangen werden, weil dies personalvertretungsrechtliche Spezifika sind, die für den Datenschutz in der Privatwirtschaft keine Rolle spielen.

Der SPD-Entwurf läßt in § 25b[129] BDSG die Mitbestimmung des Betriebsrates bei Einführung und Anwendung, Änderung und Erweiterung von Dateien mit personenbezogenen Daten der Arbeitnehmer sowie von Anlagen zur automatisierten Verarbeitung personenbezogener Daten der Arbeitnehmer eingreifen. An diesem Entwurf stört schon der Standort der Regelung. Es leuchtet nicht ein, warum ein Mitbestimmungsrecht in das BDSG und nicht in das BetrVG aufgenommen werden soll. Zwar darf die Art und Weise der Gesetzestechnik nicht das vorrangige Kriterium sein[130], diese Gesetzestechnik ist jedoch ein Beispiel dafür, wie der Gesetzgeber die Normenflut selbst produzieren könnte, denn wegen des Standorts im BDSG muß der Entwurf in § 25b Abs. 2 die Zuständigkeit der Einigungsstelle und die Verbindlichkeit ihres Spruchs gesondert regeln. Dies wäre bei einer Einordnung in § 87 BetrVG wegen § 87 Abs. 2 BetrVG überflüssig.

bb. Entbehrlichkeit einer gesetzlichen Regelung im Hinblick auf die neuere Rechtsprechung des Bundesarbeitsgerichts

Für alle genannten Gesetzesvorhaben stellt sich die Frage, ob sie im Hinblick auf die neuere Rechtsprechung des Bundesarbeitsgerichts zu § 87 Abs. 1 Nr. 6 BetrVG noch erforderlich sind. Wie berichtet[131], hat das Bundesarbeitsgericht[132] den Mitbestimmungstatbestand als erfüllt angesehen, wenn entweder das Sammeln oder das Auswerten von Leistungs- oder Verhaltensdaten auf technischem Wege erfolge. Der Schutzzweck der Norm gebiete es, sowohl bei der Ermittlung von Leistungs- oder Verhaltensdaten durch technische Einrichtungen als auch bei der technischen Auswertung von manuell erhobenen Leistungs- oder Verhaltensdaten jeweils eine mitbestimmungspflichtige Überwachung anzunehmen. Die Gefahren für die Persönlichkeitsrechte der Arbeitnehmer bei der technischen Auswertung von Leistungs-

---

[128] Verfassungswidrigkeit nimmt z.B. an *Kisker*, Die Personalvertetung 85, 137ff.; anderer Auffassung *Schröder*, Der Personalrat 85, 115ff., 117; *Bobke*, Der Personalrat 85, 4ff. Siehe nunmehr das Urt. des Hessischen Staatsgerichtshofes v. 30.4.86, Die Personalvertretung 1986, S. 227ff.

[129] SPD-Entwurf, DuD 84, 217; weitergehend der SPD-Entwurf zum Ausbau der betrieblichen Mitbestimmung in § 87 Nr. 2 u. 3 BetrVG, BT-Drucksache 10/3666, S. 5 und der Parallelentwurf der SPD zum Ausbau der Mitbestimmung im öffentlichen Dienst in § 75 Abs. 3 BPersVG, BT-Drucks. 10/4689, S. 6.

[130] *Zöllner*, S. 3.

[131] Siehe oben Teil 2 B V 1.

[132] BAG, Beschl. v. 14.9.84 – 1 ABR 23/82 – DB 84, 2513ff., 2125 = BB 85, 193ff. = NZA 85, 28ff. = NJW 85, 450ff. = BlStSozArbR 85, 49ff. = EzA Nr. 11 zu § 87 BetrVG 1972 Kontrolleinrichtung mit zust. Anm. von *Löwisch/Rieble* = AP Nr. 9 zu § 87 BetrVG 1972 Überwachung mit kritischer Anmerkung von Richardi.

oder Verhaltensdaten rechtfertigen das Mitbestimmungsrecht des Betriebsrates[133]. Zur Überwachung bestimmt sei eine technische Einrichtung schon dann, wenn sie Daten zu Aussagen über Verhalten oder Leistung verarbeite. Nicht erforderlich sei, daß die technische Einrichtung selbst eine Bewertung, etwa den Vergleich von Daten eines Arbeitnehmers mit denen anderer Mitarbeiter oder einer vorgegebenen Norm, vornehme[134].

Die Kritik gegen dieses Urteil macht geltend, technische Überwachung setze kumulativ technische Informationserhebung und technische -auswertung voraus[135]. Außerdem sei die Bestimmung zur Überwachung nur gegeben, wenn die technische Einrichtung unmittelbar zur Überwachung genutzt werden solle[136]. An der Unmittelbarkeit fehle es, wenn die Daten zunächst manuell erhoben würden.

Der erste Einwand überzeugt deshalb nicht, weil unabhängig von der Art der Erhebung bereits das vollständige Sammeln von Informationen in technischen Anlagen zur Überwachung führt, da sie den Betroffenen das Gefühl des „Überwachtseins" gibt und damit gerade zu der Persönlichkeitsgefährdung führt, die der Gesetzgeber mit Hilfe des § 87 Abs. 1 Nr. 6 BetrVG vermeiden wollte. Dies verdeutlicht auch ein Vergleich mit der ständigen Beobachtung durch eine Filmkamera, denn dort ist nicht erforderlich, daß der Arbeitgeber die Filmaufnahmen tatsächlich ansieht[137], also auswertet, sondern es reicht, wenn aus der Perspektive des Arbeitnehmers die Gefahr besteht, daß dies jederzeit geschehen könnte. Aus diesem Grund ist eine Einrichtung schon dann zur Überwachung bestimmt, wenn mit ihr die Sammlung von Leistungs- und Verhaltensdaten bezweckt ist und die Auswertung nur ein *möglicher Nebeneffekt* der Datenerhebung ist. Die subjektive Zwecksetzung des Arbeitgebers hinsichtlich der Auswertung kann keine Rolle spielen, weil diese den Arbeitnehmern nicht erkennbar ist und daher den zu Persönlichkeitsgefährdungen führenden Überwachungsdruck nicht aufheben kann.

Aufgreifbar ist die Begründung des Bundesarbeitsgerichts aber deshalb, weil das Gericht selbst in früheren Entscheidungen die Bestimmung zur Überwachung nur angenommen hat, wenn die technische Einrichtung zur Über-

---

[133] BAG, DB 84, 2514.

[134] BAG, DB 84, 2516; ebenso etwa *Jobs*, DB 83, 2397 ff., 2309; *Kilian*, NJW 85, 453.

[135] *Ehmann*, NZA-Beilage 1/85, S. 2 ff., 7 f.; *Weng*, DB 85m 1341 ffm 1342 f.; *Hunold*, BB 85, 195 ff., 196; *Samland*, NZA-Beilage 1/85, S 11 ff., 12 f.

[136] *Hesse*, NZA-Beilage 1/85, S. 15 ff., 15 f.; *Schmidt-Dorrenbach/Goos*, DB-Beilage 11/83, S. 1 ff., 5 f.; *Richardi*, Anm. zu BAG AP Nr. 9 zu § 87 BetrVG 1972 Überwachung.

[137] BAG, Beschl. v. 14.5.74 – 1 ABR 45/73 – AP Nr. 1 zu § 87 BetrVG 1972 Überwachung mit zustimmender Anmerkung von *Wiese*. Zutreffend stellt deshalb BAG, Beschl. v. 18.2.1986 – 1 ABR 21/84 – DB 86, 1178 ff., 1179 auf den Überwachungsdruck ab.

wachung *unmittelbar* geeignet sei[138], das heißt im Kern selbst die Überwachung bewerkstelligen müsse.

Der Wortlaut des § 87 Abs. 1 Nr. 6 BetrVG enthält jedoch keinen Anhaltspunkt dafür, daß die Bestimmung zur Überwachung nur gegeben sein soll, wenn die technische Einrichtung *unmittelbar* die Überwachung bewerkstelligt[139]. Dies wäre auch nicht recht verständlich, weil allein entscheidend ist, ob der Arbeitnehmer der technischen Einrichtung ausweichen kann, ohne Sanktionen befürchten zu müssen. Ebensowenig wie es keine Rolle spielen kann, ob der Arbeitgeber die Filmkamera selbst anstellt oder den Arbeitnehmer anweist, sie bei Arbeitsbeginn anzustellen[140], muß es unerheblich sein, ob die EDV-Anlage die Daten selbst erhebt, oder der Arbeitgeber den Arbeitnehmer zwingt, seine Daten dort einzugeben oder die Eingabe durch Dritte zu dulden. Das Bundesarbeitsgericht hat daher im Ergebnis zu Recht auf das Unmittelbarkeitskriterium verzichtet und ein Mitbestimmungsrecht bei der technischen Verarbeitung von Leistungs- und Verhaltensdaten angenommen. Dies gilt auch, wenn die Daten anläßlich von Datensicherungsmaßnahmen gemäß § 6 BDSG, etwa bei der Zu- und Abgangskontrolle zu EDV-Räumen, gewonnen werden[141]. Voraussetzung ist in allen Fällen, daß die Daten durch Personenkennziffer oder ähnliches einer Person zugeordnet sind[142].

Aufgrund der Klärung der Rechtslage durch die Rechtsprechung kann eine Mißachtung des Mitbestimmungsrechts in den beschriebenen Fällen eine grobe Pflichtverletzung im Sinne des § 23 Abs. 3 BetrVG sein[143].

Zu Recht wird darauf aufmerksam gemacht, daß aufgrund dieser Rechtsprechung der größte Teil der Personaldatenverarbeitung in automatischen Datenverarbeitungsanlagen mitbestimmungspflichtig wird, da sich eine Vielzahl von Arbeitnehmerdaten zu Aussagen über das Verhalten oder die Leistung auswerten lassen[144]. So gehören hierzu etwa Gesundheitsdaten, die zu Aussagen über die Leistungsfähigkeit verarbeitet werden können, ebenso wie Daten über Fehlzeiten, mit deren Hilfe Erkenntnisse über das Verhalten ge-

---

138 z.B. BAG, Beschl. v. 9.9.75 – 1 ABR 20/74 – AP Nr. 2 zu § 87 BetrVG 1972 Überwachung; *Samland*, NZA-Beilage 1/85, S. 11ff., 12; *Klebe*, NZA 85, 44ff., 45f.; *Ehmann*, NZA-Beilage 1/85, S. 2ff., 7.

139 Zutreffend LAG Frankfurt, Beschl. v. 1.9.83 – 4 TaBV 9/83 – DB 84, 459ff., 459f.; *Apitzsch/Schmitz*, DB 84, 983ff., 983; *Klebe*, NZA 85, 44ff., 46; *Schwarz*, Arbeitnehmerüberwachung, S. 113ff., 117; *Braun*, BlStSozArbR 85, 54ff., 57.

140 In der Multimomentfilmkamera-Entscheidung hatte der Arbeitnehmer ebenfalls die theoretische Möglichkeit, die Kamera abzustellen, siehe BAG, Beschl. v. 14.5.74 – 1 ABR 45/73 – AP Nr. 1 zu § 87 BetrVG 1972 Überwachung mit zust. Anm. von *Wiese*.

141 VGH Mannheim, Beschl. v. 6.10.81 – 15 S 218/81 – NJW 82, 1606.

142 BAG, Beschl. v. 10.4.84 – 1 ABR 69/82 – DB 84, 2097f. = BB 85, 121 = BlStSozArbR 85, 117; *Ehmann*, FS Hilger/Stumpf, S. 125ff.

143 ArbG Braunschweig, Beschl. v. 6.2.85 – 2 BVGa 1/85 – DB 85, 1487f.

144 *Ehmann*, NZA-Beilage 1/85, S. 2ff., 8; *Gola/Hümmerich*, Personaldatenrecht im Arbeitsverhältnis, S. 24.

wonnen werden können[145]. Sind entsprechende Auswertungen möglich, handelt es sich um die *Anwendung* der technischen Einrichtung zur Überwachung[146].

Trotz dieses Befundes ist eine gesetzliche Regelung nicht völlig entbehrlich. Die Anknüpfung an Leistungs- und Verhaltensdaten bietet keine Gewähr dafür, jede Form der Kontrolle durch automatisierte Datenverarbeitung zu erfassen. Leistungs- und Verhaltensdaten sind keine klar abgegrenzte Kategorie von Daten[147] und die Einordnung hängt überdies von den im vorhinein nicht bekannten Verwendungszwecken ab.

Verschiedene Autoren wollen im Gegensatz zum Bundesarbeitsgericht Leistungs- und Verhaltensdaten restriktiv interpretieren. So wird vertreten, daß Verhaltensdaten, die nicht die Arbeitsleistung betreffen, von § 87 Abs. 1 Nr. 6 nicht erfaßt würden[148]. Verhaltensdaten sollen nur solche sein, die Anlaß für eine verhaltensbedingte Kündigung sein könnten[149]. Statusdaten, wie Geburtsdatum, Familienstand oder Religionszugehörigkeit sollen ebenfalls nicht zu den mitbestimmungspflichtigen Leistungs- und Verhaltensdaten gehören[150]. Dies leuchtet nicht ein, weil auch die Überwachung außerbetrieblicher Umstände, etwa des Pausen- und Freizeitverhaltens, in die Persönlichkeitssphäre der Arbeitnehmer eingreift und sogar zu verhaltensbedingten Kündigungen, etwa bei tendenzfeindlichem Verhalten des Mitarbeiters eines Tendenzbetriebes, führen kann. Ebenso können Statusdaten, etwa das Geburtsdatum, durch Verknüpfung mit Daten über Fehlzeiten zu Aussagen über Verhalten und Leistung in Abhängigkeit vom Alter verarbeitet werden.

So wenig überzeugend solche restriktiven Interpretationen daher sind[151], so sehr verdeutlichen sie doch die Notwendigkeit gesetzlich klarzustellen, daß jede Form der Datenverarbeitung, die zur Überwachung durch den Arbeitgeber führen kann, mitbestimmungspflichtig ist.

Hinzu kommt noch, daß eine gesetzliche Neuregelung die Zweifel, die die Rechtsprechung durch die Einführung und anschließende Aufgabe des Unmittelbarkeitskriteriums verursacht hat, beseitigen könnte. Auf eine gesetzliche Regelung sollte deshalb nicht verzichtet werden.

---

145 *Simitis*, NJW 85, 401 ff., 406.

146 So jetzt ausdrücklich BAG, Beschl. v. 23.4.85 – 1 ABR 39/81 – DB 85, 1897 f., 1898 (TÜV-Prüfbelege) und BAG, Beschl. v. 23.4.85 – 1 ABR 2/82 – DB 85, 1898 ff., 1900.

147 *Simitis*, NJW 85, 401 ff., 406; *Küpferle*, ArbuR 86, 62 ff., 64.

148 *Müllner*, DB 84, 1677 ff., 1678; *Matthes*, RDV 85, 16 ff., 21.

149 *Müllner*, DB 84, 1677 ff., 1677.

150 *Fitting/Auffarth/Kaiser*, § 87 Rn 75 a.E.

151 Zu Recht kritisch deshalb *Klebe*, DB 86, 380 ff., 381 f.

cc. Inhalt der Neuregelung

Aus den bereits angesprochenen Gründen sollte die Mitbestimmung unabhängig davon bestehen, ob eine technische Anlage die Daten unmittelbar selbst erhebt oder eine manuelle Erhebung vorgeschaltet ist. Ferner darf es nicht darauf ankommen, ob eine Kontrolle mit Hilfe der Datenverarbeitung auch beabsichtigt ist.

Allein die Möglichkeit der Kontrolle durch maschinelle Auswertung der Daten schafft den Überwachungsdruck, der die Persönlichkeitssphäre der Arbeitnehmer beeinträchtigt.

Deshalb und aufgrund der bereits geschilderten Gefahren elektronischer Datenverarbeitung[152] bedarf die Einführung und Anwendung von elektronischen Datenverarbeitungsanlagen, soweit sie eine Kontrolle der Arbeitnehmer ermöglichen, der Mitbestimmung des Betriebsrates. Die Mitsteuerung des Einsatzes solcher Anlagen durch den Betriebsrat ist am besten in der Lage, Eingriffe in die Persönlichkeitsrechte der Arbeitnehmer zu verhindern. Unbegründet sind die Befürchtungen, der Betriebsrat könne dadurch die Einführung von Personalinformationssystemen oder die Durchführung von Kontrollen mit Hilfe dieser Systeme gänzlich blockieren.

Aus betrieblichen Gründen unabweisbare technische Neuerungen lassen sich ebenso wie notwendige Kontrollen notfalls mit Hilfe der Einigungsstelle erzwingen[153]. Aufgabe des Betriebsrates wird es vielmehr vor allem sein, die Auswertung gespeicherter Daten sachgerecht zu begrenzen und über die Verwendung und Löschung der durch Auswertung und Verknüpfung gewonnenen Daten mitzubestimmen. Da Persönlichkeitsbeeinträchtigungen in erster Linie durch automatisierte Datenverarbeitung zu befürchten sind, sollte die Mitbestimmung auf diesen Bereich beschränkt bleiben.

Bei der Formulierung des Mitbestimmungstatbestandes erscheint es weniger sinnvoll, an die Einführung und Anwendung von Personalinformationssystemen anzuknüpfen. Eine allgemein gültige Definition des Begriffs Personalinformationssystem gibt es nicht[154], mit ihm können die verschiedensten Systeme gemeint sein[155], angefangen von der schlichten Adressenkartei in elektronischer Form bis zum komplizierten technischen Überwachungssystem.

---

[152] In Teil 1 C III.

[153] *Otto* in: Rechtswissenschaft und Rechtsentwicklung, S. 227ff., 236.

[154] *Franz,* S. 8; *Gola,* BB 80, 584ff.; 585; *Freund,* S. 7f.; *Kilian* in: Personalinformationssysteme in Wirtschaft und Verwaltung, DVR-Beiheft 13, S. 1ff., 2; *Schuster* in: *Jobs/Samland,* S. 4.

[155] *Freund,* S. 7ff.

Die Änderung sollte stattdessen innerhalb des § 87 Abs. 1 Nr. 6 BetrVG klarstellen, daß auch die automatisierte Verarbeitung von personenbezogenen Daten der Arbeitnehmer, soweit sie zu einer Überwachung führen kann, mitbestimmungspflichtig ist.

3. Begrenzung des externen und internen Datenflusses und der Datenverwendung

a. Technische Schutzbestimmungen

Kilian[156] hält es für sinnvoll, den Datenfluß in Bezug auf Gesundheitsdaten zu begrenzen. Erforderlich sei eine Abschottung des betriebsärztlichen Informationssystems von allen übrigen Informationssystemen, um die Schweigepflicht des Betriebsarztes gemäß § 8 Abs. 1 Satz 2 ArbSichG in Verbindung mit § 203 StGB zu gewährleisten und den Gesundheitsdatenaustausch zwischen Betriebsarzt auf der einen Seite und Personalabteilung und Unternehmensleitung auf der anderen Seite auf das zulässige Maß, also die Eignungsaussagen[157], zu beschränken. Die Abschottung soll durch technische Maßnahmen nach der Anlage zu § 6 BDSG bewirkt werden[158]. Für die Beurteilung des Vorschlages ist es zunächst wichtig, sich vor Augen zu führen, daß Gesundheitsdaten, die der Betriebsarzt über Arbeitnehmer gespeichert hat, grundsätzlich nur mit Einwilligung des Arbeitnehmers an den Arbeitgeber weitergegeben werden dürfen[159], da auch insoweit die ärztliche Schweigepflicht gilt[160]. Die durch die Teilnahme an der Untersuchung konkludent zum Ausdruck gebrachte Einwilligung umfaßt nur die Weitergabe des Untersuchungsergebnisses, also die Feststellung, ob der Betreffende gesundheitlich für die Arbeitsaufgabe geeignet ist und gesetzliche Beschäftigungsverbote nicht entgegenstehen[161]. So eindeutig die bisherige gesetzliche Situation[162] ist, so zweifelhaft ist, ob die Praxis entsprechend verfährt, besonders wenn man das Untersuchungsergebnis von *Kilian*[163] in Rechnung stellt, daß bei 41,8% der untersuchten Unternehmen Gesundheitsdaten, darunter auch Krankheitsbefund-, Diagnose- und Therapiedaten im zentralen Personalin-

---

156 *Kilian*, Personalinformationssysteme in deutschen Großunternehmen, S. 286ff.; ebenso *Baumann*, Achter Tätigkeitsbericht, BT-Drucks. 10/4690, S. 18.

157 Vgl. im einzelnen oben Teil 2 B VI 2.

158 *Kilian*, S. 288.

159 *Budde*, DB 85, 1529ff., 1530 und im einzelnen Teil 2 B VI 2.

160 *Fritsche*, Die rechtliche Stellung der Betriebsärzte im Unternehmen, S. 47ff., *Wegener*, Der Betriebsarzt, S. 103ff.

161 *Budde*, DB 85, 1529ff., 1532.

162 In Zukunft wäre nach dem unter Teil 3 A II 1 b gemachten Vorschlag die ausdrückliche schriftliche Einwilligung erforderlich. Dafür wohl auch *Budde*, DB 85, 1529ff., 1530f. und *Kilian*, BB 80, 893ff.

163 *Kilian*, Personalinformationssysteme in deutschen Großunternehmen, S. 99.

formationssystem gespeichert waren mit der jederzeitigen Zugriffsmöglichkeit durch die Personalabteilung.

Gesundheitliche Daten gehören zu den sensibelsten Daten, deren Schutzwürdigkeit schon lange vor dem BDSG durch § 203 StGB anerkannt war. Insofern ist der Ausschluß von Mißbräuchen besonders wichtig, zumal aus Gesundheitsdaten abgeleitete Prognosen das Fortkommen des Arbeitnehmers im Betrieb ganz erheblich beeinträchtigen können. Am sichersten ist dies zu gewährleisten, wenn bereits aus technischen Gründen ein Zugriff auf Gesundheitsdaten, die der Betriebsarzt gespeichert hat, nicht möglich ist. Eine Beeinträchtigung der Arbeitgeberinteressen brächte dies nicht mit sich, denn es würde nur das technisch ausgeschlossen, was rechtlich ohnehin nicht zulässig ist.

Sinnvoll erscheint es folglich, in den Katalog der technischen und organisatorischen Datensicherungsmaßnahmen der Anlage zu § 6 BDSG die Verpflichtung aufzunehmen, das betriebsärztliche Informationssystem von allen anderen betrieblichen Informationssystemen zu trennen und den Zugriff der Personalabteilung oder anderer Personen als der des Betriebsarztes technisch auszuschließen[164].

Darüber hinaus erscheint erwägenswert, ob eine solche technische Abschottungsvorschrift nicht für das Personalinformationssystem im Verhältnis zu allen anderen betrieblichen Informationssystemen eingeführt werden sollte. Berücksichtigt man, daß durch die zunehmende Ausstattung von Arbeitsplätzen mit Bildschirmterminals eine große Zahl von Mitarbeitern Zugang zu der Rechenanlage hat, an die auch das Personalinformationssystem meist angeschlossen ist, so böte eine technische Abschottung effektiven Schutz gegen Mißbrauch von Personaldaten durch Arbeitskollegen oder durch an die Rechenanlage angeschlossene abrufberechtigte Dritte.

b. Strengere Zweckbindung

aa. Zweckzusammenhang als einziges Verarbeitungskriterium

Wie berichtet[165], läßt das BDSG als Verarbeitungskriterium neben der Zweckbestimmung des Arbeitsverhältnisses in §§ 23, 24 berechtigte Interessen der speichernden Stelle bzw. berechtigte Interessen Dritter zu. Verschiedentlich wird jedoch gefordert[166], im laufenden Arbeitsverhältnis aus-

---

164 In diese Richtung auch *Kilian*, BB 81, 985ff., 991; *ders.*, BB 80, 893ff., 895.

165 Oben Teil 2 B I 3 a; a. A. etwa *Kroll*, S. 79ff.

166 *Simitis*, Gutachten, S. 119 und S. 189 Pkt. 11; Stellungnahme der Datenschutzbeauftragten vom 27./28.3.84, DÖV 84, 504ff., 509 = DuD 84, 207ff.; *Baumann*, 8. Tätigkeitsbericht, BT-Druck. 10/490, S. 18.

schließlich die Zweckbestimmung als Zulässigkeitsnorm zu akzeptieren. Auf dieser Linie liegt auch die Datenschutzkonvention des Europarates, die in Art. 5b[167] vorschreibt, daß Daten für festgelegte und rechtmäßige Zwecke gespeichert sein müssen und nicht so verwendet werden dürfen, daß es mit diesen Zwecken unvereinbar wäre. Der SPD-Entwurf präzisiert die Zweckbestimmung noch, indem § 25a Abs. 1[168] die Verarbeitung nur erlaubt zur Eingehung, Durchführung, Beendigung und Abwicklung des Arbeitsverhältnisses. Die Wichtigkeit des Zweckbindungsprinzips als Datenschutznorm hebt schließlich das Bundesverfassungsgericht im Volkszählungsurteil[169] hervor.

Durch die Ratifizierung der *Datenschutzkonvention*[170] ist die Bundesrepublik verpflichtet, das nationale Datenschutzrecht im Rahmen des Art. 5b der Konvention zu halten. Die dort aufgestellte Voraussetzung, daß die Datennutzung nicht unvereinbar mit dem Speicherungszweck sein dürfe, geht freilich etwas weiter als die Zweckbindung in den §§ 23, 24 BDSG, weil nicht die positive Zweckimmanenz verlangt wird, sondern nur, daß die Verarbeitung nicht mit dem Vertragszweck unvereinbar ist. Auf der anderen Seite kennt die Datenschutzkonvention keine Verarbeitungserlaubnis aufgrund berechtigter Interessen, wie es die §§ 23 und 24 Abs. 1 BDSG jeweils in der dritten Erlaubnisalternative vorsehen.

Die Übernahme der Regelung der Datenschutzkonvention würde damit eine begrüßenswerte Verstärkung des Zweckbindungsgrundsatzes bedeuten. Eine Verarbeitung unabhängig vom Vertragszweck wäre nicht mehr möglich. Möglich bliebe aber die bisher aufgrund berechtigter Interessen zugelassene Verarbeitung dann, wenn keine Unvereinbarkeit mit dem Speicherungszweck vorläge[171]. Daß diese Möglichkeit bestehen sollte, sei am Beispiel *Zöllners*[172] illustriert, in dem der Arbeitgeber den Strafverfolgungsbehörden Informationen über gegen ihn begangene Straftaten von Arbeitnehmern mitteilen will.

Andererseits sollte man sich darüber klar sein, daß im Regelfall das arbeitsvertragliche Verhältnis den Verarbeitungsrahmen bildet und die berechtigten Interessen nur ausnahmsweise als Rechtfertigungsgrund in Betracht kommen[173]. Um dies deutlich zum Ausdruck kommen zu lassen und der Datenschutzkonvention Genüge zu tun, ist es sinnvoll die Datenverarbeitung aufgrund berechtigter Interessen als Ausnahme zu deklarieren und unter den

---

167 BT-Drucksache 10/2118, S. 9.
168 SPD-Entwurf, DuD 84, 216.
169 BVerfG, Urt. v. 15.12.83 – 1 BvR 209/83 u.a. – NJW 84, 419ff., 422f.
170 Gesetz vom 13.3.85, BGBl Teil II 1985, 538ff.
171 Ebenso *Auernhammer*, DuD 84, 5ff., 8.
172 *Zöllner*, S. 55.
173 *Sproll*, S. 148ff.

Vorbehalt zu stellen, daß auch in diesem Fall die Verarbeitung mit dem Speicherungszweck nicht unvereinbar sein darf[174]. Außerdem erscheint eine Konkretisierung des Begriffs der Zweckbestimmung dahingehend nützlich, daß die Verarbeitung der Eingehung, Durchführung, Beendigung und Abwicklung des Arbeitsverhältnisses dienen muß.

bb. Ausdehnung der Zweckbindung auf den Empfänger

Eine Schutzlücke im Gesetz besteht darin, daß bei der Übermittlung von Daten der Datenempfänger bisher nicht an den Erhebungs- und Verwendungszweck gebunden ist[175]. So sind die Daten nach der bisherigen Rechtslage weitgehend frei nutzbar. Deshalb ist der Vorschlag im Referentenentwurf aus dem Jahre 1983 zu begrüßen, in § 24 Abs. 4 BDSG[176] festzulegen, daß der Datenempfänger zu verpflichten ist, die Daten nur insoweit zu nutzen, als dies mit dem Zweck, zu dessen Erfüllung sie ihm zulässigerweise übermittelt werden, vereinbar ist[177].

c. *Schutz bei der Übermittlung von Sozialdaten im Kündigungsschutzprozeß*

Das Recht des Arbeitgebers, im Kündigungsschutzprozeß Sozialdaten vergleichbarer Arbeitnehmer an das Arbeitsgericht zu übermitteln, folgt wie oben dargestellt[178], aus seiner prozessualen Darlegungs- und Beweislast, die den Charakter einer Erlaubnisvorschrift im Sinne des § 3 Nr. 1 BDSG hat[179]. Rechtspolitische Bedenken ergeben sich insofern, als damit höchstpersönliche Daten, an deren Geheimhaltung die Betroffenen ein schutzwürdiges Interesse haben, etwa Unterhaltspflichten für außereheliche Kinder, in öffentlicher Hauptverhandlung erörtert werden[180].

Vor den ordentlichen Gerichten besteht aufgrund des § 172 Nr. 2 GVG[181] die Möglichkeit, die Öffentlichkeit auszuschließen, wenn Umstände aus dem persönlichen Lebensbereich eines Betroffenen zur Sprache kommen, deren

174 Ohne diese Einschränkungen und daher zu weitgehend §§ 23 Abs. 1 Nr. 2, 24 Abs. 1 Nr. 2 des gemeinsamen Entwurfs der Fraktionen von CDU/CSU und F.D.P. v. 28.1.86, BT-Drucks. 10/4737, S. 12f.

175 Weshalb eine Vertiefung des Zweckbindungsgrundsatzes erforderlich ist, so zutreffend *Auernhammer*, DuD 84, 5ff., 7.

176 DuD 83, 260ff., 272; ebenso bereits der CDU/CSU-Entwurf v. 24.1.80, BT-Drucks. 8/3608, S. 5; übernommen auch in § 24 Abs. 3 des gemeinsamen Entwurfs der Fraktionen von CDU/CSU und F.D.P. v. 28.1.86, BT-Drucks. 10/4737, S. 13.

177 Ebenso bislang schon die Regelung für das sozialrechtliche Verfahren in § 78 SGB X; dazu *Mallmann/Walz*, NJW 81, 1020ff., 1024.

178 Vgl. oben Teil 2 B VII 1 und die dortigen Nachweise.

179 BAG, Urt. v. 24.3.83 – 2 AZR 21/82 – DB 83, 1822ff., 1823 = EzA Nr. 21 zu § 1 KSchG Betriebsbedingte Kündigung = NJW 84, 78ff.

180 *Rasch*, DB 82, 2296f., 2297.

181 In der seit dem 1.1.1975 geltenden Fassung, BGBl I 1974, S. 469ff., 521. Zum Ganzen *Mertens*, NJW 80, 2687f.

öffentliche Erörterung überwiegende schutzwürdige Interessen verletzen würde. Im arbeitsgerichtlichen Verfahren gibt es eine solche Möglichkeit nicht, weil § 52 ArbGG den Ausschluß der Öffentlichkeit nur bei Gefährdung der öffentlichen Ordnung, der Sittlichkeit oder bei Betriebs-, Geschäfts- oder Erfindungsgeheimnissen zuläßt und auch nicht auf § 172 GVG, wohl aber auf § 169 S. 2 und §§ 173 bis 175 GVG verweist. Gegen ein bloßes Redaktionsversehen spricht die Änderung des § 52 ArbGG durch die Beschleunigungsnovelle des Jahres 1979[182]. § 52 a.F. ArbGG enthielt kein ausdrückliches Verbot von Fernseh-, Rundfunk- und sonstigen Ton- und Filmaufnahmen und verwies auch nicht auf die entsprechende Verbotsvorschrift des § 169 S. 2 GVG. Dies wurde als Mangel angesehen. Deshalb wurde in § 52 Satz 4 ArbGG neben §§ 173 bis 175 GVG zusätzlich auch § 169 S. 2 GVG für entsprechend anwendbar erklärt[183]. Eine Ergänzung im Hinblick auf § 172 Nr. 2 GVG wurde jedoch nicht in Betracht gezogen.

Warum die durch diese Vorschrift vor den ordentlichen Gerichten gegebene Möglichkeit, die Öffentlichkeit zum Schutz der Privatsphäre auszuschließen, im arbeitsgerichtlichen Verfahren nicht bestehen sollte, ist nicht ersichtlich. Daher ist § 52 ArbGG der Regelung des § 172 Nr. 2 GVG anzupassen.

d. Regelungen für die unternehmensinterne Datenübermittlung

Dieser Bereich ist bisher in der Literatur und bei den Novellierungsvorschlägen vernachlässigt, wenn nicht gar ausgeklammert worden. Gleichwohl muß sichergestellt werden, daß nur wenige unternehmensangehörige Arbeitnehmer von den die Persönlichkeitssphäre ihrer Arbeitskollegen tangierenden Daten Kenntnis nehmen. Die Schutzbedürftigkeit ist gerade bei Großbetrieben ganz erheblich, da die Mißbrauchsgefahr durch Anonymität und Unüberschaubarkeit begünstigt wird. Die Mißbrauchsgefahr wird mit der fortschreitenden Ausstattung der Arbeitsplätze mit eigenen Datenterminals zunehmen, da damit eine wachsende Zahl von Arbeitnehmern Zugang zur elektronischen Datenverarbeitungsanlage des Unternehmens bekommt.

Die Schutzlücken sind erheblich[184], besonders wenn man bedenkt, daß § 5 BDSG nur die bei der Datenverarbeitung beschäftigten Personen erfaßt[185].

Eine Lösung bestünde darin, die unternehmensinterne Datenübermittlung den gleichen Voraussetzungen zu unterwerfen wie die externe Datenüber-

---

[182] Gesetz zur Beschleunigung und Bereinigung des arbeitsgerichtlichen Verfahrens vom 21.5.1979, BGBl I, S. 545ff.

[183] *Stahlhacke* in: Handbuch zum Arbeitsrecht, Bd. 5, Gruppe 21, ArbGG, § 52 Rn 3; *Rohlfing/Rewolle*, ArbGG, § 52 Anm. 4.

[184] Vgl. im einzelnen oben Teil 2 B VI 3 und *Garstka*, ZRP 78, 237ff., 240.

[185] Dazu *Dammann* in: *Simitis/Dammann/Mallmann/Reh*, § 5 Rn 6.

mittlung[186], also die Übermittlung im wesentlichen von der Zweckbestimmung des Arbeitsvertrages abhängig zu machen. Es soll nicht bestritten werden, daß mit diesem Vorschlag an einer der Grundfesten des BDSG gerüttelt wird, das bisher säuberlich zwischen der Übermittlung an außenstehende Dritte und innerhalb der speichernden Stelle unterschieden hat.

Die Auswirkungen dieses Vorschlages sind keineswegs so umwälzend wie es auf den ersten Blick scheinen mag. Die Übermittlung an diejenigen Unternehmensmitarbeiter, zu deren rechtmäßiger Aufgabenerfüllung die Bearbeitung von Personaldaten gehört, wäre durch die Zweckbestimmung des Arbeitsverhältnisses gedeckt, soweit die Übermittlung der Eingehung, Durchführung, Beendigung und Abwicklung des Arbeitsverhältnisses dient. Der zur Personalplanung und Personalsachbearbeitung erforderliche unternehmensinterne Informationsfluß wäre also gewährleistet wie bisher. Alle übrigen Informationswünsche, etwa die Bitte eines im Nebenamt als Bausparkassenvertreter tätigen Arbeitnehmers um Mitteilung von Arbeitnehmeranschriften, würden genauso behandelt wie Informationswünsche Externer. Damit würde auch die bisher nötige gekünstelte Konstruktion vermieden, daß ein Mitarbeiter Teil der speichernden Stelle ist, wenn die Datenverarbeitung zur dienstlichen Aufgabenerfüllung gehört, und gleichzeitig außenstehender Dritter, wenn die Datennutzung außerhalb der dienstlichen Funktion liegt[187], wobei die Einordnung in den dienstlichen oder privaten Bereich, wie das Beispiel der „Rennlisten" bei Versicherungsmitarbeitern zeigt[188], zusätzliche Schwierigkeiten macht. Die vorgeschlagene Lösung hätte den Vorteil, daß damit zugleich die erheblichen Schwierigkeiten bei der Qualifizierung des Informationsflusses zwischen Arbeitgeber und Betriebsrat und Arbeitgeber und Betriebsarzt behoben wären. In beiden Fällen läge jeweils Übermittlung vor, deren Rechtmäßigkeit anhand spezieller Erlaubnisvorschriften, etwa aus dem BetrVG, oder der allgemeinen Ermächtigungsnormen (§ 3 Nr. 2, § 24 BDSG) festgestellt werden könnte. Der praktisch unfruchtbare Streit, ob der Betriebsrat Teil der speichernden Stelle oder Dritter ist[189], wäre damit erledigt.

Ebenfalls aufgehoben wäre die unterschiedliche Behandlung der Datenverarbeitung im Konzern[190], die bisher daraus resultiert, daß bei Auftragsdatenverarbeitung durch die Konzernmutter der konzerninterne Datenaustausch aufgrund des § 1 Abs. 3 Nr. 2 BDSG kein Übermitteln an Dritte ist, während

186 So für arbeitsmedizinische Daten bereits *Wiese*, DuD 80, 17ff., 20; ansatzweise auch *Garstka*, ZRP 78, 237ff., 240f.

187 So die bisher übliche Differenzierung, *Dammann* in: *Simitis/Dammann/Mallmann/Reh*, § 2 Rn 157f.; *Ordemann/Schomerus*, § 2 Anm. 3.2. Siehe dazu bereits die kritischen Bemerkungen in Teil 2 B VI 3.

188 Oben Teil 2 B VI 3.

189 Dazu oben Teil 2 B VI 3 sowie *Auernhammer*, § 2 Rn 17.

190 Zu diesem Problem oben Teil 2 B VII 2 und *Wohlgemuth*, ArbuR 85, 239ff., 244.

ansonsten ein Übermitteln vorliegt, welches nach § 24 BDSG zu beurteilen ist, bzw. nach § 32 BDSG, wenn die Konzernzentrale die Daten geschäftsmäßig für fremde Zwecke verarbeitet und außerdem zur Übermittlung an die konzernangehörigen Unternehmen bereithält (§ 31 Abs. 1 Nr. 1 BDSG). Die Beseitigung der Privilegierung der Auftragsdatenverarbeitung im Konzern ist zudem deshalb sachgerecht, weil damit auch insoweit die Zweckbestimmung des Arbeitsverhältnisses das wichtigste Verarbeitungskriterium würde.

Die unternehmensinterne Datenübermittlung ist also in ihren Voraussetzungen der Datenübermittlung nach außen gleichzustellen.

e. *Mitbestimmung bei der Datennutzung*

Die Verwendung und Nutzung von Arbeitnehmerdaten soll nach verbreiteter Vorstellung dem Mitbestimmungsrecht des Betriebsrates unterstellt werden, um einer persönlichkeitsrechtsgefährdenden Verwendung der Daten entgegenzuwirken. *Simitis*[191] will über § 94 BetrVG die Mitbestimmung des Betriebsrates bei der Datenverwendung sichern. *Kilians*[192] Vorstellungen gehen dahin, die Mitbestimmung im Rahmen des § 95 BetrVG auf Computerprogramme auszudehnen, die bei der personellen Auswahl bei Einstellungen, Versetzungen und Kündigungen verwendet werden. Aus § 25b des SPD-Vorschalges[193] würde die Mitbestimmungspflichtigkeit der Datenverwendung ebenfalls folgen, denn dies wäre eine Frage der *Anwendung* eines Personalinformationssystems.

Ausgangspunkt der Untersuchung muß sein, inwieweit Mitbestimmungsrechte nach der gegenwärtigen Rechtslage bestehen und eine gesetzliche Regelung entbehrlich machen.

Dazu ist zunächst festzustellen, daß die Verwendung von Leistungs- oder Verhaltensdaten in elektronischen Datenverarbeitungsanlagen bereits jetzt aufgrund des § 87 Abs. 1 Nr. 6 BetrVG mitbestimmungspflichtig ist. Nach der zutreffenden, wenngleich nicht unumstrittenen Rechtsprechung des Bundesarbeitsgerichts[194] liegt eine mitbestimmungspflichtige technische Überwachungseinrichtung schon dann vor, wenn eine Datenverarbeitungsanlage

---

191 *Simitis*, Gutachten, S. 30f.

192 *Kilian*, Personalinformationssysteme in deutschen Großunternehmen, S. 218f. und S. 222 Pkt. 10.73.

193 SPD-Entwurf, DuD 84, 217; weitergehend der SPD-Entwurf zum Ausbau der betrieblichen Mitbestimmung, BT-Drucks. 10/3666. Nach dessen § 94 Nr. 2 besteht bei jeglicher Erstellung und Verwendung von personenbeziehbaren Arbeitnehmerdaten ein Mitbestimmungsrecht.

194 BAG, Beschl. v. 14.9.84 – 1 ABR 23/82 – DB 84, 2513ff. = NZA 85, 28ff. = BB 85, 193ff. (Technikerberichtsystem), dazu und zur Kritik an dieser Rechtsprechung oben Teil 3 A II 2 c bb.

personenbezogene Daten der Arbeitnehmer verarbeitet und zu ihrer Auswertung unter Leistungs- oder Verhaltensgesichtspunkten in der Lage ist. Die Mitbestimmung erstreckt sich gemäß § 87 Abs. 1 Nr. 6 BetrVG auf die *Anwendung* der technischen Überwachungseinrichtung. Die Datenverwendung und -nutzung ist Teil der Anwendung und daher mitbestimmungspflichtig[195]. Kernpunkt der Mitbestimmung ist damit die Frage, zu welchem Zweck die Leistungs- und Verhaltensdaten der Arbeitnehmer verarbeitet und insbesondere ausgewertet werden. Der Betriebsrat kann auf diese Weise wirksam die Datennutzung im Interesse der Belegschaft beeinflussen und begrenzen. Beispielsweise kann er verhindern, daß die Geburtsdaten der Arbeitnehmer zweckwidrig mit Daten über ihre Akkordleistung oder über geleistete Überstunden verknüpft werden. Die Mitbestimmung besteht – wie das Bundesarbeitsgericht[196] zutreffend entschieden hat – auch dann, wenn die Datenverarbeitungsanlage zunächst mitbestimmungsfrei oder unter Mißachtung des Mitbestimmungsrechts eingeführt worden ist. In diesem Fall kann der Betriebsrat für die Zukunft von seinem Mitbestimmungsrecht Gebrauch machen, soweit die Anlage zur Kontrolle verwendet werden kann.

Besteht die Dateinutzung in der Erstellung von Eignungs- und Fähigkeitsprofilen, handelt es sich um gemäß § 94 Abs. 2 BetrVG mitbestimmungspflichtige Beurteilungsgrundsätze[197].

Angesichts dessen erscheint es in der Praxis schwierig, den mitbestimmungsfreien Bereich auszugrenzen. Die Novellierungsvorschläge können somit weitgehend nur klarstellende Funktion haben[198]. Nach der Rechtsprechung bleiben lediglich die Anforderungsprofile, die der Arbeitgeber für einzelne Arbeitsplätze erstellen will, mitbestimmungsfrei[199]. Diese Entscheidung ist aus den oben geschilderten Bedenken[200] problematisch, wenn durch die Gestaltung der Anforderungsprofile praktisch schon eine Vorauswahl oder sogar eine endgültige Auswahl vorgegeben wird. Insoweit sollte ein Mitbestimmungsrecht des Betriebsrats bestehen. Dieses sollte ansetzen bei den Computerprogrammen, die für das Auswahlverfahren eingesetzt werden[201].

---

195 So nunmehr ausdrücklich BAG, Beschl. v. 23.4.85 – 1 ABR 39/81 – DB 85, 1897f., unter B. II. 6. der Gründe = BB 85, 1666f. = ArbuR 85, 194 (TÜV-Prüfbelege) und BAG, Beschl. v. 23.4.85 – 1 ABR 2/82 – DB 85, 1898ff., 1900 unter B. II. 5 a. E. der Gründe = BB 85, 1664ff.

196 BAG, Beschl. v. 23.4.85 – 1 ABR 39/81 – DB 85, 1897f., 1898 = BB 85, 1666f. = EzA Nr. 12 zu § 87 BetrVG 1972 Kontrolleinrichtung = ArbuR 86, 60ff. mit zustimm. Anmerkung von *Küpferle*.

197 *Dietz/Richardi*, § 94 Rn 41; sowie oben Teil 2 B V 2 und die dort aufgeführten Nachweise.

198 *Gola/Hümmerich*, Personaldatenrecht im Arbeitsverhältnis, S. 24.

199 BAG, Beschl. v. 31.5.83 – 1 ABR 6/80 – AP Nr. 2 zu § 95 BetrVG 72 mit kritischer Anmerkung von *Löwisch* = DB 83, 2311ff. = NZA 84, 49ff. = DuD 84, 143ff.

200 Siehe oben Teil 2 B V 2.

201 So für den bisherigen Rechtszustand schon *Otto* in: Rechtswissenschaft und Rechtsentwicklung, S. 227ff., 238.

Damit hätte der Betriebsrat bei durch Computerprogramme aufgestellten Anforderungsprofilen, die zu einer (Vor-)Auswahl der Bewerber führen, ein Mitbestimmungsrecht. Insofern scheint der Vorschlag von *Kilian* praktikabel, im Rahmen des § 95 BetrVG klarzustellen, daß bei der Personalauswahl verwendete Computerprogramme ebenso wie Auswahlrichtlinien mitbestimmungspflichtig sind[202].

Bisher mitbestimmungsfrei ist die Verwendung manuell verarbeiteter Daten. Da insoweit das Gefährdungspotential erheblich kleiner ist, weil Datenverknüpfung und -auswertung aus praktischen Gründen sehr viel umständlicher und zeitraubender sind, bedarf es diesbezüglich keines Mitbestimmungsrechts, zumal die Kontrollzuständigkeit des Betriebsrates in vollem Umfang besteht.

B. Verstärkung der Präventionsmaßnahmen

Für gesetzgeberische Aktivitäten zur Ausdehnung von Sanktionsmöglichkeiten gegen mißbräuchliche Datenverwendung ist auf zwei Feldern Raum. Zum einen ist die Schadensverhütung durch eine Verschärfung der Haftung zu diskutieren. Zum anderen muß die Ausweitung des strafrechtlichen Schutzes untersucht werden.

I. Verstärkte haftungsrechtliche Absicherung

1. Einführung einer allgemeinen Gefährdungshaftung

Fast alle bisher vorgelegten Novellierungsentwürfe enthalten in unterschiedlicher Variation die Einführung einer Gefährdungshaftung.

Der Referentenentwurf aus dem Jahre 1982[1] wollte Schadensersatz – auch für den Nichtvermögensschaden – bei unzulässiger oder unrichtiger Verarbeitung personenbezogener Daten und daraus resultierender Beeinträchtigung schutzwürdiger Belange gewähren. Die Gefährdungshaftung hat der SPD-Entwurf übernommen, jedoch den Ersatz des immateriellen Schadens, also eines Schmerzensgeldes für Datenmißbrauch, auf schwere Fälle beschränkt[2]. Der Referentenentwurf des Jahres 1983 ging in § 4 Abs. 3[3] eben-

---

[202] *Kilian*, Personalinformationssysteme, S. 222 unter Pkt. 10.73.

[1] § 4 Abs. 3 Satz 2 des Referentenentwufs des Bundesinnenministeriums vom 31.3. 1982.

[2] § 4 Abs. 2 des SPD-Entwurfs, DuD 84, 213.

[3] Abgedruckt in DuD 83, 260ff., 262.

falls von einer verschuldensunabhängigen Haftung aus. Die Haftung entfiel jedoch gemäß § 4 Abs. 3 Satz 2, wenn die bei der Datenverarbeitung beschäftigten Personen die im Verkehr erforderliche Sorgfalt beachtet hatten oder wenn der Schaden auch bei Anwendung dieser Sorgfalt entstanden wäre. Dies bedeutet im Ergebnis eine Gefährdungshaftung mit Exkulpationsmöglichkeit, die man, wenn man die Parallele zu § 831 BGB oder zu § 18 Abs. 1 StVG ziehen will, als Haftung für vermutetes Verschulden bezeichnen könnte[4]. In dem gemeinsamen Entwurf der Fraktionen von CDU/CSU und F.D.P. vom 28.1.1986 ist die Exkulpationsmöglichkeit nicht mehr vorgesehen[5]. Im Gegensatz zu den beiden erstgenannten Entwürfen enthält § 4 Abs. 3 Satz 1[6] einen Haftungshöchstbetrag von 500.000,– DM.

Bei allen diesen Vorschlägen muß berücksichtigt werden, daß durch das geltende Landesrecht die Gefährdungshaftung für die Datenverarbeitung der Behörden der Länder fast flächendeckend verwirklicht ist[7], womit die Frage nach der Notwendigkeit einer bundeseinheitlichen Regelung für den öffentlichen wie den privaten Bereich verstärkt in den Vordergrund tritt. Freilich veranschaulichen die einzelnen Länderregelungen die Vielgestaltigkeit der Vorschläge.

In Berlin[8], Hamburg[9], Hessen[10], Niedersachsen[11], Nordrhein-Westfalen[12] und Rheinland-Pfalz[13] gibt es eine allgemeine Gefährdungshaftung. In Bayern[14] gilt die Gefährdungshaftung nur für den hoheitlichen Bereich, zusätzlich ist eine Exkulpationsmöglichkeit vorgesehen. Fünf Bundesländer haben Haftungshöchstbeträge in ihre Landesdatenschutzgesetze aufgenommen, Bayern[15], Berlin[16], Hessen[17] und Nordrhein-Westfalen[18] jeweils 250.000,– DM, Niedersachsen[19] 100.000,– DM. Kein Landesdatenschutzgesetz sieht ausdrücklich den Ersatz immateriellen Schadens vor, die Länder Bayern[20] und Berlin[21] beschränken die Schadensersatzpflicht explizit auf materielle

---

4 Zur Verschuldensvermutung bei § 831 BGB etwa *Palandt-Thomas*, § 831 Anm. 1.
5 § 4 Abs. 3 des Entwurfs, BT-Drucks. 10/4737, S. 7.
6 BT-Drucks. 10/4737, S. 7.
7 Dazu *Simitis*, VersR 81, 197ff., 198f.
8 § 15 Abs. 1 Satz 1 Berliner Datenschutzgesetz.
9 § 17 Hamburgisches Datenschutzgesetz.
10 § 8 Abs. 2 Satz 1 Hessisches Datenschutzgesetz.
11 § 4 Abs. 2 Satz 1 Nds. Datenschutzgesetz.
12 § 4 Abs. 2 Satz 1 Datenschutzgesetz NRW.
13 § 16 Abs. 1 Landesdatenschutzgesetz.
14 Art. 13 Abs. 1 und 3 Bay. Datenschutzgesetz.
15 Art. 13 Abs. 2 Bay. Datenschutzgesetz.
16 § 15 Abs. 1 Satz 2 Berliner Datenschutzgesetz.
17 § 8 Abs. 2 Satz 2 Hessisches Datenschutzgesetz.
18 § 4 Abs. 2 Satz 2 Datenschutzgesetz NRW.
19 § 4 Abs. 2 Satz 2 Nds. Datenschutzgesetz.
20 Art. 13 Abs. 1 Bay. Datenschutzgesetz.
21 § 15 Abs. 1 Satz 1 Berliner Datenschutzgesetz.

Schäden. Lediglich die Länder Baden-Württemberg, Bremen, Schleswig-Holstein und das Saarland haben keine Haftungsregelung getroffen.

Unabhängig von den länderrechtlichen Bestimmungen sind die Betroffenen jedoch nicht schutzlos gestellt, denn es verbleibt bei der allgemeinen Haftungsregelung der §§ 823ff. BGB[22], so daß die Verschuldenshaftung des § 823 Abs. 1 BGB wegen Persönlichkeitsrechtsverletzung ebenso eingreifen kann wie die des § 823 Abs. 2 BGB wegen Verstoßes gegen (Daten-)Schutzgesetze. In Fällen schwerer Persönlichkeitsrechtsbeeinträchtigung kann zudem der immaterielle Schaden mit einem Schmerzensgeld abgegolten werden[23].

Bedenken gegen die bundeseinheitliche Einführung der Gefährdungshaftung ergeben sich, weil es ratsam erscheint, die Wirkungen der vielgestaltigen Länderregelungen abzuwarten und zu prüfen, in welchem Ausmaß die unterschiedlichen Bestimmungen die Rechtsstellung des Betroffenen in der Praxis verbessern und welche Regelung sich dabei am besten bewährt.

2. Präventionswirkung einer verschuldensunabhängigen Haftung

Die Bedenken ließen sich überwinden, wenn man davon ausgehen könnte, daß der verschuldensunabhängigen Haftung eine große Präventionswirkung im Hinblick auf die mißbräuchliche Verwendung zukäme. Daran sind durchgreifende Zweifel angebracht. Die Einführung einer Gefährdungshaftung wird kaum dazu führen, daß die Betroffenen bei mißbräuchlicher Datenverwendung tatsächlich Schadensersatzzahlungen erhalten. Denn ihnen obliegt nach wie vor der Nachweis eines konkreten Vermögensschadens. Ein solcher Vermögensschaden wird selten eintreten und kaum zu beziffern sein. Wie soll man es zum Beispiel bewerten, wenn der Arbeitgeber über den zulässigen Umfang hinaus Daten über familiäre Verhältnisse des Arbeitnehmers an Dritte übermittelt. Selbst wenn konkrete Rechtsnachteile eintreten, wird der Nachweis schwierig zu führen sein, daß diese ihre Ursache in der mißbräuchlichen Datenverwendung haben. Es ist deshalb kein Wunder, daß trotz der Gefährdungshaftungsvorschriften der meisten Bundesländer entsprechende Schadensersatzprozesse kaum bekannt werden. Das Dilemma ließe sich nur lösen, wenn man die generelle Haftung für immaterielle Schäden anzuerkennen bereit ist. Dies wäre jedoch im Rahmen der Gefährdungshaftung ein Systembruch. Darüber hinaus würde es der problematischen Tendenz zur Kommerzialisierung der Persönlichkeit Vorschub leisten. Ein solcher Schritt wäre nur zu rechtfertigen, wenn die sonstigen Kontrollmechanismen, insbesondere

---

[22] *Simitis* in: *Simitis/Dammann/Mallmann/Reh*, § 4 Rn 34ff.
[23] *Palandt-Thomas*, § 823 Anm. 15 F.

die, die vorbeugend vor Eintritt eines Schadens eingreifen sollen, untauglich sind, wofür es bisher zu wenig Anhaltspunkte gibt. Da die Arbeitgeber nach der Einführung einer Gefährdungshaftung kaum zusätzliche finanzielle Belastungen infolge von Schadensersatzansprüchen zu fürchten hätte, wird eine nennenswerte Präventionswirkung nicht zu erwarten sein. Das Haftungsrisiko wird im übrigen seitens der Anwender als sehr gering eingeschätzt[24]. Ein Schadensersatzrecht jedoch, das nur auf dem Papier stünde und das weder von den potentiellen Anspruchsstellern noch den Anspruchsgegnern ernst genommen werden müßte, ist für den Datenschutz insgesamt eher schädlich als nützlich. Es würde das Auseinanderklaffen von Recht und Rechtswirklichkeit bewirken und die Akzeptanzprobleme, mit denen das Datenschutzrecht fertig werden muß, vertiefen.

II. Verstärkter strafrechtlicher Schutz

Die soeben geschilderten Überlegungen zur Gefährdungshaftung gelten in gleichem, wenn nicht größeren Maß für den strafrechtlichen Bereich. Sicher wäre es möglich, den strafrechtlichen Schutz zu erweitern, etwa die Strafbarkeit der falschen Auskunft an den Betroffenen festzulegen oder die strafrechtliche Haftung des betrieblichen Datenschutzbeauftragten[25] zu verschärfen. Solange jedoch das Entdeckungsrisiko so gering bleibt, daß kaum ernsthaft mit einer Strafverfolgung gerechnet werden muß, erscheinen solche Regelungen unter Präventionsgesichtspunkten sinnlos. Zudem ist die Schwierigkeit zu beachten, daß die Strafverfolgung einige Spezialkenntnisse auf rechtlichem wie technischem Gebiet voraussetzt. Die von *Haft*[26] 1979 abgegebene Prognose, die Praxis werde das Datenschutzstrafrecht meiden[27], hat sich als vollkommen zutreffend erwiesen.

Diesbezügliche Neuregelungen sind also gegenwärtig ineffektiv.

C. Verbesserung der Datenschutzkontrolle

Die Effektivität des Datenschutzes hängt entscheidend von den gesetzlich zur Verfügung gestellten Kontrollverfahren ab. Datenschutzregelungen, die in der Praxis nicht ständig umgesetzt und kontrolliert werden, bleiben theoreti-

---

[24] Siehe etwa *Weise* in: Datenschutz im Konflikt, DVR-Beiheft 14, S. 129ff., 133.

[25] Zur bisherigen strafrechtlichen Verantwortlichkeit aufgrund des § 14 Abs. 2 Nr. 2 StGB siehe *Otto* in: Rechtswissenschaft und Rechtsentwicklung, S. 233.

[26] *Haft*, NJW 79, 1194ff., 1196.

[27] Wohl auch deshalb, weil der Straftatbestand des § 41 BDSG das unbefugte Übermitteln nicht selbst definiert, sondern auf die außerstrafrechtlichen allgemeinen Vorschriften des BDSG Bezug nimmt, vgl. *Tiedemann*, NJW 81, 945ff.

sche Vorgaben, die ihre Schutzfunktion nicht erfüllen können. Deshalb sind Praktikabilität und Effizienz der Kontrollmechanismen für einen wirksamen datenrechtlichen Persönlichkeitsschutz ausschlaggebend. Aus dem informationellen Selbstbestimmungsrecht erwächst deshalb die Verpflichtung, effektive Kontrollverfahren bereit zu stellen, weshalb es nur konsequent ist, wenn das Bundesverfassungsgereicht in seinem Volkszählungsurteil[1] auf seine *Mülheim-Kärlich* Entscheidung[2] zur Grundrechtssicherung durch Verfahren verweist und daraus die Verpflichtung des Gesetzgebers ableitet, organisatorische und verfahrensrechtliche Vorkehrungen zu treffen, welche der Gefahr der Verletzung des Persönlichkeitsrechts entgegenwirken[3].

Im folgenden soll untersucht werden, welche Verbesserungen auf den vier Kontrollebenen sinnvoll, praktikabel und effizient sind.

I. Verbesserung der Stellung und der Kompetenzen des betrieblichen Datenschutzbeauftragten

Die Stellung des betrieblichen Datenschutzbeauftragten ist gegenwärtig dadurch gekennzeichnet, daß er – vom Arbeitgeber bestellt – ein „Mann des Unternehmens" ist und jederzeit aus dieser Position wieder abberufen werden kann[4]. Daraus ergibt sich das Bedenken, daß dem betrieblichen Datenschutzbeauftragten die für eine wirksame Kontrolle der Datenverarbeitung im Unternehmen notwendige Unabhängigkeit fehlt[5]. Die Handlungsmöglichkeiten der betrieblichen Datenschutzbeauftragten sind zudem auf Überwachungs- und Beratungsrechte beschränkt, Eingriffs- und Entscheidungsbefugnisse gibt ihnen das Gesetz nicht[6].

1. Vorschläge

Eine Reihe von Vorschlägen befaßt sich deshalb mit der Verbesserung der Stellung und der Handlungsmöglichkeiten der betrieblichen Datenschutzbeauftragten. Im Mittelpunkt der Vorschläge und der Diskussion steht die Frage, ob für den betrieblichen Datenschutzbeauftragten ein besonderer Kündigungsschutz geschaffen werden soll.

---

[1] BVerfG, Urt. v. 15.12.83 – 1 BvR 209/83 u.a. – NJW 84, 419ff., 422.
[2] BVerfG, Beschl. v. 20.12.79 – 1 BvR 385/77 – BVerfGE 53, 30ff. = NJW 80, 759ff.
[3] BVerfG, NJW 84, 422.
[4] Vgl. im einzelnen oben Teil 2 B VIII 2.
[5] *Simitis*, Gutachten, S. 87f.; *Wohlgemuth*, Das Mitbestimmungsgespräch 1980, S. 128ff., 132.
[6] Siehe im einzelnen oben Teil 2 B VIII 2.

Dahinter steht der Gedanke, daß nur so die Unabhängigkeit des betrieblichen Datenschutzbeauftragten gesichert werden kann. Im einzelnen sehen die Vorschläge folgendermaßen aus. *Simitis*[7] und *Kilian*[8] befürworten die Einführung eines Kündigungsschutzes, wie er für die Funktionsträger des Betriebsverfassungsgesetzes gilt. Das bedeutet, daß eine ordentliche Kündigung des betrieblichen Datenschutzbeauftragten entsprechend § 15 KSchG ausgeschlossen wäre. Eine außerordentliche Kündigung wäre aufgrund des § 103 BetrVG nur mit Zustimmung des Betriebsrates möglich. Der Schutz gegen ordentliche Kündigungen würde gemäß § 15 Abs. 1 Satz 2 BetrVG ein Jahr nach Beendigung der Tätigkeit als betrieblicher Datenschutzbeauftragter nachwirken.

Der SPD-Entwurf legt in § 28 Abs. 4 Satz 4 fest[9], daß die Kündigung des Arbeitsverhältnisses des betrieblichen Datenschutzbeauftragten einschließlich eines Zeitraumes von einem Jahr nach Beendigung seiner Aufgaben nur aus wichtigem Grund (§ 626 BGB) möglich ist. Damit ist die ordentliche Kündigung ausgeschlossen, die außerordentliche bleibt jedoch ohne die Zustimmung des Betriebsrates möglich. Die einjährige Nachwirkungsfrist ist an § 15 Abs. 1 Satz 2 KSchG angelehnt und findet sich auch in dem Benachteiligungsschutz für Betriebsräte in § 37 Abs. 4 BetrVG[10].

Allen bisher genannten Vorschlägen ist gemeinsam, daß sie als Ansatzpunkt das Arbeitsverhältnis des betrieblichen Datenschutzbeauftragten nehmen. Von der Frage, ob das Arbeitsvehrältnis gekündigt werden kann, ist die Frage zu unterscheiden, ob der betriebliche Datenschutzbeauftragte von dieser Funktion abberufen werden kann. Beide Fragen sind voneinander unabhängig. Die Kündigung des Arbeitsverhältnisses hat zum Beispiel nicht die Wirkung, daß damit die Bestellung zum Datenschutzbeauftragten automatisch aufgehoben würde, vielmehr wäre der entlassene Arbeitnehmer weiterhin betrieblicher Datenschutzbeauftragter, und zwar externer Beauftragter, den das BDSG ebenfalls vorsieht. Freilich wird der Arbeitgeber in der Regel Kündigung und Abberufung miteinander verbinden. Umgekehrt bedeutet die Abberufung aus der Funktion des betrieblichen Datenschutzbeauftragten nicht die Kündigung des Arbeitsverhältnisses, dieses kann vielmehr fortbestehen.

Setzt man wie die bisher genannten Vorschläge den Kündigungsschutz beim Arbeitsverhältnis des betrieblichen Datenschutzbeauftragten an, hat

---

[7] *Simitis*, Gutachten, S. 87 und S. 188 unter Pkt. 9.
[8] *Kilian*, Personalinformationssysteme in deutschen Großunternehmen, S. 256 unter Pkt. 12.43.
[9] SPD-Entwurf, DuD 84, 217.
[10] Der ebenfalls für den betrieblichen Datenschutzbeauftragten vorgeschlagen wird, siehe § 28 Abs. 4 Satz 2 des SPD-Entwurfs, DuD 84, 217.

dies zur Folge, daß zwar die Kündigung des Arbeitsverhältnisses beschränkt ist, die Entbindung von der Tätigkeit als betrieblicher Datenschutzbeauftragter jedoch – wie bisher – jederzeit möglich ist. Eine weitere Folge ist, daß der Kündigungsschutz nur greift, wenn ein Arbeitnehmer des Unternehmens zum betrieblichen Datenschutzbeauftragten bestellt wird. Ein unternehmensexterner Beauftragter genießt, weil er nicht in einem Arbeitsverhältnis zu dem Unternehmen steht, keinen Kündigungsschutz[11].

Den anderen Ansatzpunkt wählt der Referentenentwurf aus dem Jahre 1983 in § 28 Abs. 3 Satz 4[12]. Dort heißt es, die Bestellung zum Beauftragten für den Datenschutz könne nur in entsprechender Anwendung von § 626 BGB widerrufen werden. Damit ist der betriebliche Datenschutzbeauftragte nicht mehr jederzeit aus seiner Position abrufbar. Erforderlich ist vielmehr jeweils ein wichtiger Grund.

Neben dem Kündigungsschutz werden eine Reihe weiterer Vorschläge zur Stärkung der Unabhängigkeit des betrieblichen Datenschutzbeauftragten gemacht.

Der SPD-Entwurf präzisiert in § 28 Abs. 4[13] das Benachteiligungsverbot für als Arbeitnehmer tätige betriebliche Datenschutzbeauftragte. Angelehnt an den Benachteiligungsschutz für Betriebsratsmitglieder in § 37 Abs. 4 und 5 BetrVG garantiert er dem betrieblichen Datenschutzbeauftragten für die Zeit seiner Tätigkeit und den Zeitraum eines Jahres nach seiner Abberufung das Arbeitsentgelt und die Arbeitsaufgaben vergleichbarer Arbeitnehmer.

Um die Zusammenarbeit mit dem Betriebsrat zu erleichtern und Mißtrauen abzubauen, wird mehrfach vorgeschlagen, die Pflicht des betrieblichen Datenschutzbeauftragten zur Verschwiegenheit gesetzlich hervorzuheben[14].

Um Interessenkonflikte bei der Wahrnehmung auszuschließen und insbesondere zu vermeiden, daß die im Unternehmen für die Datenverarbeitung Verantwortlichen, etwa die Leiter der Rechenzentren, gleichzeitig zu betrieblichen Datenschutzbeauftragten bestellt werden, schlägt *Kilian*[15] eine Inkompatibilitätsregelung vor. Nach ihr soll ein leitender Angestellter nicht mit den Aufgaben des betrieblichen Datenschutzbeauftragten betraut werden, wenn dadurch ein Rollenkonflikt entstehen kann.

---

11 *Simitis* in: *Simitis/Dammann/Mallmann/Reh*, § 28 Rn 156.

12 Referentenentwurf 1983, DuD 83, 274; übernommen in den gemeinsamen Entwurf der Fraktionen von CDU/CSU und F.D.P. v. 28.1.86, BT-Drucks. 10/4737, S. 14.

13 SPD-Entwurf, DuD 84, 217.

14 § 28 Abs. 3 Satz 5 des Referentenentwurfs 1983, DuD 83, 274; § 28 Abs. 5 Satz 3 des SPD-Entwurfs, DuD 84, 217; *Simitis*, Gutachten, S. 88f.

15 *Kilian*, Personalinformationssysteme in deutschen Großunternehmen, S. 256 unter Pkt. 12.42.

Nachzudenken ist schließlich über erweiterte Handlungsmöglichkeiten und Eingriffsbefugnisse. Klärungsbedürftig ist dabei auch die Frage, ob der betriebliche Datenschutzbeauftragte bei der Einführung neuer Informationssysteme und Verarbeitungsprogramme Entscheidungskompetenzen oder Vetorechte haben sollte.

2. Vergleich mit der Stellung und den Kompetenzen anderer Betriebsbeauftragter

Bevor auf die Möglichkeiten im einzelnen eingegangen wird, soll der Vergleich zu anderen im Betrieb tätigen Beauftragten gezogen werden. Die Institution des betrieblichen Datenschutzbeauftragten ist nach dem Vorbild der Regelungen für andere Beauftragte eingeführt worden[16]. Dabei lag die gleiche Grundvorstellung vor, daß eine Kontrolle am besten als Selbstkontrolle durch im Betrieb präsente, über Detailkenntnisse verfügende Personen erfolgen könne. Lohnend ist deshalb eine vergleichende Untersuchung der Rechtslage bei den anderen Beauftragten im Betrieb, wobei die möglicherweise unterschiedliche Zielrichtung der einzelnen Gesetze im Auge behalten werden muß[17]. Regelungen und Diskussionstendenzen im Bereich der übrigen Beauftragten können darüber hinaus Anregungen für die zukünftige Ausgestaltung der Position des betrieblichen Datenschutzbeauftragten geben.

a. Betriebsärzte und Fachkräfte für Arbeitssicherheit

Das Gesetz über Betriebsärzte, Sicherheitsingenieure und andere Fachkräfte für Arbeitssicherheit (ArbSichG) von 1973 verpflichtet die Arbeitgeber, Betriebsärzte und Fachkräfte für Arbeitssicherheit zu bestellen, soweit dies aufgrund des § 2 Abs. 1 dieses Gesetzes wegen der mit der Betriebsart verbundenen Gesundheitsgefahren, der Zahl der Arbeitnehmer und der Betriebsorganisation notwendig ist.

Die Regelung dient in erster Linie den Interessen der Arbeitnehmer; sie soll den Gesundheitsschutz am Arbeitsplatz und die Unfallverhütung verwirklichen helfen[18]. Das ArbSichG ist insofern ein typisches Arbeitnehmerschutzgesetz. Es darf jedoch nicht übersehen werden, daß die Bestellung von Betriebsärzten und Fachkräften für Arbeitssicherheit auch den Interessen der Arbeitgeber und der Allgemeinheit dienen, weil ein wirksamer Gesundheits- und Unfallschutz am Arbeitsplatz Kosten erspart, sowohl den Arbeitgebern,

---

[16] *Simitis* in: *Simitis/Dammann/Mallmann/Reh,* § 28 Rn 5ff.; *Auernhammer,* § 28 Rn 2.

[17] *Simitis* in: *Simitis/Dammann/Mallmann/Reh,* § 28 Rn 5ff., 7.

[18] *Krebs,* ArbSichG, § 1 Anm. I; *Fritsche,* S. 13ff.

z. B. in Form von gemindertem Umfang von Vergütungsfortzahlungsansprüchen im Krankheitsfall und geringeren Beiträgen zur Unfallversicherung, als auch der öffentlichen Hand und den Beitragszahlern im übrigen durch eine verminderte Belastung der Sozialversicherungssysteme.

Bei der Bestellung hat der Arbeitgeber drei Möglichkeiten[19]. Er kann Arbeitnehmer seines Betriebs hauptamtlich mit den betriebsärztlichen bzw. sicherheitstechnischen Aufgaben betrauen. Er kann zweitens externe Fachkräfte durch freien Dienstvertrag zu dieser Tätigkeit verpflichten. Und er kann schließlich gemäß § 19 ArbSichG einen überbetrieblich organisierten Dienst mit den Aufgaben betrauen.

Die staatliche Aufsichtsbehörde kann gemäß § 12 Anordnungen hinsichtlich der Verpflichtung des Arbeitgebers zur Bestellung der Beauftragten treffen. Das schließt ein, daß die Behörde sich für eins der Betreuungsmodelle entscheiden oder die Erweiterung des Tätigkeitsfeldes[20] oder die Abberufung[21] eines Beauftragten verlangen kann. Die Bestellung und Abberufung eines Arbeitnehmers zum Beauftragten ist gemäß § 9 Abs. 3 Satz 1 ArbSichG von der Zustimmung des Betriebsrates abhängig[22]. Bei einem externen Beauftragten ist der Betriebsrat zu hören (§ 9 Abs. 3 Satz 3 ArbSichG).

Ausdrücklich sagt das ArbSichG in § 8 Abs. 1 Satz 1, daß die Beauftragten weisungsfrei sind. Ein Benachteiligungsverbot – ähnlich § 28 Abs. 3 Satz 3 BDSG für den betrieblichen Datenschutzbeauftragten – findet sich freilich im ArbSichG nicht.

Zu den Aufgaben der Betriebsärzte, die in § 3 ArbSichG aufgezählt sind, gehört vor allem die Beratung des Arbeitgebers unter Gesundheitsschutzaspekten bei der Planung, Ausführung und Unterhaltung von Betriebsanlagen und bei dem Einsatz von technischen Arbeitsmitteln und Arbeitsstoffen, die arbeitsmedizinische Untersuchung der Arbeitnehmer und die Auswertung der Ergebnisse, die regelmäßige Kontrolle der Durchführung des Arbeitsschutzes und schließlich die Pflicht, auf die Einhaltung der Anforderungen des Arbeitsschutzes und der Unfallverhütung hinzuwirken. Die Aufgaben der Fachkräfte für Arbeitssicherheit sind in § 6 ArbSichG parallel zu denen der Betriebsärzte ausgestaltet.

Bemerkenswert ist, daß es das ArbSichG im Gegensatz zu dem BDSG nicht bei Überwachungs- und Beratungspflichten beläßt, sondern Initiativen

---

[19] *Kliesch/Nöthlichs/Wagner,* ArbSichG, § 1 Anm. 11; *Schaub,* Arbeitsrechtshandbuch, § 154 I 3.
[20] *Krebs,* ArbSichG, § 12 Anm. III; *Kliesch/Nöthlichs/Wagner,* ArbSichG, Anm. 9.
[21] Vgl. § 18 ArbSichG und dazu *Krebs,* ArbSichG, § 18 Anm. II und § 12 Anm. III.
[22] Dazu ausführlich unten C IV 2.

im Hinblick auf die Durchführung des Arbeitsschutzes fordert, insbesondere durch die Hinwirkungspflichten in §§ 3 Abs. 1 Nr. 4 und 6 Nr. 4 ArbSichG. Es fällt ferner auf, daß die Art und Weise der Kontrolle detailliert geregelt ist, indem die Beauftragten verpflichtet werden, in regelmäßigen Abständen zu kontrollieren, die festgestellten Mängel dem Arbeitgeber zu berichten, Beseitigungsmaßnahmen vorzuschlagen und auf deren Durchführung hinzuwirken (§§ 3 Abs. 1 Nr. 3a und 6 Nr. 3a ArbSichG).

Dem direkten Zugang zur Unternehmensleitung dient es, daß die Beauftragten gemäß § 8 Abs. 2 ArbSichG unmittelbar dem Leiter des Betriebes untersehen[23], ebenso wie die betrieblichen Datenschutzbeauftragten aufgrund des § 28 Abs. 3 Satz 1 BDSG. Über das BDSG hinausgehend legt § 8 Abs. 3 ArbSichG aber auch detailliert fest, wie zu verfahren ist, wenn sich die Beauftragten mit der Unternehmensführung über Verbesserungsvorschläge nicht einigen können. Dann muß der Arbeitgeber den Vorschlag schriftlich ablehnen und begründen.

Weil sich die Kontrollaufgaben des Betriebsrates und der Beauftragten auf dem Gebiet des Arbeitsschutzes und der Unfallverhütung in erheblichem Umfang decken, schreibt § 9 Abs. 1 ArbSichG die Pflicht der Betriebsärzte und Fachkräfte für Arbeitssicherheit vor, bei der Aufgabenerfüllung mit dem Betriebsrat zusammenzuarbeiten[24].

b. *Sicherheitsbeauftragte*

Neben den Fachkräften für Arbeitssicherheit haben Unternehmen mit mehr als zwanzig Beschäftigten gemäß § 718 Abs. 1 RVO Sicherheitsbeauftragte zu bestellen[25]. Die Bestellung der Sicherheitsbeauftragten dient ebenfalls der Unfallverhütung. Grundsätzlich ist der Sicherheitsbeauftragte Arbeitnehmer des Unternehmens[26], die Berufsgenossenschaften können jedoch aufgrund des § 719a RVO den Anschluß an einen überbetrieblichen Dienst durch Satzung vorschreiben. Ausdrücklich legt § 719 Abs. 3 RVO fest, daß die Sicherheitsbeauftragten wegen der Erfüllung ihrer Aufgaben nicht benachteiligt werden dürfen. Ihre Bestellung erfolgt gemäß § 719 Abs. 1 Satz 2 RVO unter Mitwirkung des Betriebsrates. Mitwirkung bedeutet in diesem Zusammenhang entsprechend der Systematik des BetrVG nicht Mitbestimmung im Sinne von Zustimmungsbedürftigkeit, sondern die Pflicht des Arbeitge-

---

23 *Krebs,* ArbSichG, § 8 Anm. IV.

24 *Graeff,* ArbSichG, § 9 Anm. 2; *Krebs,* ArbSichG, § 9 Anm. III; *Kliesch/Nöthlichs/Wagner,* ArbSichG, § 9 Anm. 4.

25 Fachkräfte für Arbeitssicherheit und Sicherheitsbeauftragte sind unabhängig voneinander zu bestellen, vgl. *Kliesch/Nöthlichs/Wagner,* ArbSichG, § 21 Anm. 6.1.

26 *Kliesch/Nöthlichs/Wagner,* ArbSichG, § 21 Anm. 6.2.

bers zur Unterrichtung und Beratung mit dem Betriebsrat[27]. Die Aufgabe der Sicherheitsbeauftragten besteht darin, den Unternehmer bei der Durchführung des Unfallschutzes zu unterstützen und insbesondere auf das Vorhandensein und den Gebrauch von Schutzvorrichtungen zu achten.

c. *Strahlenschutzbeauftragte*

Gemäß § 29 Abs. 2 der Strahlenschutzverordnung[28] müssen Strahlenschutzbeauftragte bestellt werden, soweit dies für einen sicheren Umgang mit radioaktivem Material erforderlich ist. Damit wird der Schutz der betroffenen Arbeitnehmer, nicht minder aber der Schutz der Allgemeinheit vor Gesundheitsgefahren durch radioaktive Stoffe bezweckt. Das Gesetz sieht in dem Strahlenschutzbeauftragten aber nicht nur den Kontrolleur, sondern den für den ordnungsgemäßen Umgang mit radioaktivem Material Verantwortlichen[29]. Das wird dran deutlich, daß § 29 Abs. 2 der Strahlenschutzverordnung das Erfordernis der Bestellung eines Beauftragten davon abhängig macht, daß seine Existenz für die Leitung und Beaufsichtigung dieser Tätigkeiten notwendig ist. Die Bestellung hat gemäß § 29 Abs. 2 Strahlenschutzverordnung schriftlich zu erfolgen, dabei sind die innerbetrieblichen Entscheidungsbefugnisse ebenfalls schriftlich festzulegen. All dies muß der zuständigen Behörde angezeigt werden (§ 29 Abs. 3 StrahlenschutzVO); diese kann dem Strahlenschutzbeauftragten gemäß § 30 Abs. 4 StrahlenschutzVO die Anerkennung versagen, wenn die innerbetrieblichen Entscheidungsbefugnisse des Strahlenschutzbeauftragten unzureichend sind. Konsequenz dieser Regelung ist, daß kein externer Beauftragter bestellt werden kann. Die über die Kontrollaufgaben, die in § 31 Abs. 2 der Strahlenschutzverordnung bis ins einzelne durch Hinweise auf eine Unzahl gesetzlicher Schutzpflichten geregelt sind[30], hinausgehende Verantwortlichkeit wird ferner dadurch unterstrichen, daß der Strahlenschutzbeauftragte gemäß § 31 Abs. 3 der Strahlenschutzverordnung dafür zu sorgen hat, daß bei Gefahr für Leben, Gesundheit oder bedeutende Sachwerte unverzüglich geeignete Schadensabwendungsmaßnahmen getroffen werden. Können sich der Strahlenschutzverantwortliche und der Betreiber der kerntechnischen Anlage nicht über vorgeschlagene Strahlenschutzmaßnahmen einigen, muß der Betreiber die Ablehnung des Vorschlages schriftlich mitteilen und begründen; weitergehend als

---

[27] *Lauterbach*, Gesetzliche Unfallversicherung, Bd. III, § 719 RVO, Anm. 6.

[28] BGBl I 1976, S. 2905ff.

[29] Zur Verantwortungsteilung zwischen dem Betreiber (Strahlenschutzverantwortlicher) und dem Strahlenschutzbeauftragten *Zerlett/Kramer*, Strahlenschutzverordnung, Erläuterungen zu § 29; einen viel weitergehenden Schritt macht das Bundesberggesetz vom 13.8.1980, BGBl I, S. 1310ff., nach dessen §§ 58ff. Verantwortliche bestellt werden müssen, die für die Leitung und Beaufsichtigung des Betriebes den Behörden verantwortlich sind. Weil die Kontrollaufgabe gegenüber der Lenkungsaufgabe völlig zurücktritt, wird das Modell hier nicht näher erörtert.

[30] Dazu *Rosenbaum*, Die neue Strahlenschutzverordnung, Erläuterungen zu § 31.

das ArbSichG schreibt § 30 Abs. 1 Satz 3 der Strahlenschutzverordnung vor, daß die Mitteilung und die Begründung der zuständigen Behörde zu übersenden ist.

Ebenso wie das ArbSichG und anders als das BDSG verpflichtet die Strahlenschutzverordnung den Strahlenschutzbeauftragten, mit dem Betriebsrat (bzw. dem Personalrat) zusammenzusarbeiten hat (§ 30 Abs. 2). Das Verbot der Benachteiligung wegen ordnungsgemäßer Erfüllung der Aufgaben enthält § 30 Abs. 3 der Strahlenschutzverordnung.

d. Beauftragte für Immissionsschutz

Die Betreiber genehmigungsbedürftiger Anlagen müssen gemäß § 53 BImSchG einen oder mehrere Immissionsschutzbeauftragte bestellen. Damit wird die Absicht verfolgt, die Selbstorganisation des Umweltschutzes in den Unternehmen zu verankern[31] und dadurch eine umweltverträglichere Produktion zu fördern. Obwohl dahinter vor allem der Schutz der Allgemeinheit vor Umweltgefahren steht, darf doch nicht übersehen werden, daß ein Nebeneffekt dieser Regelung der verbesserte Schutz der Arbeitnehmer vor umwelt- und gesundheitsbelastenden Produktionsverfahren ist und sie deshalb sekundär im Arbeitnehmerinteresse liegt. Die Bestellung des Beauftragten erfolgt durch den Betreiber. Der Einfluß der staatlichen Überwachungsbehörde bleibt aber in Gestalt des § 55 Abs. 2 Satz 2 BImSchG spürbar, da die Behörde aufgrund dieser Vorschrift die Abberufung eines Immissionsschutzbeauftragten verlangen kann, der die nötige Zuverlässigkeit oder Fachkunde nicht besitzt. Diese Möglichkeit haben die für den Datenschutz zuständigen Aufsichtsbehörden nicht.

Grundsätzlich kann nur ein betriebsangehöriger Arbeitnehmer mit den Aufgaben des Immissionsschutzbeauftragten betraut werden[32]. Externe Beauftragte sind ausnahmsweise möglich. Ihre Bestellung bedarf dann aber der Genehmigung der Aufsichtsbehörde[33]. Übereinstimmend mit § 28 Abs. 3 Satz 3 BDSG existiert ein Benachteiligungsverbot in § 58 BImSchG. Der Immissionsschutzbeauftragte hat nicht die innerbetrieblichen Entscheidungsbefugnisse wie der Strahlenschutzbeauftragte. Er hat aber neben seinen Überwachungsaufgaben das Recht und die Pflicht, vor Investitionsentscheidungen

---

[31] *Stich*, GewArchiv 76, 145ff., 146; grundlegend für die Entwicklung der Institution des Umweltschutzbeauftragten *Rehbinder/Burgbacher/Knieper*, Ein Betriebsbeauftragter für den Umweltschutz, S. 23ff.

[32] *Sander*, NuR 85, 47ff., 48; *Stich*, GewArchiv 76, 145ff., 147 sowie § 1 der fünften BImSchVO vom 12.2.1975, BGBl I 1975, S. 504ff., 504; *Schöttler*, DB 75, 1013ff., 1013f.

[33] *Stich*, GewArchiv 76, 145ff., 147; *Sander*, NuR 85, 47ff., 48 sowie § 4 der fünften BImSchVO vom 12.2.1975, BGBl I 1975, S. 504ff., 505; *Schöttler*, DB 75, 1013ff., 1013f.

rechtzeitig eine Stellungnahme bei der entscheidenden Stelle abzugeben (§ 56 BImSchG). Der Sicherung seines Einflusses dient das in § 57 BImSchG niedergelegte Recht, sich mit Vorschlägen und Bedenken unmittelbar an die Geschäftsleitung wenden zu können. Die Kontrollpflicht des Immissionsschutzbeauftragten wird dadurch abgesichert, daß er gemäß § 54 Abs. 2 BImSchG einmal jährlich einen Bericht erstatten muß. Hierfür gibt es bezüglich der betrieblichen Datenschutzbeauftragten keine Parallele, wohl aber bezüglich des für die Datenverarbeitung im öffentlichen Bereich zuständigen Bundesbeauftragten für den Datenschutz (§ 19 Abs. 2 Satz 2 BDSG).

Die Rechtsstellung und die Kompetenzen des Immissionsschutzbeauftragten werden – trotz seiner im Vergleich zum betrieblichen Datenschutzbeauftragten besseren Möglichkeiten – als unbefriedigend empfunden. Dies findet Ausdruck in den Diskussionen und Überlegungen zu den Entwürfen[34] für eine Novellierung des BImSchG. So ist Gegenstand der Beratung und Sachverständigenanhörung im Innenausschuß des Bundestages unter anderem die Frage, ob die Rechtsstellung des Immissionsschutzbeauftragten verbessert werden soll. Zu der Anhörung der Sachverständigen in der 60. Sitzung des Innenausschusses am 24.4.1985 gehörten die Fragen[35]:

„Halten Sie *angesichts des vorhandenen Vollzugsdefizits* im Immissionsschutz die Befugnisse des Immissionsschutzbeauftragten für ausreichend? Welche Verbesserungsvorschläge empfehlen Sie?“

„Wie beurteilen Sie die Möglichkeit, daß die Bestellung von Immissionsschutzbeauftragten durch die zuständigen Fachbehörden erfolgt?[36]“

Die letzte Frage geht auf einen Gesetzgebungsvorschlag der *Grünen* zurück, der die Bestellung und Abberufung des Beauftragten durch die Aufsichtsbehörde zum Inhalt hatte. Der Vorschlag ist teils auf Skepsis[37] gestoßen, teils wird darüber hinausgehend für Immissionsschutzbeauftragte ein Kündigungsschutz nach dem Vorbild des § 15 KSchG gefordert[38]. Die Überlegungen zeigen, daß auch im Bereich des Immissionsschutzes über die Stärkung der Unabhängigkeit und damit der Effektivität der Beauftragten nachgedacht wird.

---

34 BT-Drucksache 10/1022, BT-Drucksachen 10/1861 und 10/1862.

35 Frage 16 und 17 zur öffentlichen Anhörung von Sachverständigen in der 60. Sitzung des Innenausschusses des Deutschen Bundestages am 24.4.1985 – soweit ersichtlich bisher unveröffentlicht. Vgl. zum Ganzen auch *Sander,* DVBl 85, 269ff., 276.

36 BT-Drucksache 10/1022, S. 4.

37 *Jarass,* schriftliche Stellungnahme im Rahmen der Sachverständigenanhörung des Innenausschusses des Deutschen Bundestages, S. 38.

38 Schriftliche Stellungnahme des BUND im Rahmen der Sachverständigenanhörung des Innenausschusses des Deutschen Bundestages, S. 38.

e. *Beauftragte für Abfall*

Der Status und die Rechte und Pflichten der Betriebsbeauftragten für Abfall weisen in allen wesentlichen Punkten keine Unterschiede zu den Immissionsschutzbeauftragten auf[39].

Hier wie dort muß der Beauftragte regelmäßig Unternehmensmitarbeiter sein[40], dessen Abberufung die Aufsichtsbehörde wegen mangelnder Eignung gemäß § 11 c Abs. 2 Satz 2 Abfallbeseitigungsgesetz (AbfG) verlangen kann. Benachteiligungsverbot (§ 11 f. AbfG), Überwachungs- und Hinwirkungspflicht zur Reduzierung der Abfälle und zur umweltfreundlichen Beseitigung (§ 11b AbfG) sowie die Pflicht zur jährlichen Berichterstattung (§ 11b Abs. 2 AbfG) und das Recht zur Stellungnahme bei Investitionsentscheidungen (§ 11d AbfG) stimmen mit den Regelungen im BImSchG überein. Lediglich in zweierlei Hinsicht ist der betriebliche Datenschutzbeauftragte besser gestellt als der Immissionsschutzbeauftragte und der Abfallbeseitigungsbeauftragte. Zum einen ist er bei der Erledigung seiner Aufgaben gemäß § 28 Abs. 3 Satz 2 weisungsfrei und steht insofern außerhalb der Definition des Arbeitnehmerstatus. Zum anderen darf er sich gemäß § 29 Satz 2 BDSG in Zweifelsfällen an die Aufsichtsbehörde wenden[41]. Dies soll den zuvor genannten Umweltschutzbeauftragten nach kaum zutreffender h.M. verboten sein[42].

Stärker noch als im Immissionsschutzrecht sind im Abfallbeseitigungsrecht Novellierungsvorschläge in der Diskussion, die eine Stärkung der Abfallbeseitigungsbeauftragten zum Ziel haben und nicht zuletzt auch die beiden oben genannten Schwachpunkte beseitigen wollen[43].

Der Bundesrat hat in seiner Stellungnahme zum Entwurf eines vierten Gesetzes zur Änderung des Abfallbeseitigungsgesetzes beschlossen[44], dem Betreibsbeauftragten für Abfall eine wesentlich stärkere Stellung einzuräumen. Als Vorbild dient dabei die Regelung für den Strahlenschutzbeauftragten. Im einzelnen sollen dem Abfallbeauftragten gemäß § 11 a Abs. 3 des Entwurfs die zur Wahrnehmung seiner Aufgaben erforderlichen Befugnisse eingeräumt werden, insbesondere die Ermächtigung, Verstöße gegen Rechtsvorschriften zu unterbinden. Damit würde er in diesem Bereich von Weisungen unabhän-

---

39 Zum Modellcharakter des BImSchG für das AbfG insofern *Stich*, GewArchiv 76, 145ff., 147.

40 Verordnung über Betriebsbeauftragte für Abfall vom 26.10.1977, BGBl I, S. 1913.

41 Dazu *Auernhammer*, Vorbem. zu § 28 Rn 2 f.

42 *Sander*, NuR 85, 47ff., 52; *Kahl*, Die neuen Aufgaben und Befugnisse ..., S. 122; *Speiser*, BB 75, 1325ff., 1327; teilweise *Landmann/Rohmer*, GewO, Bd. III, Vor § 53 BImSchG, Rn 16 a.E.; anderer Auffassung für den Regelfall *Jarass*, Kommentar zum BImSchG, § 52 Rn 7 und Vor. § 53 Rn 11.

43 Vgl. BR-Drucksache 465/84 und BT-Drucksache 10/2885.

44 Beschluß des Bundesrates zum Entwurf eines vierten Gesetzes zur Änderung des AbfG vom 16.11.84, BR-Drucksache 465/84, S. 10ff.

gig, zugleich stünde ihm damit die Möglichkeit offen, sich an die Aufsichtsbehörde zu wenden. Bei nicht ausreichenden innerbetrieblichen Befugnissen könnte die Aufsichtsbehörde wie beim Strahlenschutzbeauftragten die Abberufung verlangen. Aus dem ArbSichG übernommen ist die Verpflichtung des Anlagenbetreibers, die Ablehnung von Vorschlägen des Beauftragten schriftlich mitzuteilen und zu begründen[45]. Der Stärkung der Unabhängigkeit dient folgende vom Bundesrat vorgeschlagene Neufassung des Benachteiligungsverbotes in § 11f.[46]:

> „Der Betriebsbeauftragte für Abfall darf bei Erfüllung seiner Pflichten nicht behindert und wegen seiner Tätigkeit nicht benachteiligt werden, insbesondere darf ihm wegen der ordnungsgemäßen Wahrnehmung seiner Aufgaben *nicht gekündigt werden.*"

Damit würde ein Kündigungsschutz für den Betriebsbeauftragten für Abfall im Gesetz verankert. Der Unterschied zu dem vorgeschlagenen, an § 15 KSchG ausgerichteten Kündigungsschutz bestünde freilich darin, daß die ordentliche Kündigung nicht generell ausgeschlossen wäre, sondern nur, wenn sie in Benachteiligungsabsicht ausgesprochen würde. Dafür obläge nach allgemeinen Regeln dem Beauftragten die Darlegungs- und Beweislast.

Die Bundesregierung hat im übrigen die Vorschläge des Bundesrates in ihrer Gegenäußerung begrüßt, aber die Absicht bekundet, eine Neuregelung einheitlich für die Betriebsbeauftragten für Immissionsschutz, Abfall und Gewässerschutz in einem besonderen Artikelgesetz zu gestalten[47].

f. Beauftragte für Gewässerschutz

Einen Verläufer des jetzigen Gewässerschutzbeauftragten enthielt das Wasserhaushaltsgesetz vom 27.7.1957[48]. Dessen § 4 Abs. 2 Nr. 2 sah für die Aufsichts- und Genehmigungsbehörden im Einzelfall die Möglichkeit vor, als Nebenbestimmung zu einer Gewässerbenutzungserlaubnis die Bestellung verantwortlicher Beauftragter anzuordnen. Weitere Einzelheiten hinsichtlich Stellung und Aufgabenbereich enthielt das Gesetz allerdings nicht[49].

---

45 § 11 e Satz des Bundesratsentwurfs entsprechend § 8 Abs. 3 ArbSichG.

46 Beschluß des Bundesrates, BR-Drucksache 465/84, S. 15f. = BT-Drucksache 10/2885, S. 41ff., 45.

47 Gegenäußerung der Bundesregierung zur Stellungnahme des Bundesrates, BT-Drucksache 10/2885, S. 48ff., 50; siehe dazu die Beschlußempfehlung und den Bericht des Innenausschusses vom 19.6.1985, BT-Drucksache 10/3556, S. 21, in dem ebenfalls eine einheitliche Lösung befürwortet wird. Vgl. auch *Sander*, DVBl 85, 780ff., 785.

48 BGBl I, S. 1110.

49 Zu der praktischen Handhabung *Stich*, GewArchiv 76, 145ff., 145.

Diese Institution des verantwortlichen Beauftragten und mehr noch das ArbSichG gabe jedoch den Anstoß, in den Jahren 1974 bis 1976 den Betriebsbeauftragten im Immissionsschutzrecht, im Recht der Abfallbeseitigung und im Wasserhaushaltsrecht einzuführen[50]. Die Regelungen sind für alle drei Bereiche weitgehend parallel ausgestaltet worden, so daß hinsichtlich des Gewässerschutzbeauftragten (§§ 21 a ff. WHG) auf die Darstellungen hinsichtlich des Immissionsschutzbeauftragten und des Beauftragten für Abfall verwiesen werden kann[51]. Ein Unterschied ergibt sich daraus, daß der Beauftragte nicht grundsätzlich ein Mitarbeiter des Unternehmens sein muß, so daß als Beauftragter ohne weiteres eine unternehmensexterne Person bestellt werden kann[52], ebenso wie dies für den betrieblichen Datenschutzbeauftragten möglich ist. Außerdem läßt § 21 g Abs. 1 WHG den Ländern die Möglichkeit, für Abwassereinleitungen von Gebietskörperschaften abweichende Regelungen über die Selbstüberwachung zu treffen.

Die Behörden können außerdem gemäß § 21 b Abs. 3 WHG die Aufgaben des Gewässerschutzbeauftragten im Einzelfall näher regeln, erweitern oder einschränken.

g. *Zusammenfassende Würdigung*

Als Ergebnis der vergleichenden Untersuchung läßt sich folgendes festhalten:

Je mehr es um den Schutz außenstehender Dritter geht, desto stärker sind die Einwirkungsmöglichkeiten der Aufsichtsbehörden auf die Bestellung, Aufgabendurchführung und Abberufung der Beauftragten. Das wird besonders deutlich an dem Recht der Aufsichtsbehörden, dem Strahlenschutzbeauftragten die Anerkennung zu versagen, und auch an dem Recht, die Abberufung der Umweltschutzbeauftragten zu verlangen. Je mehr Arbeitnehmerinteressen auf dem Spiel stehen, desto stärker ist die Beteiligung der betrieblichen Interessenvertretung ausgestaltet, etwa in Form eines Mitbestimmungsrechts in § 9 Abs. 3 Satz 1 ArbSichG, eines Mitwirkungsrechts bezüglich der Sicherheitsbeauftragten in § 719 Abs. 1 Satz 2 RVO oder eines Zusammenarbeitsgebotes in § 30 Abs. 2 der Strahlenschutzverordnung. Beim betrieblichen Datenschutz geht es sowohl um die Interessen der Arbeitnehmer als auch um die Interessen außenstehender Dritter, etwa Kunden oder Lieferanten[53] an dem Schutz vor Mißbrauch ihrer Daten. Gleichwohl sieht das BDSG weder eine Beteiligung der betrieblichen Interessenvertretung

---

50 *Rehbinder/Burgbacher/Knieper*, Ein Betriebsbeauftragter für den Umweltschutz, S. 28.
51 Vgl. oben Teil 3 C I 2 d und e.
52 *Sander*, NuR 85, 47 ff., 48.
53 Siehe nur *Zöllner*, S. 75.

noch der staatlichen Aufsichtsbehörde an der Bestellung, Aufgabendurchführung und Abberufung des betrieblichen Datenschutzbeauftragten vor. Ohne Einschränkung läßt sich sagen, daß Status und Kompetenzen des betrieblichen Datenschutzbeauftragten im Vergleich zu allen anderen Beauftragten am schwächsten ausgestaltet sind. Eingriffsbefugnisse hat er – anders als etwa der Strahlenschutzbeauftragte – nicht[54], auch nicht das Recht, zu Investitionsentscheidungen im datentechnischen Bereich gehört zu werden, oder die Pflicht, über seine Kontrolltätigkeit jährlich Bericht zu geben. Das Unternehmen ist ihm gegenüber nicht verpflichtet, die Ablehnung von Vorschlägen schriftlich mitzuteilen und zu begründen, geschweige denn, dies der Behörde zur Kenntnis zu bringen.

So bleibt als Fazit, daß der Schutz durch betriebliche Beauftragte im Datenschutzrecht am wenigsten verwirklicht und organisatorisch abgesichert ist.

3. Effektivität der Beauftragten

Ob ein Ausbau der Unabhängigkeit und der Rechte des betrieblichen Datenschutzbeauftragten sinnvoll ist, hängt zunächst von der grundsätzlichen Frage ab, ob der gedankliche Ansatz, der hinter dieser Form von Kontrolle steht, zu einer effektiven Überwachung führen kann. Die Kontrolle durch Betriebsbeauftragte beruht auf dem Modell der Selbstkontrolle[55]. Die Überwachung soll intern, innerhalb der zu überwachenden Unternehmung erfolgen. Die Stärke dieser Konzeption liegt in der Tatsache, daß eine interne Kontrolle besonders deshalb effektiv sein kann, weil der Kontrollierende die betrieblichen Gegebenheiten und Abläufe, die Fehler und Schwächen, am besten kennt[56] und weil bei einer internen Kontrollperson eine größere Akzeptanz der Kontrollierten zu erwarten ist.

Die Schwäche dieses Modells ist jedoch mit seiner Stärke eng verknüpft. Denn wegen des Nähe- und Abhängigkeitsverhältnisses des Kontrollierenden zum Kontrollierten, wegen der Tatsache also, daß der Kontrollierte sich tendenziell selbst kontrolliert, besteht die Gefahr der Insuffizienz. Dieser kann man nur begegnen, wenn man der internen Kontrollinstanz ausreichende Unabhängigkeit und Handlungsmöglichkeiten einräumt. Daran mangelt es bisher im Datenschutz auf Unternehmensebene, wie der Vergleich mit den anderen Beauftragten ergeben hat. Selbst im Bereich der Umweltschutzbeauftragten werden die gegenwärtigen Regelungen, wie die dargestellten Novellierungsvorschläge zeigen, als nicht ausreichend empfunden. Dies scheint

---

54 Vgl. auch *Auernhammer*, § 28 Rn 2.
55 *Kamlah* in: *Kamlah/Schimmel/Schwan*, § 29 Rn 41.
56 *Kamlah* in: *Kamlah/Schimmel/Schwan*, § 29 Rn 41.

berechtigt, wenn man berücksichtigt, daß im Umweltbereich eine Vielzahl von Schäden eingetreten sind, ohne daß die Umweltbeauftragten effektiv eingegriffen haben oder eingreifen konnten, so daß die in der Sachverständigenanhörung des Innenausschusses des Deutschen Bundestages verwendete Formel vom „Vollzugsdefizit"[57] nicht von ungefähr kommt. In ähnlicher Weise läßt sich dies für den betrieblichen Datenschutzbeauftragten sagen. Der Anstoß, problematische oder gar rechtswidrige Datenerhebung und -verarbeitung zu unterlassen, kam zu selten und zu wenig effektiv von den betrieblichen Datenschutzbeauftragten[58].

Das soll nicht bedeuten, daß die Institution des betrieblichen Beauftragten ungeeignet ist. Mit ihrer Hilfe können beträchtliche Erfolge erzielt werden, wie die positiven Erfahrungen mit dem ArbSichG[59] und insbesondere der Rückgang der Arbeitsunfälle zeigen[60]. Der betriebliche Datenschutzbeauftragte ist als Kontrollorgan gerade dann notwendig, wenn die Kontrolle durch den Betriebsrat nicht greift, etwa im betriebsratslosen Betrieb. Erforderlich ist vielmehr, die Effektivität dieser Institution zu steigern.

4. Die Bewertung der Änderungsmöglichkeiten

Es sind nunmehr die einzelnen Möglichkeiten zu diskutieren, mit denen eine Stärkung der Unabhängigkeit und Effizienz der betrieblichen Datenschutzbeauftragten erreicht werden könnte.

a. Die Wahl zwischen internen und externen Beauftragten

Wie berichtet, hat der Arbeitgeber nach der gegenwärtigen Rechtslage die Wahl, ob er einen externen oder internen Beauftragten bestellt[61]. Darin besteht ein Unterschied zu dem Strahlenschutzbeauftragten, der immer Unternehmensmitarbeiter sein muß und den Beauftragten nach dem ArbSichG, dem BImSchG und dem AbfG, die es in der Regel sein müssen. Die Vorteile, die die Selbstkontrolle durch Beauftragte bietet, werden durch externe Beauftragte geschmälert. Denn externe Beauftragte verfügen in der Regel nicht über detaillierte Kenntnisse der innerbetrieblichen Geschehensabläufe, sie

---

57 Frage 16 des Fragenkatalogs zur Sachverständigenanhörung im Innenausschuß des Deutschen Bundestages am 24.4.85.

58 *Wohlgemuth*, ArbuR 82, 269 ff., 272 mit einer Reihe von Beispielen.

59 Vgl. den Bericht der Bundesregierung über den Vollzug des ArbSichG, BT-Drucksache 7/4668.

60 So ist die Zahl der Arbeitsunfälle von 1978 bis 1981 um 55.000 auf 1,763 Millionen gesunken, während im gleichen Zeitraum die Zahl der Versicherten um 1,234 Millionen zugenommen hat, siehe Statistisches Jahrbuch 1983, S. 395. Von 1981 bis 1983 sank die Zahl der Arbeitsunfälle bei fast gleichbleibender Versichertenzahl um nochmals 252.000 auf 1,51 Millionen, siehe Statistisches Jahrbuch 1985, S. 404.

61 Siehe oben Teil 2 B VIII 2 und *Ordemann/Schomerus*, § 28 Anm. 1.2.

sind mit den Betriebsinterna in der Regel wesentlich weniger vertraut als die Mitarbeiter[62] und stoßen deshalb auf ähnliche Schwierigkeiten, die Informationsverarbeitung zu durchschauen, wie die Angehörigen der staatlichen Aufsichtsbehörden. Zudem werden sie im Unternehmen als außenstehende Kontrolleure betrachtet, ebenso wie staatliches Kontrollpersonal, so daß die Akzeptanz bei den Unternehmensmitarbeitern, die sich kontrollieren lassen müssen, weniger gesichert ist als bei unternehmensinternen Kontrolleuren.

Gleichwohl wird man auf externe Beauftragte nicht verzichten können, denn für kleinere und mittlere Unternehmen ist dies, zumal wenn der Umfang der Datenverarbeitung insgesamt nicht sehr erheblich ist, die einzig effektive und zugleich wirtschaftliche Lösung[63]. Aufgrund gleicher Überlegungen werden beispielsweise im Immissionsschutz- und Abfallbeseitigungsrecht externe Beauftragte zugelassen[64]. Der Unterschied besteht nur darin, daß dies dort als Durchbrechung der Regel verstanden wird und im Einzelfall von der Aufsichtsbehörde genehmigt sein muß, wobei geprüft werden muß, ob die sachgemäße Erfüllung der Aufgaben nicht gefährdet wird[65]. *Ein solches Regel/Ausnahmeverhältnis* empfiehlt sich auch für den datenrechtlichen Bereich. Damit wäre klargestellt, daß in der Regel die Selbstkontrolle durch unternehmensangehörige Mitarbeiter vorzunehmen ist. Auf der anderen Seite wäre den praktischen Bedürfnissen kleinerer und mittlerer Betriebe durch die behördliche Gestattung externer Beauftragter ausreichend Rechnung getragen. Ausgeschlossen wäre damit jedenfalls die jetzt für Konzerne bestehende Möglichkeit, einen Beauftragten zu benennen, der von jedem Einzelunternehmen des Konzerns gesondert als externer Beauftragter bestellt wird[66].

b. Einfügung einer Inkompatibilitätsregelung

Skepsis ist gegenüber der in die Diskussion gebrachten Inkompatibilität[67] angezeigt, nicht weil das Regelungsziel nicht sinnvoll ist, sondern weil das vorgeschlagene Kriterium des drohenden Rollenkonfliktes sehr unscharf und kaum justiziabel ist. Darauf sollte nur zurückgegriffen werden, wenn andere Möglichkeiten zur Vermeidung von Interessenkonflikten zwischen der sonstigen Tätigkeit im Unternehmen und der Position als betrieblicher Da-

---

62 Skeptisch gegenüber externen Beauftragten deshalb auch *Krieger*, DuD 81, 205ff., 205.

63 *Kamlah* in: *Kamlah/Schimmel/Schwan*, § 29 Rn 44.

64 *Jarass*, Kommentar zum BImSchG, § 53 Rn 5 u. 10.

65 Siehe dazu §§ 1 und 4 der 5. BImSchVO vom 14.2.75, BGBl I, S. 504ff., 504f. und *Stich/Porger*, BImSchG, § 53 Rn 24.

66 Dazu *Ordemann/Schomerus*, § 28 Anm. 1.2., die dies angesichts der möglichen Interessenkonflikte zu Recht für bedenklich halten.

67 *Kilian*, Personalinformationssysteme in deutschen Großunternehmen, S. 256 unter Pkt. 12.42.

tenschutzbeauftragter, etwa die Mitbestimmung des Betriebsrates[68], untauglich sind.

c. Schutz des betrieblichen Datenschutzbeauftragten vor benachteiligenden Maßnahmen des Arbeitgebers

aa. Erschwerung der Abberufung

Der vorgeschlagene, an § 626 BGB angelehnte Abberufungsschutz[69] hat den Vorteil, daß er die Unabhängigkeit nicht nur bei den internen betrieblichen Datenschutzbeauftragten, sondern auch bei den außerbetrieblichen Beauftragten sichern würde, indem die Abberufung für alle Beauftragte einheitlich nur zugelassen würde, wenn ein wichtiger Grund vorläge. Die Dringlichkeit, den externen Beauftragten vor seiner Entfernung aus der Kontrollposition zu schützen, wäre freilich erheblich geringer, wenn nach dem vorher Gesagten der interne Beauftragte der gesetzlich vorgesehene Regelfall wäre.

Der gravierende Nachteil einer solchen Regelung bestünde aber darin, daß der betriebliche Datenschutzbeauftragte auch dann nur schwer abzuberufen wäre, wenn sich erweist, daß es ihm an der erforderlichen Eignung oder Zuverlässigkeit fehlt oder wenn er seine Kontrollaufgaben nachlässig ausführt. Solche Tatsachen würden zwar im Arbeitsverhältnis eine personen- bzw. verhaltensbedingte Kündigung rechtfertigen können[70], sie würden aber nicht ohne weiteres einen wichtigen Grund im Sinne des § 626 BGB abgeben. Dazu müßten vielmehr besondere Umstände hinzutreten, etwa besonders schwere und nachhaltige Pflichtverletzungen oder krasse Fälle von Nichteignung oder Unzuverlässigkeit[71].

So könnte der Fall eintreten, daß ein betrieblicher Datenschutzbeauftragter nicht aus dieser Position abberufen werden kann, obwohl er nach der Ansicht aller Beteiligten für die Kontrolltätigkeit nur unzureichend geeignet ist oder diese Tätigkeit nicht zufriedenstellend bewältigt. Dies würde dem Bestreben nach einer effektiven Datenkontrolle zuwiderlaufen. Ein derartiger Abberufungsschutz ist daher nicht sinnvoll. Auf die Frage, ob ein Schutz vor ungerechtfertigter Abberufung durch die Beteiligung der Aufsichtsbehörde oder des Betriebsrates bewerkstelligt werden kann, soll weiter unten in den

---

[68] Dazu ausführlich unten Teil 3 C IV 5 c bb.

[69] Referentenentwurf des Bundesinnenministeriums vom 23.6.83, § 28 Abs. 3 Satz 4; übernommen in § 28 Abs. 3 Satz 4 des gemeinsamen Entwurfs der Fraktionen von CDU/CSU und F.D.P. vom 28.1.84, BT-Drucksache 10/4737, S. 14.

[70] KR-*Becker*, § 1 KSchG Rn 205ff. u. 255; *Hueck*, § 1 KSchG Rn 82.

[71] *Schaub*, Arbeitsrechtshandbuch, § 125 VII 17, S. 781; MünchKomm-*Schwerdtner*, § 626 Rn 71.

Abschnitten über die Aufsichtsbehörde und den Betriebsrat eingegangen werden[72].

bb. Einführung eines Sonderkündigungsschutzes

Gegen die Einführung eines Kündigungsschutzes, wie er für Betriebsratsmitglieder in § 15 KSchG besteht[73], wird häufig eingewandt, daß ein solcher Schutz notwendig unvollkommen sei, weil er beim externen Beauftragten nicht greifen könne[74]. Dadurch werde nur zusätzlicher Anreiz geschaffen, auf externe Beauftragte auszuweichen. Dieses Argument würde allerdings erheblich an Gewicht verlieren, wenn der interne Beauftragte zur gesetzlichen Regel würde. Nicht durchschlagend ist ferner der Einwand, der betriebliche Datenschutzbeauftragte müsse loyaler Berater des Unternehmens bleiben, weshalb seine Aufgabe nicht polarisiert werden dürfe[75]. Denn ein wie auch immer gearteter Kündigungsschutz würde weder an der Zielrichtung der Selbstkontrolle, die wesentlich in interner Beratung und Überwachung besteht, etwas ändern, noch zu verstärkter Polarisierung führen. Der Kündigungsschutz würde lediglich dazu führen, daß Interessenkonflikte nicht durch die Kündigung eines Teils gelöst werden können.

Bedenken ergeben sich jedoch unter einem anderen Gesichtspunkt[76]. Der betriebliche Datenschutzbeauftragte hat anders als der Betriebsrat keine feste Amtszeit. Er ist im Gegenteil jederzeit aus seiner Position ablösbar[77]. Daran würde der Sonderkündigungsschutz nichts ändern, weil die Abberufung von der Kündigung unabhängig ist und den Bestand des Arbeitsvedhältnisses nicht berührt[78]. So könnte der Arbeitgeber eine effektive Datenschutzkontrolle jederzeit dadurch verhindern, daß er den betrieblichen Datenschutzbeauftragten mit anderen Aufgaben betraut und durch einen neuen Beauftragten ersetzt. Mit der Ablösung des betrieblichen Datenschutzbeauftragten könnte der Arbeitgeber zugleich unter Beachtung der einjährigen Nachwirkungsfrist den Sonderkündigungsschutz aufheben. Damit besteht die, wenn auch durch die Nachwirkungsfrist eingeschränkte Gefahr der Umgehung des Sonderkündigungsschutzes[79]. Eine dem § 15 KSchG nachgebildete Regelung gewährleistet also keinen effektiven Schutz.

---

[72] Zur Beteiligung der Aufsichtsbehörde siehe Teil 3 C II 2 c, zur Beteiligung des Betriebsrates Teil 3 C IV 2.

[73] Vorgeschlagen z. B. von *Simitis*, Gutachten, S. 188 Pkt. 9; *Kilian*, Personalinformationssysteme in deutschen Großunternehmen, S. 256, Pkt. 12.43; in ähnliche Richtung § 28 Abs. 4 Satz 4 des SPD-Entwurfs, DuD 84, 217; zum Ganzen bereits oben Teil 3 C I 1.

[74] z. B. *Kamlah* in: *Kamlah/Schimmel/Schwan*, § 28 Rn 37.

[75] *Kamlah* in: *Kamlah/Schimmel/Schwan*, § 28 Rn 37.

[76] Zum Folgenden *Auernhammer*, DuD 84, 5 ff., 9.

[77] Zur jederzeitigen Möglichkeit der Abberufung vgl. oben Teil 2 B VIII 2 und *Simitis* in: *Simitis/Dammann/Mallmann/Reh*, § 28 Rn 166 ff.

[78] Siehe oben Teil 3 C I 1.

[79] *Bull*, 5. Tätigkeitsbericht, BT-Drucksache 9/2386, S. 115; *Auernhammer*, DuD 84, 5 ff., 9.

Eine andere Frage ist, ob nicht klargestellt werden sollte, daß eine Kündigung nicht wegen ordnungsgemäßer Erfüllung der Aufgaben ausgesprochen werden darf. Daß dies schon jetzt unzulässig ist, folgt aus dem Benachteiligungsverbot des § 28 Abs. 3 Satz 3 BDSG. Der Bundesrat hat für den Abfallbeseitigungsbeauftragten, für den bisher ebenfalls ein Benachteiligungsverbot in § 11 f AbfG verankert ist, die Klarstellung empfohlen[80], daß insbesondere eine Benachteiligung durch Kündigung verboten sei. Eine solche Verdeutlichung könnte für den betrieblichen Datenschutzbeauftragten ebenfalls hilfreich sein. Wenn sie auch die kündigungsrechtliche Lage nicht grundlegend verändern würde, hätte sie doch den Effekt, dem betrieblichen Datenschutzbeauftragten mehr Sicherheit zu geben und den Arbeitgeber von benachteiligenden Kündigungen abzuschrecken.

cc. Entgeltschutz

Der vorgeschlagene Entgeltschutz für den betrieblichen Datenschutzbeauftragten[81], der an den für Betriebsratsmitglieder in § 37 Abs. 4 und 5 BetrVG angelehnt ist, präzisiert das Benachteiligungsverbot. Er ist jedoch nicht erforderlich, wenn man in Rechnung stellt, daß die Verminderung der Vergütung neben der Kündigung ein Hauptfall der Benachteiligung ist und von § 28 Abs. 3 Satz 3 BDSG bisher schon völlig eindeutig erfaßt ist[82]. Nach Ablauf der Amtszeit scheint ein solcher Schutz zur Sicherung der Unabhängigkeit des Beauftragten weniger dringlich zu sein.

d. Zusammenarbeit mit dem Betriebsrat und Schweigepflicht

Bisher gibt es keine Verpflichtung für den betrieblichen Datenschutzbeauftragten, bei der Datenschutzkontrolle und der Verbesserung des Datenschutzes im Betrieb mit dem Betriebsrat zusammenzuarbeiten[83]. Hindernis ist bei der Zusammenarbeit insbesondere die fehlende Normierung der Schweigepflicht des betrieblichen Datenschutzbeauftragten gegenüber dem Arbeitgeber, so daß auf Seiten der Betriebsräte häufig die Befürchtung besteht[84], der Arbeitgeber werde den betrieblichen Datenschutzbeauftragten als Informationsquelle über die Betriebsratsarbeit benutzen. Die gesetzliche Verankerung der Schweigepflicht – nicht nur für die Kontrolle des Betriebsrates durch den betrieblichen Datenschutzbeauftragten – würde dieses Mißtrauen aufheben. Ohnehin sollte die Schweigepflicht für jemanden, der wesentlich den Schutz personenbezogener Daten vor unzulässiger Verwendung und unbe-

---

80 BR-Drucksache 465/84, S. 15f. = BT-Drucksache 10/2885, wörtlich zitiert bereits in Teil 3 C I 2 e.

81 § 28 Abs. 4 des SPD-Entwurfs, DuD 84, 217.

82 *Simitis* in: *Simitis/Dammann/Mallmann/Reh*, § 28 Rn 154.

83 *Hesse*, S. 257f.; *v. Hoyningen-Huene*, NZA-Beilage 1/85, S. 19ff., 22.

84 *Krieger*, DuD 81, 205ff., 207f.; *Simitis*, Gutachten, S. 78f.

fugter Offenbarung an Dritte zu kontrollieren und die Geheimhaltung solcher Daten zu überprüfen hat, selbstverständlich sein. Mangelnde Verschwiegenheit wäre geradezu der klassische Fall der fehlenden Zuverlässigkeit im Sinne des § 28 Abs. 2 BDSG[85].

Die Normierung der Schweigepflicht des betrieblichen Datenschutzbeauftragten[86] gegenüber dem Arbeitgeber über Umstände, die er bei seiner Tätigkeit über den Betriebsrat oder betroffene Arbeitnehmer erlangt, ist daher notwendig. Die Pflicht zur Zusamenarbeit mit dem Betriebsrat ist für die Betriebsärzte und Fachkräfte für Arbeitssicherheit in § 9 Abs. 1 ArbSichG ebenso vorgesehen wie für die Strahlenschutzbeauftragten in § 30 Abs. 2 der Strahlenschutzverordnung. In diesen Bereichen liegt der Grund darin, daß die Aufgabenstellung der Beauftragten sich mit denen des Betriebsrates zu einem erheblichen Teil deckt[87]. Der Betriebsrat hat im Bereich des Unfall- und Gesundheitsschutzes wichtige Befugnisse. Er besitzt die Kontrollzuständigkeit gemäß § 80 Abs. 1 Nr. 1 BetrVG, wobei zu den zugunsten der Arbeitnehmer geltenden Gesetze auch die Strahlenschutzverordnung gehört[88]. Und er hat in diesem Bereich Beratungsrechte gemäß § 89 BetrVG sowie im Rahmen des § 87 Abs. 1 Nr. 7 BetrVG die Mitbestimmungskompetenz. Ähnliches läßt sich für den datenrechtlichen Bereich feststellen, wenn man die Beratungsrechte in §§ 90, 92 BetrVG und die Mitbestimmungsrechte in §§ 87 Abs. 1 Nr. 6, 94 und 95 BetrVG sowie die Kontrollzuständigkeit aufgrund des § 80 Abs. 1 Nr. 1 BetrVG[89] berücksichtigt. Dies spricht also wie im Unfall- und Gesundheitsschutzbereich für eine Pflicht zur Zusammenarbeit. Kein Gegenargument ist, daß der betriebliche Datenschutzbeauftragte außer dem datenrechtlichen Persönlichkeitsschutz der Arbeitnehmer auch den Datenschutz Dritter, etwa der Kunden oder Lieferanten, überwachen muß. Dies ist keine Besonderheit des Datenschutzes, denn der Strahlenschutzbeauftragte wird ebenso im Allgemeininteresse tätig, da er die Schädigung der Bevölkerung durch radioaktive Strahlung verhindern soll.

Schließlich ist die allgemeine Auffassung, daß eine Zusammenarbeit zwischen Betriebsrat und betrieblichem Datenschutzbeauftragten wünschenswert ist[90], ein gewichtiger Anhaltspunkt.

---

85 Vgl. *Auernhammer,* § 28 Rn 10.

86 Vorgeschlagen auch im Referentenentwurf 1983, in § 28 Abs. 3 Satz 5, DuD 83, 274.

87 *Graeff,* ArbSichG, § 9 Anm. 2; *Kliesch/Nöthlichs/Wagner,* ArbSichG, § 9 Anm. 4; *Krebs,* ArbSichG, § 9 Anm. III; ferner die Begründung der Bundesregierung zu § 9 ArbSichG, BT-Drucksache 7/260, S. 1 ff., 14.

88 *Schaub,* Arbeitsrechtshandbuch, § 153 I 6. b i.V. m. 4., S. 907.

89 Siehe dazu im einzelnen oben Teil 2 B V und VIII 4.

90 *Fitting/Auffarth/Kaiser,* § 80 Rn 2; *Matysiak,* S. 244; *Brill,* BlStSozArbR 78, 163 ff. 166; *Gola,* DuD 78, 25 ff., 29 f.; *Louis,* Grundzüge des Datenschutzrechts, S. 173; *v. Hoyningen-Huene,* NZA-Beilage 1/85, S. 19 ff., 22; *Krieger,* DuD 80, 205 ff., 208; *Schaffland/Wiltfang,* § 29 Rn 49; *Zöllner,* S. 77; *Gola/Hümmerich/Kerstan,* Datenschutzrecht, Bd. 1, S. 61.

Aus diesen Gründen ist die gesetzliche Normierung der Zusammenarbeitspflicht[91] wie die der Schweigepflicht notwendig.

e. Erweiterung der Kompetenzen

Denkbar ist, dem betrieblichen Datenschutzbeauftragten innerbetriebliche Entscheidungsbefugnisse einzuräumen, wie dies beim Strahlenschutzbeauftragten der Fall ist[92] und vom Bundesrat für den Beauftragten für Abfall vorgeschlagen worden ist[93]. Diese innerbetrieblichen Entscheidungsbefugnisse werden im Strahlenschutzrecht deshalb verlangt, um sofortige Maßnahmen der Gefahrenabwehr zu ermöglichen[94]. Darin bestehen im Kern der Befugnisse des Strahlenschutzbeauftragten. Ihm obliegt es also insbesondere, unmittelbare Gefahren für Leib und Leben der Mitarbeiter und der Allgemeinheit abzuwenden. Seine Zuständigkeit ist unter diesem Aspekt eine Eilzuständigkeit.

Die Qualität der von kerntechnischen Anlagen ausgehenden Gefahren ist jedoch eine andere als die der von moderner Datenverarbeitung ausgehenden Gefahren. Gefahren für Leib und Leben erfordern einen schnelleren und höheren Schutz als Gefahren für das Persönlichkeitsrecht. Insbesondere fehlt es in dem zuletzt genannten Bereich an einem Bedürfnis für eine Eilzuständigkeit, da es nicht um die Durchführung unaufschiebbarer Maßnahmen geht.

f. Zusammenfassung

Der betriebliche Datenschutzbeauftragte sollte in Zukunft in der Regel ein interner Unternehmensmitarbeiter sein. Sinnvoll ist ferner, die Schweigepflicht und die Pflicht zur Zusammenarbeit mit dem Betriebsrat zu normieren.

Hingegen bestehen gegen die Einführung eines Kündigungsschutzes, wie er für Betriebsratsmitglieder existiert, und gegen die Schaffung innerbetrieblicher Entscheidungsbefugnisse ausschlaggebende Bedenken.

---

91 Ebenso *Zöllner,* S. 77.

92 Vgl. § 29 Abs. 1 Satz 3 und § 30 Abs. 4 der Strahlenschutzverordnung.

93 BR-Drucksache 465/84, S. 10f. = BT-Drucksache 10/2885; kritisch zu diesem Vorschlag *Sander,* DVBl 85, 780ff., 785.

94 Vgl. § 30 Abs. 4 der Strahlenschutzverordnung und *Rosenbaum,* Erläuterungen zu § 30.

II. Die Erweiterung der Kompetenzen der staatlichen Aufsichtsbehörde

1. Die Konzeption der Fremdkontrolle

Es ist schon gesagt worden, daß die Fremdkontrolle durch die staatliche Aufsichtsbehörde nur ergänzende Funktion hat[95]. Als primäres Kontrollorgan fungiert nach der Intention des Gesetzgebers der betriebliche Datenschutzbeauftragte[96]. Dem liegt die sicher zutreffende Überlegung zugrunde, daß die Eigenkontrolle durch die Datenverarbeiter das im Vergleich schonendere Mittel ist, wenn es auch die Unternehmen, anders als die staatliche Aufsicht, zusätzlich finanziell belastet[97]. Das Gesetz legt mithin die Selbstverantwortlichkeit der Datenverarbeiter zugrunde, auf der der Vorrang der Selbstkontrolle aufgebaut ist. Zurückhaltung gegenüber staatlicher Fremdkontrolle ist auch aus anderen Gründen angebracht. Eine umfassende staatliche Kontrolle erzeugt eine problematische Ausweitung der Überwachungsbürokratie. Die allumfassende Kontrollzuständigkeit des Staates wird zunehmend auf Vorbehalt stoßen, ihre freiheitssichernde Wirkung, die sie eigentlich haben sollte, wird um so weniger wirksam, je mehr sie sich ausdehnt. Zudem ist der Staat vielfältiger Datensammler und -nutzer, weshalb nicht zuletzt das Schlagwort vom Überwachungsstaat entstehen konnte, so daß er von den Betroffenen nicht als völlig unbefangener und unabhängiger Kontrolleur angenommen wird. Nicht minder wichtig sind die Effizienzprobleme staatlicher Aufsicht. Staatliche Aufsichtsbeamte können in den Unternehmen nicht ständig präsent sein, weder als Kontrolleure noch als Ansprechpartner für Beschwerden, und haben deshalb gegenüber (internen) Datenschutzbeauftragten gravierende Nachteile. Ihre mangelnde Vertrautheit mit den betrieblichen Gegebenheiten und den dortigen Informationsstrukturen hemmt ihre Effizienz zusätzlich ebenso wie die geringere Akzeptanz bei den Kontrollierten.

Gleichwohl ist staatliche Aufsicht nicht verzichtbar. Sie wird dann wichtig, wenn die anderen Kontrollmittel, vor allem aber wenn der betriebliche Datenschutzbeauftragte versagt. Die Fremdkontrolle ist solange entbehrlich wie die Eigenkontrolle funktioniert. Daraus ergibt sich die rechtspolitische Richtung. Die staatlichen Aufsichtsbehörden müssen in die Lage versetzt werden, effektive Maßnahmen ergreifen zu können, wenn feststeht, daß andere Kontrollmechanismen ausfallen. Außerhalb dieser Auffangfunktion ist eine Ausdehnung staatlicher Kompetenzen problematisch.

---

[95] Siehe oben Teil 2 B VIII 3.
[96] *Simitis* in: *Simitis/Dammann/Mallmann/Reh*, § 28 Rn 1 ff.
[97] Zur Kostenbelastung *Kamlah* in: *Kamlah/Schimmel/Schwan*, § 29 Rn 42.

2. Rechtspolitische Möglichkeiten

a. *Beseitigung der Anlaßaufsicht*

Bei der Datenverarbeitung für eigene Zwecke, die im Arbeitsverhältnis die Regel ist[98], darf die Aufsichtsbehörde nur eingreifen, wenn ein Betroffener begründet darlegt, in seinen Rechten verletzt zu sein[99]. Erforderlich ist mithin, daß der betroffene Arbeitnehmer sich mit einer konkreten Beschwerde an die Aufsicht wendet. Davor wird ein Arbeitnehmer, selbst wenn er von einem ihn betreffenden Datenmißbrauch erfährt, oft zurückschrecken, zumal die Anzeige bei einer staatlichen Aufsichtsbehörde Sanktionen im Arbeitsverhältnis auslösen kann[100]. Die Datenschutzbehörde darf aber nicht einmal dann eingreifen, wenn ihr der Datenmißbrauch zwar bekannt ist, der Betroffene sich aber nicht gemeldet hat[101]. Der bisherige Rechtszustand wird deshalb allgemein als unbefriedigend empfunden. Die Vorschläge gehen im wesentlichen dahin, eine Überprüfung dann zuzulassen, wenn begründeter Anlaß dafür vorliegt[102]. Damit könnte die Aufsichtsbehörde bereits tätig werden, wenn sie etwa durch öffentliche Berichterstattung oder die Prüfung bei einem anderen Unternehmen von Mißständen in dem betroffenen Unternehmen erfährt, ohne daß es auf die Meldung durch den oder die Betroffenen ankäme. Eine solche Reform ist, wie oben dargelegt, deshalb gerechtfertigt, weil mit dem Bekanntwerden eines Mißstandes feststeht, daß die übrigen Kontrollmechanismen ausgefallen sind. Dann ist die Situation gegeben, daß die Aufsichtsbehörde ihre Auffangfunktion wahrnehmen muß. Hinzuweisen ist im übrigen darauf, daß die bisherige Anlaßaufsicht im System staatlicher Aufsicht ein Fremdkörper ist und es im Recht der oben behandelten übrigen Beauftragten[103] keine Parallele gibt.

Der Aufsichtsbehörde muß daher in Zukunft das Recht eingeräumt werden, bei hinreichenden Anhaltspunkten kontrollierend tätig zu werden.

---

98 Siehe oben Teil 2 B VIII 3; bei Datenverarbeitung für fremde Zwecke, die im Konzern gegeben sein kann, gilt diese Einschränkung aufgrund des § 40 BDSG nicht, vgl. *Ordemann/Schomerus*, Anm. zu § 40.

99 Siehe bereits oben Teil 2 B VIII 3.

100 Vgl. *Hinrichs* in: Das Arbeitsrecht der Gegenwart Bd. 18 (1980), S. 35ff., 51ff.; LAG Baden-Württemberg, Urt. v. 20.10.76 – 6 Sa 51/76 – EzA Nr. 8 zu § 1 KSchG 1969 Verhaltensbedingte Kündigung.

101 *Auernhammer*, DuD 84, 5ff., 9.

102 So etwa § 30 Abs. 1 Satz 1 des Referentenentwurfs aus dem Jahre 1983, DuD 83, 275; *Simitis*, in: *Simitis/Dammann/Mallmann/Reh*, § 30 Rn 22.

103 Oben Teil 3 C I 2 a–g.

b. Eingriffsmöglichkeiten und Zwangsbefugnisse

Bisher hat die Aufsichtsbehörde weder Eingriffsmöglichkeiten noch Zwangsbefugnisse[104]. Ihre Tätigkeit beschränkt sich auf die Prüfung gemeldeter Datenschutzmängel und der Mitteilung des Ergebnisses an das betroffene Unternehmen. Sie ist insofern nicht mehr als staatliche Beraterin der datenverarbeitenden Unternehmen[105]. Als Sanktion drohen lediglich Maßnahmen aufgrund des Datenordnungswidrigkeiten- oder Datenstrafrechts. Da dieser Schutz nicht vollständig ist, kann der Fall eintreten, daß ein Verstoß gegen datenschutzrechtliche Bestimmungen völlig folgenlos bleibt[106]. Unbefriedigend ist ferner, daß dadurch die Vorbeugung vor weiteren Datenschutzverstößen unmöglich ist[107]. Steht beispielsweise fest, daß eine bestimmte Übermittlungspraxis rechtswidrig ist und die Betroffenen in ihrem Persönlichkeitsrecht verletzt, etwa die Übermittlung von Gesundheitsdaten vom Betriebsarzt an den Arbeitgeber, so kann die Behörde gleichwohl nicht einschreiten, um zukünftige Persönlichkeitsrechtsverletzungen zu verhindern. Es kommt hinzu, daß in solchen Fällen das Versagen der übrigen Kontrollorgane offensichtlich ist. Schließlich steht eine Aufsichtsbehörde, die zwar die Datenverarbeitung im Unternehmen überprüfen und deren Rechtswidrigkeit im Einzelfall feststellen kann, die aber keinerlei Mittel hat, das Unternehmen zu rechtmäßiger Verfahrensweise anzuhalten, in der Gefahr, sich lächerlich zu machen. Das kann nur dazu führen, daß die präventive Wirkung, die von der Möglichkeit staatlicher Kontrolle ausgeht, auf die Dauer völlig ausgehöhlt wird.

Nun besteht allerdings aufgrund des § 30 Abs. 4 BDSG die Möglichkeit, daß die Gewerbeaufsichtsämter einschreiten, da die Anwendung der Gewerbeordnung auf die ihr unterliegenden Betriebe unberührt bleiben soll. So kann die Datenschutzbehörde das Gewerbeaufsichtsamt über Datenschutzverstöße in Gewerbebetrieben informieren, das seinerseits gemäß § 35 Abs. 1 GewO das Gewerbe wegen Unzuverlässigkeit ganz oder teilweise untersagen könnte[108].

Problematisch ist daran aber, daß fachfremde Behörden mit Tätigkeiten auf datenrechtlichem Sektor befaßt werden. Es kommt hinzu, daß die gewerberechtlichen Mittel nur möglich sind, wenn der Betrieb des Arbeitgebers unter die Gewerbeordnung fällt. Gemäß § 6 GewO sind eine Vielzahl von wirtschaftlichen Betätigungen vom Anwendungsbereich der Gewerbe-

---

104 Oben Teil 2 B VIII 3 und *Kamlah* in: *Kamlah/Schimmel/Schwan*, § 30.

105 Vgl. *Simitis* in: *Simitis/Dammann/Mallmann/Reh*, § 30 Rn 77ff.

106 Auernhammer, *DuD 84, 5ff., 9.*

107 *Baumann*, 7. Tätigkeitsbericht, BT-Drucksache 10/2777, S. 82.

108 Wobei als milderes Mittel z.B. auch die Untersagung einer bestimmten Verwendungsart von Daten in Betracht käme, vgl. *Simitis* in: *Simitis/Dammann/Mallmann/Reh*, § 30 Rn 75.

ordnung ausgenommen. Beispielsweise sind Versicherungen oder Wirtschaftsprüfungsgesellschaften nicht erfaßt[109].

Wegen des Fehlens eigener Befugnisse und der Unangemessenheit und Unzulänglichkeit gewerberechtlicher Mittel hatte bereits die CDU/CSU[110] in ihrem Gesetzentwurf vom 24.1.80 eine Erweiterung der Kompetenzen der staatlichen Aufsichtsbehörde vorgeschlagen.

Die Eingriffsmöglichkeiten sollten mit einer Generalklausel umschrieben werden, wobei sich die im Referentenentwurf des Jahres 1983 benutzte Formulierung „Maßnahmen zur Beseitigung festgestellter Mängel zu treffen und den Einsatz bestimmter Verfahren zu untersagen“[111] anbietet. Mit ihr wäre sichergestellt, daß unzulässige Verarbeitungsprogramme verboten werden könnten. Damit bestünde die wichtige Möglichkeit, bereits auf der datentechnischen Ebene einzugreifen.

Kennzeichnend für die Richtigkeit einer Reform in dieser Hinsicht ist, daß die meisten ausländischen Datenschutzgesetze, insbesondere im skandinavischen Bereich[112], aber auch in Frankreich[113] und den USA[114] eine solche Möglichkeit von Anfang an vorgesehen haben.

c. Beteiligung bei der Bestellung und Abberufung des betrieblichen Datenschutzbeauftragten

Eine Mitwirkung der Aufsichtsbehörde ist schon befürwortet worden, soweit es um die Gestattung der Bestellung eines externen Beauftragten ging[115]. Weitergehend ist zu überlegen, ob die Vergrößerung dieser Einflußmöglichkeiten sinnvoll ist. Den größten Einfluß hätte die Behörde, wenn sie selbst die Auswahl des betrieblichen Datenschutzbeauftragten vornehmen könnte. Eine solche Regelung ist inzwischen für die Umweltbeauftragten vorgeschlagen worden[116]. Nun ist eine solche Konstruktion sicher ungewöhnlich, auf

---

[109] Siehe im einzelnen *Landmann/Rohmer*, Bd. 1, § 6 GewO, Rn 20ff. u. 47ff.

[110] BT-Drucksache 8/3608, S. 5; ähnlich § 30 Abs. 4 des Referentenentwurfs 1983, DuD 83, 275; mit gleicher Zielrichtung § 30 Abs. 4 des SPD-Entwurfs, DuD 84, 218; Zwangsbefugnisse vorgesehen auch in § 30 Abs. 4 Satz 1 und 2 des gemeinsamen Entwurfs der Fraktionen von CDU/CSU und F.D.P. vom 28.1.86, BT-Drucksache 10/4737, S. 15.

[111] § 30 Abs. 4 Satz 1 des Referentenentwurfs 1983, DuD 83, 275.

[112] Siehe etwa §§ 15–18 des schwed. Datenschutzgesetzes vom 11.5.73, Svenks författningssamling (SFS) 1973, Bd. I Nr. 289, dtsch. Übersetzung in *Simitis/Dammann/Mallmann/Reh*, Dokumentation zum BDSG, Bd. 2, D 9.1., S. 10. Siehe außerdem bereits Teil 2 A III.

[113] *Schomerus*, DuD 78, 61ff., 62.

[114] *Simitis* in: *Simitis/Dammann/Mallmann/Reh*, § 30 Rn 7.

[115] Oben Teil 3 C I 4 a.

[116] Gesetzentwurf der *Grünen* v. 21.2.84 zur Änderung des BImSchG, BT-Drucksache 10/1022, S. 4.

der anderen Seite ist sie dem geltenden Recht nicht fremd, wie beispielsweise ein Blick auf das Hypothekenbankgesetz[117] zeigt. Nach dessen § 29 Abs. 1 muß bei jeder Hypothekenbank ein Treuhänder bestellt werden, der gemäß § 30 zu überwachen hat, daß die vorschriftsmäßige Deckung für die Hypothekenpfandbriefe jederzeit vorhanden ist. Die Bestellung und Abberung erfolgt durch die Aufsichtsbehörde (§ 29 Abs. 2), die Vergütung indessen muß die Hypothekenbank aufbringen (§ 34).

Dennoch ist Skepsis angebracht, ob dieses Modell auf den Datenbereich übertragen werden sollte. Die staatliche Aufsicht soll nur subsidiär greifen, staatlicher Einfluß ist nicht erforderlich, soweit die Eigenkontrolle im Betrieb funktioniert. Außerdem ist keineswegs gesagt, daß die Auswahlentscheidung der Behörde eine höhere Richtigkeitsgewähr erbringt.

Aus dem zuvor Gesagten folgt jedoch, daß die Behörde dann eingreifen können muß, wenn der betriebliche Datenschutzbeauftragte versagt, weil es ihm an Eignung, Zuverlässigkeit oder der nötigen Fachkunde fehlt, denn dann steht fest, daß die Eigenkontrolle nicht funktioniert hat. Bei den übrigen Beauftragten ist es selbstverständlich, daß die Aufsichtsbehörde in solchen Fällen die Abberufung verlangen bzw. die Anerkennung als Beauftragter verweigern kann[118]. Lediglich die Datenschutzaufsichtsbehörde muß bisher tatenlos einem ungeeigneten betrieblichen Beauftragten zusehen. In Zukunft sollte deshalb die Aufsichtsbehörde nach dem begrüßenswerten Vorschlag aus dem Referentenentwurf 1983[119] die Abberufung eines betrieblichen Datenschutzbeauftragten durchsetzen können, wenn ihm Fachkunde oder Zuverlässigkeit fehlt.

d. *Zusammenfassung*

Als Ergebnis kann festgehalten werden, daß erstens das Einschreiten der Aufsichtsbehörde nicht mehr von der Beschwerde eines Betroffenen abhängig sein darf. Zweitens sind der Aufsichtsbehörde Eingriffsbefugnisse einzuräumen und drittens das Recht, die Abberufung ungeeigneter betrieblicher Datenschutzbeauftragter durchzusetzen.

---

117 Hypothekenbankgesetz in der Fassung vom 5.2.1963, BGBl I, S. 81 ff., 86 berichtigt S. 368.

118 § 55 Abs. 2 BImSchG, § 11 c Abs. 2 AbfG, § 21 c Abs. 2 WHG, § 30 Abs. 4 Strahlenschutzverordnung sowie oben ausführlich Teil 3 C I 2 a–g.

119 § 30 Abs. 4 Satz 2 des Referentenentwurfs 1983, DuD 83, 275; übernommen in § 30 Abs. 4 Satz 3 des gemeinsamen Entwurfs der Fraktionen von CDU/CSU und F.D.P. v. 28.1.1986, BT-Drucksache 10/4737, S. 15.

III. Die Verstärkung der individualrechtlichen Kontrollrechte

1. Die Erweiterung des Auskunftsrechts

Das zentrale Kontrollrecht des Arbeitnehmers, Kenntnis von den zu seiner Person gespeicherten Daten zu erhalten, ist, wie oben dargestellt[120], in zwei unterschiedlichen Regelungen enthalten. Auf der einen Seite gibt § 26 Abs. 2 BDSG – im Konzern unter Umständen stattdessen die Parallelvorschrift des § 34 Abs. 2 BDSG – einen Auskunftsanspruch gegen den Arbeitgeber, wenn die Daten in einer Datei gespeichert sind[121]. Auf der anderen Seite steht, soweit es um Personalakten geht, das vorrangige[122] Einsichtsrecht des § 83 BetrVG. Voraussetzungen und Rechtsfolgen beider Institute sind unterschiedlich[123]. Das führt zu der Frage, ob der Vorrang des betriebsverfassungsrechtlichen Einsichtsrechts und die Unterschiede zwischen beiden Instituten gerechtfertigt sind. Hinzu kommt die rechtspolitische Frage, welche Erweiterungen vorgenommen werden sollen.

a. Einheitliches Informationsrecht des Arbeitnehmers

Sowohl der Vorrang des § 83 BetrVG[124] als auch die Unterschiedlichkeit der beiden Regelungen[125] sind auf Kritik gestoßen. Für wünschenswert wird statt dessen ein einheitliches Informationsrecht des Arbeitnehmers über die zu seiner Person gespeicherten Daten gehalten[126]. Die Vorschriften sind nicht aufeinander abgestimmt. So findet § 83 BetrVG trotz automatischer Datenverarbeitung Anwendung, wenn die Personalakte in einer elektronischen Datenverarbeitungsanlage geführt wird, so daß an und für sich in diese Einsicht genommen werden dürfte, also gegenständliche Inaugenscheinnahme durch direkten Zugang über ein Datenterminal gewährt werden müßte[127], obwohl das BDSG bei automatischer Verarbeitung – ersichtlich an § 26 BDSG – den Auskunftsanspruch für angemessener gehalten hat. Auch dieser Ansatz ist im BDSG jedoch nicht konsequent durchgehalten, denn § 26 Abs. 2 Satz 1 BDSG[128] findet Anwendung auf alle Dateien, und dies können aufgrund

---

120 Siehe oben Teil 2 B VIII 1 a und b.

121 Zur Datei als Voraussetzung des Anspruchs *Ordemann/Schomerus*, § 26 Anm. 3; *Simitis*, Gutachten, S. 133; zum Begriff der Datei oben Teil 2 B I 3 a und *Gallwas/Schneider/Schwappach/Schweinoch/Steinbrinck*, § 2 Rn 34ff.

122 Der Vorrang folgt aus § 45 Nr. 5 BDSG, die Reichweite im einzelnen ist umstritten, vgl. hier nur *Simitis*, Gutachten, S. 133; *Zöllner*, S. 69.

123 Siehe im einzelnen oben Teil 2 B VIII 1 a und b sowie *Kilian*, Personalinformationssysteme in deutschen Großunternehmen, S. 149ff.

124 De lege ferenda für eine Beseitigung des Vorrangs *Zöllner*, S. 69.

125 *Simitis*, Gutachten, S. 131ff.

126 *Kilian*, Personalinformationssysteme in deutschen Großunternehmen, S. 178; *Simitis*, Gutachten, S. 134.

127 *Kilian*, Personalinformationssysteme in deutschen Großunternehmen, S. 153f.

128 Ebenso die Parallelvorschrift § 34 Abs. 2 Satz 1 BDSG.

der Definition des § 2 Abs. 3 Nr. 3 BDSG auch manuell geführte Datensammlungen sein. Sind solche Daten hingegen nicht zur Übermittlung an Dritte bestimmt, besteht aufgrund der Ausnahmevorschrift des § 1 Abs. 2 a. E. BDSG – interne manuelle Daten[129] – kein Auskunftsanspruch, und wenn sie sich außerhalb der Personalakte befinden, ebensowenig ein Einsichtsrecht, so daß im Ergebnis insoweit überhaupt kein Informationsrecht besteht. Dieser Fall kann etwa bei betriebsärztlichen Unterlagen eintreten. Zur Personalakte gehören sie von vorneherein nicht[130], so daß § 83 BetrVG ausscheidet. Das Auskunftsrecht des § 26 Abs. 2 BDSG[131] greift nur, wenn die personenbezogenen Daten des Arbeitnehmers beim Betriebsarzt in einer Datei enthalten sind. Sind die Angaben in einer lediglich nach Namen geordneten Aktensammlung enthalten, ist der Dateibegriff nicht erfüllt[132], da die Datensammlung nicht nach mehreren Mermalen erfaßt und zu ordnen ist. Ob der Arbeitnehmer betriebsärztliche Angaben zu seiner Person erfahren kann, hängt also von der Zufälligkeit ab, ob der Betriebsarzt die Daten in einer Datei verarbeitet[133].

Rechtssystematisch ist im übrigen die Stellung des § 83 BetrVG verfehlt, denn er behandelt keine betriebsverfassungsrechtliche, sondern eine allgemeine individualarbeitsrechtliche Frage, was sich darin dokumentiert, daß nach allgemeiner Auffassung[134] das Einsichtsrecht unabhängig davon besteht, ob der Betrieb einen Betriebsrat hat. Eine weitere Schwäche liegt darin, daß es nach herrschender Meinung dem ausgeschiedenen Arbeitnehmer nicht zusteht[135]. Dies alles führt zu der Überlegung, ein einheitliches Informationsrecht für alle personenbezogenen Daten zu schaffen, das freilich auf die Verschiedenartigkeit der Verarbeitungsformen Rücksicht nehmen muß. Notwendig ist aber, daß dem Arbeitnehmer ein solches Informationsrecht zusteht, unabhängig davon, ob die Daten in Personalakten, automatischen Datenverarbeitungsanlagen, Dateien oder in sonstigen Datensammlungen gespeichert sind oder ob es sich um interne Daten handelt. In allen Fällen muß der Arbeitnehmer das Recht haben, zu wissen, welche Angaben der Arbeitgeber zu seiner Person gespeichert hat. Nur so wird er in die Lage versetzt, die

---

129 Zum Begriff oben Teil 1 D VIII und *Ordemann/Schomerus*, § 1 Anm. 4; *Gallwas/Schneider/Schwappach/Schweinoch/Steinbrinck*, § 1 Rn 36ff.

130 *Dietz/Richardi*, § 83 Rn 6 m.w.N.

131 Das prinzipiell gegenüber dem Betriebsarzt besteht, siehe *Budde*, BB 84, 1305ff., 1307; *Hollmann*, NJW 77, 2110f., 2110.

132 *Kroll*, S. 45ff.; *Sproll*, S. 48ff.

133 Andere Anspruchsgrundlagen bestehen nicht oder sind von weiteren Voraussetzungen abhängig. § 810 BGB verlangt für die Einsicht ein rechtliches Interesse, vertragliche Ansprüche scheiden wegen des Fehlens vertraglicher Beziehungen zwischen Arbeitnehmer und Betriebsarzt aus, vgl. dazu *Fritsche*, S. 87f., der zutreffend darauf hinweist, daß auch kein Vertrag zugunsten Dritter gemäß § 328 BGB vorliegt.

134 *Dietz/Richardi*, § 83 Rn 2; *Pramann*, DB 83, 1922ff., 1924f.; *Becker-Schaffner*, BlStSozArbR 80, 177ff., 177.

135 *Dietz/Richardi*, § 83 Rn 23; *Kroll*, S. 202f.; *Fitting/Auffarth/Kaiser*, § 83 Rn 2 d; anderer Auffassung z. B. *Becker-Schaffner*, BlStSozArbR 80, 177ff., 178.

Richtigkeit der Daten und die Zulässigkeit der Verarbeitung kontrollieren und Fehlentscheidungen zu seinen Lasten verhindern zu können. Dies ist beim ausgeschiedenen Arbeitnehmer nicht weniger wichtig als bei dem noch beim Arbeitgeber beschäftigten Arbeitnehmer, denn der ausgeschiedene Arbeitnehmer kann durch die Weitergabe falscher oder unzulässiger Daten erheblich in seinen Chancen auf dem Arbeitsmarkt beeinträchtigt werden.

Ein umfassendes Informationsrecht des betroffenen Arbeitnehmers gründet sich bereits de lege lata entscheidend auf das informationelle Selbstbestimmungsrecht. Das Bundesverfassungsgericht[136] hält es zutreffend für unvereinbar mit Art. 2 Abs. 1 GG, wenn der Einzelne nicht mehr wissen könne, wer was wann und bei welcher Gelegenheit über ihn weiß. Zur Transparenz des Kommunikationsprozesses[137] gehört es, dem Betroffenen das Recht einzuräumen, Informationen über die zu seiner Person vorhandenen Daten verlangen zu können. Dieses Informationsrecht verhindert, daß der Betroffene zum bloßen Informationsobjekt wird und durch eine nicht durchschaubare Informationsüberlegenheit des Arbeitgebers in seiner Handlungsfreiheit beeinträchtigt ist. Die Informationsfreiheit, die gerade die Datenverarbeiter für sich in Anspruch nehmen[138], gilt nicht weniger für die betroffenen Arbeitnehmer.

Aus alldem folgt die Notwendigkeit eines umfassenden Informationsrechtes. Die nähere Ausgestaltung muß allerdings auf die verschiedenen Verarbeitungsformen Rücksicht nehmen. Bei manueller Verarbeitung wird die Einsichtnahme die am wenigsten aufwendige und kostenbelastende Möglichkeit sein. Der automatischen Verarbeitung ist die Auskunft, etwa in Form eines Datenauszuges, angemessen. Denkbar ist aber auch, den Betroffenen die Daten über ein eigenes Terminal direkt abfragen zu lassen[139] oder ihm dadurch Einblick zu geben, daß die Daten in seinem Beisein abgerufen und sichtbar gemacht werden[140]. Um die zuletzt genannten Möglichkeiten nicht auszuschließen, die aufgrund betrieblicher Gegebenheiten besser geeignet sein können, sollte bestimmt werden, daß die Information zwar in der Regel in Form einer Auskunft erteilt wird[141]. Notwendig ist aber ein direkter Zugang zur Datenverarbeitungsanlage dann, wenn der Arbeitnehmer Anhaltspunkte dafür hat, daß ihm falsche oder unvollständige Auskünfte erteilt worden sind.

---

136 BVerfG, Urt. v. 15.12.83 – 1 BvR 209/83 u.a. – NJW 84, 419ff., 422 unter C II 1 a. der Gründe (Volkszählungsurteil).

137 Zur Bedeutung der Transparenz für den Datenschutz zutreffend *Zöllner*, S. 68; *Heußner*, ArbuR 85, 309ff., 312 unter Pkt. 2 und 313 unter Pkt. 8.

138 Siehe oben Teil 1 E II 1 und besonders pointiert *Zöllner*, S. 24ff.

139 Der Vorschlag stammt von *Müller*, DuD 81, 251f., danach ist dies ohne zusätzlichen Aufwand praktizierbar und besonders sinnvoll, wenn eine große Zahl von Arbeitsplätzen ohnehin mit Datenterminals ausgestattet ist.

140 *Kilian*, Personalinformationssysteme in deutschen Großunternehmen, S. 153f.

141 Siehe bisher bereits § 26 Abs. 2 Satz 4 BDSG, wonach – zu restriktiv – ausnahmsweise die Schriftform der Auskunft verzichtbar ist.

In diesem Fall muß dem Arbeitnehmer das Recht zustehen, einen Sachverständigen hinzuzuziehen, um mit dessen Hilfe die gespeicherten Daten ermitteln zu können. Ein Orientierungspunkt aus dem geltenden Recht könnte diesbezüglich § 87c Abs. 2 HGB sein, der dem Handelsvertreter das Recht einräumt, bei begründeten Zweifeln an der Richtigkeit oder Vollständigkeit der Abrechnung oder des Buchauszuges die Prüfung der Geschäftsbücher und sonstigen Unterlagen durch einen Wirtschaftsprüfer oder vereidigten Buchsachverständigen zu verlangen.

In allen Fällen muß auf Wunsch des Arbeitnehmers – wie schon bisher gemäß § 83 Abs. 1 Satz 2 BetrVG – die Hinzuziehung eines Betriebsratsmitglieds möglich sein.

Als Ergebnis läßt sich festhalten: Das Einsichts- und das Auskunftsrecht sollten zu einem umfassenden Informationsrecht vereinheitlicht werden, welches für alle personenbezogenen Daten unabhängig von der Verarbeitungsform gilt. Der Informationsanspruch ist bei manueller Verarbeitung durch Einsicht, bei elektronischer Verarbeitung in der Regel durch Auskunft zu erfüllen. Im zweitgenannten Fall besteht bei begründetem Anlaß ein Recht auf Direktzugang unter Hinzuziehung eines Sachverständigen.

b. Erstreckung des Informationsanspruchs auf die Datenempfänger

Bisher gehörte zum Auskunftsanspruch gemäß § 26 Abs. 2 Satz 2 BDSG die Mitteilung der Datenempfänger erst dann, wenn automatische Datenverarbeitung vorlag[142], und zwar nur der regelmäßigen Datenempfänger[143]. Die zivilgerichtliche Rechtsprechung[144] hat jedoch schon lange vor Inkrafttreten des BDSG angenommen, daß die Empfänger von Auskünften dem betroffenen ausgeschiedenen Arbeitnehmer mitgeteilt werden müssen, und hat diesen Anspruch aus der Treue- und Fürsorgepflicht gerechtfertigt. Für manuelle Datenverarbeitung hat der Bundesgerichtshof[145] inzwischen einen Anspruch auf Mitteilung des Datenempfängers unabhängig von den Vorschriften des BDSG jedenfalls dann bejaht, wenn die Übermittlung rechtswidrig war, und hat dies mit dem allgemeinen Persönlichkeitsrecht in Verbindung mit § 1004 BGB begründet. *Auernhammer*[146] hat darüber hinaus die These vertreten, zum Begriff der Auskunft gehöre seinem Inhalt nach die Mitteilung der Datenempfänger. Die Auskunft umfasse alle zur Person gespeicherten Daten, somit gehörten zu ihr die Datenempfänger, weil sie sich ebenfalls auf die

142 *Mallmann* in: *Simitis/Dammann/Mallmann/Reh*, § 26 Rn 39f.
143 Dazu *Mallmann* in: *Simitis/Dammann/Mallmann/Reh*, § 26 Rn 41ff.
144 BGH, Urt. v. 10.7.59 – VI ZR 149/58 – AP Nr. 2 zu § 630 BGB.
145 BGH, Urt. v. 22.5.84 – VI ZR 105/82 – NJW 84, 1886f.
146 *Auernhammer*, NJW 80, 816f.; ebenso *Simon/Taeger*, JuS 83, 96ff., 97f.; ähnlich *Sproll*, S. 220.

Person des Betroffenen bezögen. Konsequenz dieser Auffassung wäre, daß die Datenempfänger unabhängig von der Verarbeitungsform mitgeteilt werden müßten. Der Bundesgerichtshof[147] ist dieser Argumentation nicht gefolgt. Er hat aus § 26 Abs. 2 Satz 2 BDSG, der die Mitteilung der regelmäßigen Datenempfänger bei automatischer Datenverarbeitung vorschreibt, gefolgert, daß der Gesetzgeber abgesehen von dieser Konstellation die Datenempfänger nicht zum Gegenstand der Auskunft habe machen wollen[148].

Restriktiv hat sich der Bundesgerichtshof[149] ebenfalls in einer weiteren Streitfrage verhalten. Streitig war, worauf sich die Auskunft bei automatischer Verarbeitung bezieht, wenn Datenempfänger im Wege des Direktzugriffs (Online-Abruf)[150] auf die Daten der datenverarbeitenden Stelle zugreifen können, ohne daß dies von letzterer noch beeinflußt werden könnte. Der Bundesgerichtshof hat, anders als das vorinstanzliche Urteil[151] und ein Teil der Literatur[152], einen Auskunftsanspruch hinsichtlich der Online-Abrufberechtigten abgelehnt und zur Begründung geltend gemacht, ein regelmäßiger Datenempfänger sei nur dann anzugeben, wenn gerade die Daten des Betroffenen an ihn regelmäßig weitergegeben würden[153]. Auf die Problematik dieser Argumentation wurde bereits hingewiesen[154]. Sie besteht darin, daß ein Übermitteln aufgrund der Definition des § 2 Abs. 2 Nr. 2 BDSG schon vorliegt, wenn die Daten zum Abruf bereitgehalten werden, so daß der Übermittlungsvorgang an die Direktzugriffsberechtigten schon in dem Augenblick bewirkt ist, in dem die Daten des Betroffenen bei der datenverarbeitenden Stelle gespeichert und bereitgehalten werden.

Unabhängig von der Richtigkeit der richterlichen Interpretation soll der Frage nachgegangen werden, ob es rechtspolitisch sinnvoll ist, den Auskunftsanspruch generell auf die Datenempfänger zu erstrecken. Einen entsprechenden Vorstoß enthält beispielsweise der Referentenentwurf des Jahres 1983[155].

Leicht entkräften läßt sich der Einwand, Auskunftsansprüche über Datenempfänger ließen sich nicht mit dem Schutzzweck des BDSG, dem Schutz

---

147 BGH, Urt. v. 19.5.81 – VI ZR 273/79 – BGHZ 80, 311ff. = NJW 81, 1738ff. ebenso *Sasse/Abel*, NJW 79, 352f.; *Abel*, NJW 80, 2689; *Simitis*, NJW 81, 1697ff., 1699f.

148 BGH, NJW 81, 1740.

149 BGH, Urt. v. 15.12.83 – III ZR 187/82 – JZ 84, 676ff. = NJW 84, 1887 = BB 84, 809; ebenso *Abel*, NJW 83, 400.

150 Zum Begriff siehe bereits oben Teil 1 D IX.

151 OLG Düsseldorf, Urt. v. 22.9.82 – 15 U 244/81 – NJW 83, 399f.

152 *Fiedler*, JZ 84, 678f.; *Mallmann* in: *Simitis/Dammann/Mallmann/Reh*, § 34 Rn 12; *Ringwald*, NJW 84, 2397f.

153 BGH, JZ 84, 677.

154 Oben Teil 2 B VIII 1 b.

155 Referentenentwurf v. 23.6.83, in § 26 Abs. 2 Satz 2, DuD 83, 272; ebenso etwa *Baumann*, 8. Tätigkeitsbericht, BT-Drucksache 10/4690, S. 18; auf die regelmäßigen Empfänger beschränkt § 26 Abs. 2 des SPD-Entwurfs, DuD 84, 217.

vor Mißbrauch personenbezogener Daten, vereinbaren, da die Empfängerangabe keinerlei Aussage über den Betroffenen enthielte[156]. Der Mißbrauch kann sich gerade dadurch vollziehen, daß nachteilige, belastende oder gar unrichtige Daten weitergegeben werden. In solchen Fällen hat der Betroffene ein schutzwürdiges Interesse daran, die Empfänger der Daten zu erfahren, zumal wenn er Nachteile durch die Weitergabe fürchten muß[157]. Ohne einen solchen Anspriich wäre es ihm beispielsweise nicht möglich, die Weiterverbreitung unrichtiger oder unzulässig erhobener Daten zu verhindern. Nur der Auskunftsanspruch hinsichtlich der Empfänger gibt die Möglichkeit, die Datenspur nachzuverfolgen und einen Berichtigungs- oder Löschungsanspruch durchzusetzen. Hier zeigt sich, welch zentrale Rolle das Auskunftsrecht im System der individualrechtlichen Kontrollmittel spielt[158]. Die Durchsetzbarkeit der Rechte auf Berichtigung, Sperrung und Löschung baut auf dem Auskunftsrecht auf. Ohne umfassende Kenntnis der gespeicherten Daten und ihrer Empfänger laufen die übrigen Kontrollrechte leer. Ein entscheidendes Argument für ein umfassendes Auskunftsrecht liefert wiederum das informationelle Selbstbestimmungsrecht. Weil mit ihm gewährleistet werden soll, daß der einzelne vom Kommunikationsprozeß nicht ausgeschlossen wird, sondern an ihm aktiv teilhaben soll[159], weil mit anderen Worten die Transparenz der Datenverarbeitung[160] gegenüber dem Betroffenen gewahrt sein muß, müssen auf Wunsch ihm gegenüber die Kommunikationswege offengelegt werden. Andernfalls würde sich der Betroffene tatsächlich in der mit dem Grundgesetz nicht vereinbarenden Lage befinden, nicht zu wissen, wer was wann und bei welcher Gelegenheit über ihn weiß[161].

Gegen ein umfassendes Auskunftsrecht hinsichtlich der Empfänger und der Übermittlungen wird geltend gemacht, dies stoße in der Praxis auf große Schwierigkeiten und stehe außer Verhältnis zur sachlichen Bedeutung[162]. Die Wichtigkeit des Auskunftsrechts für die Individualkontrolle überhaupt kann nicht hoch genug eingeschätzt werden. Die praktischen Schwierigkeiten scheinen demgegenüber gering. Bei manueller Datenverarbeitung wird sich die Weitergabe in der Regel schriftlich vollziehen und ein Durchschlag des Informationsschreibens an den Datenempfänger in den Akten verbleiben[163]. Mithin sind die Datenempfänger leicht feststellbar. Handelt es sich um eine Vielzahl von Übermittlungen und wäre deshalb eine zusammenfassende

---

156 *Sasse/Abel*, NJW 79, 352f., 352; *Abel*, NJW 83, 400.

157 Zutreffend BGH, Urt. v. 19.5.81 – VI ZR 273/79 – NJW 81, 1738ff., 1739 unter B II 1 a cc der Gründe; siehe auch *Auernhammer*, NJW 80, 816f.

158 Ebenso *Ordemann/Schomerus*, § 26 Anm. 3.

159 Dazu ausführlich oben Teil 1 E.

160 Dies ist die maßgebliche Rechtfertigung für das Auskunftsrecht überhaupt, vgl. *Zöllner*, S. 68.

161 BVerfG (Volkszählungsurteil), NJW 84, 422 und 428.

162 *Zöllner*, S. 72.

163 *Kilian*, Personalinformationssysteme, S. 155.

schriftliche Auskunft zu aufwendig, könnte der Arbeitnehmer auf sein Einsichtsrecht verwiesen werden. Noch geringer sind die Schwierigkeiten bei automatischer Datenverarbeitung. Dort ist der Datenverarbeiter gemäß Nr. 6 der Anlage zu § 6 BDSG ohnehin verpflichtet, bestimmte Übermittlungsvorgänge zu protokollieren, um Übermittlung, Abruf und Abrufsversuch[164] feststellen und nachträglich überprüfen zu können. Für den öffentlichen Bereich hat das Bundesverfassungsgericht[165] aus dem informationellen Selbstbestimmungsrecht und dem Gebot des effektiven Rechtsschutzes eine Protokollierungspflicht[166] abgeleitet, damit der Bürger von der Weitergabe seiner Daten Kenntnis erlangen und notfalls den Rechtsweg beschreiten könne. Das diesbezügliche Schutzbedürfnis besteht im privaten Bereich in gleicher Weise.

Im übrigen ist angesichts der Kapazitäten elektronischer Datenverarbeitungsanlagen eine Übermittlungsprotokollierung praktisch ohne ernsthafte Hindernisse oder unzumutbaren Aufwand[167] durchführbar. Sie liegt im übrigen auch im Unternehmensinteresse, da für das Unternehmen der Überblick über den Datenzugriff Dritter, insbesondere im Fall des Direktzugriffs, wichtig ist, um den Schutz der eigenen Daten, nicht nur der Arbeitnehmerdaten, vor dem Zugriff Unbefugter Dritter, besonders vor Konkurrenzunternehmen, gewährleisten zu können.

Da nach Berichten aus der Praxis von dem Recht auf Auskunft zurückhaltend Gebrauch gemacht wird[168], steht eine mißbräuchliche Inanspruchnahme des Auskunftsrechts und ein damit verbundener unzumutbarer Arbeitsaufwand nicht zu befürchten.

Das Auskunftsrecht ist also unabhängig von der Verarbeitungsform auf die Datenempfänger, seien es einmalige, regelmäßige oder direktzugriffsberechtigte, zu erstrecken.

c. *Erstreckung auf die Herkunft der Daten*

Die Argumente, die zur Erstreckung der Auskunft auf die Datenempfänger geführt haben, können in gleicher Weise Geltung bezüglich der Information

---

164 *Auernhammer,* § 6 Rn 12, danach ist eine vollständige Übermittlungsprotokollierung besonders bei sensitiven Daten angezeigt. Ähnlich *Dammann* in: *Simitis/Dammann/Mallmann/Reh,* § 6 Rn 124; ebenso *Gallwas/Schneider/Schwappach/Schweinach/Steinbrinck,* § 6 Rn 71.

165 BVerfG (Volkszählungsurteil), NJW 84, 428 unter C V 1 der Gründe; zustimmend *Baumann,* 7. Tätigkeitsbericht, S. 90.

166 Die dabei anfallenden Protokollierungsdaten dürfen freilich nicht für andere Zwekke verwendet werden, vgl. auch *Baumann,* 7. Tätigkeitsbericht, S. 90.

167 *Simitis,* Gutachten, S. 137.

168 *Müller,* DuD 81, 251f., 251; *Kilian,* Personalinformationssysteme, S. 149, danach antworteten 44,8% der befragten Unternehmen, es werde in ihrem Unternehmen vom Auskunftsrecht nie Gebrauch gemacht, bei 37,3% sehr selten/fast nie.

über die Datenquellen beanspruchen. Insofern besteht ebenfalls ein schutzwürdiges Interesse des Betroffenen[169], denn nur so ist es ihm beispielsweise möglich, die Quelle einer Falschangabe zu ermitteln und Beeinträchtigungen für die Zukunft auszuschließen. Die Information über die Datenquelle erleichtert dem Arbeitnehmer im übrigen die Nachprüfung der Daten. Deshalb ist es nur konsequent und rechtspolitisch zutreffend, wenn der Referentenentwurf des Jahres 1983 die Herkunft der Daten in den Auskunftsanspruch einbezieht[170].

d. Entgeltpflicht

Es besteht Einigkeit, daß die in § 26 Abs. 3 BDSG vorgesehene Möglichkeit, für die Auskunft ein Entgelt zu verlangen, für das Arbeitsrecht verfehlt ist[171]. Sie sollte deshalb zumindest für das Arbeitsrecht beseitigt werden.

e. Grenzen des Informationsrechts

Die bisher in § 26 Abs. 4 BDSG der Auskunftsverpflichtung gezogenen Grenzen sind ebenfalls reformbedürftig. Wenig einleuchtend ist bereits, daß eine Auskunft gemäß § 26 Abs. 4 Nr. 4 BDSG verweigert werden darf, wenn die Daten unmittelbar aus allgemein zugänglichen Quellen entnommen sind. Diese können ebenso wie jegliche anderen Daten falsch sein, und es besteht kein Grund, warum der Arbeitnehmer insoweit kein Informationsrecht haben sollte[172], zumal er bei verweigerter Auskunft nicht einmal prüfen könnte, ob und aus welchen allgemein zugänglichen Quellen die Daten stammen[173]. In Bezug auf Arbeitnehmerdaten sollte die Möglichkeit, die Auskunft wegen Gefährdung der Geschäftszwecke zu verweigern (§ 26 Abs. 4 Nr. 1 BDSG), restriktiver gefaßt werden. Die Auskunft darf nicht versagt werden, wenn nur einzelne Geschäftszwecke oder -absichten beeinträchtigt sind, etwa weil durch die Auskunft eine unzulässige Datenverknüpfung offenbar würde, die einen wichtigen Mitarbeiter zur Kündigung veranlassen könnte. Die Auskunft darf vielmehr nur verweigert werden, wenn durch sie eine

---

169 Zutreffend *Auernhammer*, NJW 80, 816f., 817.

170 Referentenentwurf 1983, § 26 Abs. 2 Satz 1, DuD 83, 272; übernommen in § 26 Abs. 2 Satz 1 des gemeinsamen Entwurfs der Fraktionen von CDU/CSU und F.D.P. v. 28.1.86, BT-Drucksache 10/4737, S. 13.

171 *Zöllner*, S. 70; *Mallmann* in: *Simitis/Dammann/Mallmann/Reh*, § 26 Rn 87; zu begrüßen deshalb die Festlegung in § 26 Abs. 4 des gemeinsamen Entwurfs der Fraktionen von CDU/CSU und F.D.P. v. 28.1.86 (BT-Drucksache 10/4737, S. 14), daß für die Auskunft kein Entgelt verlangt werden darf.

172 *Zöllner*, S. 71 f.; abzulehnen ist deshalb die Beibehaltung dieser Grenze in § 26 Abs. 3 Nr. 4 des gemeinsamen Entwurfs der Fraktionen von CDU/CSU und F.D.P. v. 28.1.86, BT-Drucksache 10/4737, S. 13.

173 Ebenso *Gola/Hümmerich/Kerstan*, Datenschutzrecht, Bd. 1, S. 55f.

nicht anders abwendbare Beeinträchtigung der gesamten Unternehmenszielrichtung hervorgerufen würde[174].

2. Der Anspruch auf Berichtigung

Falsche Daten, die sich in Dateien befinden, müssen gemäß § 27 Abs. 1 BDSG berichtigt werden. Für den Bereich der Personalakte hat die Rechtsprechung darüber hinaus überwiegend einen Berichtigungsanspruch aus einer entsprechenden Anwendung des § 1004 BGB gefolgert[175]. Gleichwohl ergeben sich erhebliche Schutzlücken, da der größte Teil der manuell verarbeiteten Daten, die sich außerhalb der Personalakte befinden, vom Berichtigungsanspruch nicht erfaßt ist. Es kommt hinzu, daß das LAG Köln[176] in einer neueren Entscheidung selbst hinsichtlich der in den Personalakten enthaltenen Daten einen Berichtigungsanspruch verneint hat. Es hat dies mit dem ernst zu nehmenden Hinweis begründet, es fehle für einen Berichtigungsanspruch bisher an einer gesetzlichen Grundlage[177]. In Zukunft sollte der Berichtigungsanspruch daher für alle Arten von Daten festgelegt werden.

An falschen Daten kann kein Unternehmen ein schutzwürdiges Interesse haben. Deshalb muß der Berichtigungsanspruch im Interesse des Betroffenen unabhängig von der Form der Verarbeitung und der Art der Aufbewahrung der Daten bestehen. Dies würde zugleich klarstellend die gesetzliche Grundlage für die Berichtigung unrichtiger Angaben in der Personalakte mit sich bringen.

Auch in einem weiteren Punkt bietet sich eine Verbesserung des Schutzes an. Sind die falschen Daten an Dritte übermittelt worden, bestand nach dem BDSG bisher keine Verpflichtung der speichernden Stelle, die Unrichtigkeit den Datenempfängern mitzuteilen[178]. Eine solche Verpflichtung sollte eingeführt werden[179]. Durch sie würde die Pflicht begründet, den durch die Übermittlung der falschen Daten eingetretenen unrechtmäßigen Zustand rückgängig zu machen.

---

174 Ähnlich *Mallmann* in: *Simitis/Dammann/Mallmann/Reh,* § 26 Rn 95ff.; *Gallwas/Schneider/Schwappach/Schweinoch/Steinbrinck,* § 26 Rn 66.

175 Siehe bereits oben Teil 2 B VIII 1 a sowie BAG, Urt. v. 16.3.82 – 1 AZR 406/80 – AP Nr. 3 zu § 108 BetrVG '72 = EzA Nr. 5 zu § 108 BetrVG '72 = DB 82, 1326f. = BB 82, 1857 (L).

176 LAG Köln, Urt. v. 2.11.83 – 7 Sa 901/83 – DB 84, 1630f.

177 LAG Köln, Urt. v. 2.11.83 – 7 Sa 901/83 – DB 84, 1630f.; aufgehoben durch BAG, Urt. v. 27.11.85 – 5 AZR 101/84 – BB 86, 594f.

178 Im Einzelfall wurde eine solche Verpflichtung aber u. U. aus dem allgemeinen Persönlichkeitsrecht abgeleitet, vgl. BGH, Urt. v. 7.7.83 – III ZR 159/82 – NJW 84, 436f., 436; OLG Celle, Urt. v. 14.11.79 – 3 W 92/79 – NJW 80, 347ff., 349 mit insoweit kritischer Anmerkung von *Schuster/Simon,* NJW 80, 1287ff., 1289.

179 Auf die regelmäßigen Datenempfänger beschränkt und daher zu restriktiv § 27 Abs. 1 Satz 2 des Referentenentwurfs 1983, DuD 83, 273 sowie § 27 Abs. 1 SPD-Entwurf, DuD 84, 217.

Hinsichtlich ehrverletzender Angaben wäre die Pflicht ohnedies eine adäquate Form des Widerrufs, da die Richtigstellung in dem Medium erfolgen würde, in dem auch die Falschübermittlung stattgefunden hat.

Die Pflicht zur Empfängerbenachrichtigung würde zugleich sicherstellen, daß die Berichtigung nicht nur punktuell erfolgt, sondern sich umfassend auf alle Stellen erstreckt, die die Falschangabe bekommen und gespeichert haben. So würde wirksam verhindert, daß Daten, deren Unrichtigkeit feststeht, trotz Berichtigung bei der speichernden Stelle weiterhin kursieren. Da diese Gefahr unabhängig von der Verarbeitungsart besteht, sollte die Pflicht zur Empfängerbenachrichtigungsverpflichtung selbst einschränkungslos formuliert werden.

3. Einführung eines Anspruchs auf Aufnahme von Gegenerklärungen nach dem Vorbild des § 83 Abs. 2 BetrVG

Bisher gibt es ein Recht, Gegenerklärungen zu Daten abzugeben, nur für den Bereich der Personalakte gemäß § 83 Abs. 2 BetrVG[180]. Dieses Recht gibt dem Arbeitnehmer die Möglichkeit, zum Inhalt der Personalakte aus seiner Sicht Stellung zu nehmen, insbesondere wenn es um negative Beurteilungen oder für ihn nachteilige Vorfälle im Betrieb geht. Das Recht zur Gegenerklärung verwirklicht insofern das Recht auf rechtliches Gehör (Art. 103 Abs. 1 GG) und ermöglicht einem Dritten eine objektivere Sichtweise, weil die Informationen durch mehr als einen Beobachtungskontext vermittelt sind. § 83 Abs. 2 BetrVG findet bereits Anwendung, wenn die Personalakte in einem automatisierten Personalinformationssystem geführt wurde[181]. Das Recht zur Gegendarstellung ist besonders wichtig, weil es dem Kontextverlust bei der Datenverarbeitung entgegenwirkt. Denn der betroffene Arbeitnehmer hat dadurch die Möglichkeit, zu der Primärinformation erklärende Sekundärinformationen zu liefern, beispielsweise bei Verfehlungen auf betriebliche Üblichkeiten oder die stillschweigende Duldung durch Vorgesetzte[182] hinzuweisen.

Deshalb sollte das Recht auf Gegendarstellung[183] auf alle Datensammlungen ausgeweitet und damit auch im Bereich der elektronischen Datenverar-

---

180 Siehe oben Teil 2 B VIII 1 a.

181 *Wohlgemuth,* Datenschutz für Arbeitnehmer, S. 139; *Hümmerich/Gola,* BB 77, 146ff., 148f.; grundsätzlich auch *Dietz/Richardi,* § 83 Rn 8; in der Praxis wird dies freilich häufig nicht beachtet, *Kilian,* Personalinformationssysteme, S. 174.

182 So das zutreffende Beispiel von *Zöllner,* S. 67.

183 § 83 Abs. 2 BetrVG beruht insofern auf dem gleichen Grundgedanken wie die presserechtlichen Gegendarstellungsansprüche etwa in § 11 Nds. PresseG.

beitung angewandt werden[184]. Angesichts der Speicherkapazitäten scheint es technisch kein Problem zu sein, im Bereich elektronischer Verarbeitung Zusatzerklärungen des Arbeitnehmers im Zusammenhang mit der davon betroffenen Information zu speichern. § 83 Abs. 2 BetrVG sollte also als Vorbild für einen alle Datensammlungen erfassenden Gegendarstellungsanspruch dienen.

4. Die Ersetzung des Sperrungs- durch den Löschungsanspruch

Bisher mußten Daten in Dateien, deren Speicherungszweck entfallen war, lediglich gesperrt werden[185].

Gleiches galt für Daten, deren Richtigkeit vom Betroffenen bestritten worden war[186]. Sperrung bedeutet, wie bereits oben geschildert, ein Verarbeitungsverbot, die Daten sind jedoch gleichwohl bei der speichernden Stelle präsent. Eine darüber hinausgehende Löschungspflicht tritt gemäß § 27 Abs. 3 Satz 2 BDSG bei Fortfall des Speicherungszwecks nur auf ausdrückliches Verlangen des Betroffenen ein. Freilich kann die speichernde Stelle von sich aus löschen, wenn schutzwürdige Belange des Betroffenen nicht entgegenstehen.

Demgegenüber wird vorgeschlagen, bei Entfallen des Speicherungszwecks[187] wie bei dem Bestreiten der Richtigkeit[188] grundsätzlich eine Löschungspflicht anzuerkennen. Die Konsequenz bestünde darin, daß die Sperrung statt der Löschung nur als Ausnahme zulässig wäre, wenn besondere Interessen des Arbeitgebers dies rechtfertigen würden.

Für ein solches Regel-/Ausnahmeverhältnis zwischen Löschung und Sperrung spricht bereits die gegenwärtige Detailregelung der Sperrung. Nach § 14 Abs. 2 Satz 3 BDSG dürfen gesperrte Daten nur verarbeitet werden zu wissenschaftlichen Zwecken, zur Behebung einer bestehenden Beweisnot, im überwiegenden Interesse der speichernden Stelle oder eines Dritten oder mit Einwilligung des Betroffenen. Dies zeigt, daß gesperrte Daten nur ganz ausnahmsweise genutzt werden dürfen. Insofern wäre es konsequent, diese Tatbestände neben den schutzwürdigen Belangen des Betroffenen als Rechtfertigung dafür festzuschreiben, daß ausnahmsweise statt der Löschung nur eine

---

[184] Ebenso *Zöllner*, S. 67; *Kilian*, Personalinformationssysteme, S. 179; *Simitis*, Gutachten, S. 143f.

[185] Siehe oben Teil 2 B VIII 1 c.

[186] Siehe oben Teil 2 B VIII 1 c.

[187] CDU/CSU-Entwurf v. 24.1.80, § 27 Abs. 3; BT-Drucksache 8/3608, S. 5; *Simitis*, Gutachten, S. 126ff.; so jetzt auch § 27 Abs. 3 Satz 1 des gemeinsamen Entwurfs der Fraktionen von CDU/CSU und F.D.P. v. 28.1.86, BT-Drucksache 10/4737, S. 14.

[188] *Simitis*, Gutachten, S. 142f. und Fn. 280.

Sperrung erfolgen soll. Ferner ist zu berücksichtigen, daß das Löschungsverlangen als Voraussetzung der Löschung für den arbeitsrechtlichen Bereich wenig angemessen ist. Obwohl der Speicherungszweck sich erledigt hat, muß der Betroffene aktiv werden, was dem betroffenen Arbeitnehmer aufgrund seiner abhängigen Stellung schwerer als einem sonstigen Vertragspartner fallen wird. Wenn der Unternehmer trotz Fortfall des Speicherungszwecks auf die Daten nicht verzichten will, muß ihm die Rechtfertigungslast dafür obliegen[189]. Dieser Vorschlag hat zugleich Auswirkungen auf die oben befürwortete regelmäßige Sperrungspflicht am Ende des fünften Kalenderjahres nach der Einspeicherung[190]. Danach sollte die Sperrung vorgenommen werden, wenn nicht ausnahmsweise der Speicherungszweck fortbesteht. Fehlt es aber am Speicherungszweck, so greift nach der hier befürworteten Regelung die Löschung Platz, falls nicht ausnahmsweise Gründe für eine Sperrung vorhanden sind. Falls also der Speicherungszweck entfallen ist und Sperrungsgründe nicht eingreifen, kommt es nach dem Ende des fünften Kalenderjahres nach der Einspeicherung zur Löschung.

Weniger sinnvoll erscheint es indessen, bei bestrittenen Daten grundsätzlich eine sofortige Löschungspflicht anzunehmen. Zutreffend wird darauf aufmerksam gemacht, daß es sich hierbei um ein Beweislastproblem handelt[191]. Im Bereich ehrverletzender Angaben ist die Beweislastverteilung eindeutig. § 186 StGB bürdet dem Behauptenden die Beweislast für die Richtigkeit seiner Behauptungen auf. Daraus folgt umgekehrt, daß die Verbreitung nicht beweisbarer Tatsachen grundsätzlich zu unterbleiben hat, es sei denn, es greifen gemäß § 193 StGB berechtigte Interessen ein.

Hinsichtlich der in § 27 Abs. 3 Satz 3 BDSG[192] genannten besonders sensiblen Daten über gesundheitliche Verhältnisse, strafbare Handlungen, Ordnungswidrigkeiten sowie religiöse oder politische Anschauungen stellt sich das Problem bereits nach geltendem Recht nicht, da diese bei mangelnder Beweisbarkeit ohnehin gelöscht werden müssen.

Für die übrigen Daten ist zunächst Voraussetzung, daß der Speicherungszweck fortbesteht. Ansonsten würden sie regelmäßig spätestens nach dem fünften Jahr der Einspeicherung ebenfalls gelöscht.

Besteht der Speicherungszweck noch, so bewirkt die Sperrung, daß die Daten grundsätzlich gemäß § 27 Abs. 2 Satz 3 i.V.m. § 14 Abs. 2 Satz 3

---

189 So für den öffentlichen Bereich auch *Baumann*, 7. Tätigkeitsbericht, S. 90.
190 Siehe oben Teil 3 A II 1 c.
191 *Zöllner*, S. 64f.
192 Ebenso die Parallelvorschrift des § 35 Abs. 3 Satz 3 BDSG. Eine Erweiterung dieser Vorschriften auf Daten außerhalb von Dateien und manuelle Daten erscheint hingegen sinnvoll, so *Hanau/Adomeit*, G X 2.

BDSG nicht mehr übermittelt werden dürfen. Damit ist den Anforderungen des § 186 StGB Genüge getan. Die Interessen des Betroffenen sind im übrigen durch das Recht zur Gegenerklärung gewahrt. Wichtig ist aber, daß das aus der Sperrung folgende Nutzungs- und Übermittlungsverbot kontrolliert wird. Dies obliegt zum einen sicher dem betrieblichen Datenschutzbeauftragten. Zum anderen zeigt sich auch hieran, wie wichtig die oben geforderte Auskunftsverpflichtung hinsichtlich der Datenempfänger[193] ist. Nur wenn der Betroffene Auskunft darüber verlangen kann, ob und wem Daten übermittelt worden sind, kann er kontrollieren, ob die Datensperrung tatsächlich durchgeführt worden ist.

Damit läßt sich insgesamt festhalten, daß in Zukunft die Löschung die regelmäßige Konsequenz des Fortfalls des Speicherungszwecks sein müßte. Die Sperrung sollte ausnahmsweise anstelle der Löschung aus den in § 14 Abs. 2 Satz 3 BDSG genannten Gründen oder bei der Gefahr der Beeinträchtigung schutzwürdiger Belange des Betroffenen erfolgen.

5. Effektivität im Hinblick auf die Wahrnehmung der Kontrollrechte im sozialen Abhängigkeitsverhältnis

Die hier unterbreiteten Vorschläge zur Erweiterung individualrechtlicher Kontrollrechte sind erheblich. Sie bestehen, wie dargelegt, in einem einheitlichen Informationsrecht des Arbeitnehmers hinsichtlich aller über ihn gespeicherten Daten einschließlich Herkunft und Empfänger, einem umfassenden Berichtigungsrecht einschließlich der Benachrichtigungspflicht hinsichtlich der Datenempfänger, einem Gegendarstellungsrecht sowie einer Modifizierung der Löschungspflicht. All diese Erweiterungen müssen sich wie die individualrechtlichen Kontrollrechte überhaupt mit dem Argument auseinandersetzen, ihre effektive Wahrnehmung sei aufgrund des sozialen Abhängigkeitsverhältnisses des Arbeitnehmers zum Arbeitgeber nicht zu erwarten.

Richtig daran ist sicher, daß die Wahrnehmung von Kontrollrechten im sozialen Abhängigkeitsverhältnis erschwert ist. Immer wird es Arbeitnehmer geben, die aus Angst vor betrieblichen Nachteilen die ihnen zustehenden Kontrollrechte nicht geltend machen werden. Dies ist jedoch kein Grund, auf ein individualrechtliches Kontrollinstrumentarium insgesamt zu verzichten, da dadurch auch den durchsetzungswilligen Arbeitnehmern die Kontrollmöglichkeit genommen würde. Eine Individualkontrolle ist schon deshalb unabdingbar, weil der einzelne am besten die Richtigkeit der ihn betreffenden Daten kontrollieren kann. Die Angst vor Nachteilen im Betrieb spielt im übrigen dann keine Rolle mehr, wenn der Arbeitnehmer ausgeschieden

---

193 Siehe oben Teil 3 C III 1 b.

ist. Der Individualschutz ist jedoch in diesem Fall gleichwohl wichtig, weil es um die Chancen des ausgeschiedenen Arbeitnehmers auf dem Arbeitsmarkt gehen kann.

Ebenfalls kein Gegenargument ist, daß in der Praxis von den Kontrollrechten nur zurückhaltend Gebrauch gemacht wird[194]. Die Qualität der Kontrollrechte erweist sich nicht durch ihre quantitative Inanspruchnahme, sondern daran, ob die Kontrollrechte in Konfliktfällen, die ja nicht häufig auftreten müssen, eine effektive Rechtsverfolgung ermöglichen. Zudem wird allein die Möglichkeit individualrechtlicher Kontrolle eine gewisse *Präventionswirkung* auf die Datenverarbeiter haben. Wer etwa damit rechnen muß, sämtliche Empfänger falscher Daten zu benachrichtigen, wird eher bereit sein, die inhaltliche Richtigkeit der Daten vorher sorgfältig zu prüfen. Und das Informationsrecht des Arbeitnehmers einschließlich der Herkunft- und Empfängerangabe kann mittelbar dazu führen, auf Daten, deren Nutzen ohnehin zweifelhaft oder überhaupt nicht gegeben war, ganz zu verzichten.

So bleibt als Fazit, daß eine umfassende Individualkontrolle trotz der Hindernisse im Arbeitsverhältnis als Bestandteil des informationellen Selbstbestimmungsrechts unverzichtbar ist und bereits durch die Möglichkeit der Inanspruchnahme positive Auswirkungen haben kann.

IV. Erweiterte Kontrollrechte der betrieblichen Interessenvertretung

1. Die Problematik der Datenschutzkontrolle durch den Betriebsrat

Insbesondere von den der organisierten Arbeitnehmerschaft nahestehenden Autoren wird unterstrichen, daß die geeignete und effektivste Kontrollinstanz der Betriebsrat sei[195]. Die Individualkontrolle versage aufgrund der sozialen Abhängigkeit, der betriebliche Datenschutzbeauftragte sei aufgrund des Bestellungsverfahrens praktisch funktionsunfähig und die staatliche Aufsicht eine verunglückte Konstruktion[196]. Die vermeintlichen oder wirklichen Schwächen dieser Kontrollmittel sind oben bereits behandelt und haben teilweise zu Änderungsvorschlägen geführt[197]. An dieser Stelle müssen die Pro-

---

194 Vgl. die Ergebnisse der empirischen Untersuchung von *Kilian*, Personalinformationssysteme, S. 149 hinsichtlich des Auskunftsrechts.

195 *Wohlgemuth*, ArbuR 82, 269ff., 272f.; Stellungnahme des DGB zur Datenschutzreform, DuD 84, 43ff., 43 und 45; ähnlich auch *Simitis*, ArbuR 77, 97ff., 101.

196 *Wohlgemuth*, ArbuR 82, 269ff., 271f.

197 Siehe oben Teil 3 C I–III.

bleme, die sich durch eine Datenschutzkontrolle des Betriebsrates ergeben, näher erörtert werden. Hinzuweisen ist zunächst darauf, daß die Kontrolle von Individualrechten durch Kollektivorgane nicht frei von Interessenkonflikten ist. Der Betriebsrat ist durch die Kontrollbefugnis für die Einhaltung der Grenzen der informationellen Selbstbestimmungsrechte der einzelnen Arbeitnehmer mitverantwortlich. Er gerät dadurch in die Rolle einer Instanz zur Gewährleistung von Individualgrundrechten. Dabei muß bedacht werden, daß Grundrechtsschutz ganz wesentlich Minderheitenschutz ist[198]. Wo das Individualinteresse in Gegensatz zu dem Mehrheitsinteresse steht, ist die Wahrscheinlichkeit nicht eben gering, daß sich das kollektive Interesse gegenüber dem Individualrecht durchsetzt. Zwar zeigt § 75 Abs. 1 BetrVG, daß dem Betriebsrat auch sonst die Verpflichtung auferlegt ist, für einen Minderheitenschutz im Betrieb zu sorgen und Benachteiligungen zu verhindern. Praktisch läßt sich jedoch nicht feststellen, daß die Betriebsräte durchgängig und effektiv beispielsweise Benachteiligungen aufgrund der Nichtzugehörigkeit zu einer Gewerkschaft oder aufgrund des Geschlechts verhindert hätten.

Ferner ist zu berücksichtigen, daß die Betriebsräte in wachsendem Maße selbst Daten verarbeiten und insofern der Datenverarbeitung nicht unbefangen gegenüberstehen können, besonders wenn es etwa um den Datenaustausch zwischen Betriebsrat und Gewerkschaften oder Betriebsrat und Konzernbetriebsrat geht[199]. Insofern bedarf der Betriebsrat selbst der Kontrolle.

Die kritischen Bemerkungen dürfen andererseits nicht den Blick dafür verstellen, daß die Datenschutzkontrolle durch den Betriebsrat auch erhebliche Vorteile hat. Der kollektive Arbeitnehmerschutz hat bessere Durchsetzungsmöglichkeiten, da er das regelmäßige bestehende Verhandlungsungleichgewicht zwischen dem einzelnen Arbeitnehmer und dem Arbeitgeber auszugleichen vermag. Die betriebliche Interessenvertretung ist aufgrund der ihr durch den Kündigungsschutz (§ 15 KSchG, § 103 BetrVG) gestützten Unabhängigkeit weit besser als der einzelne Arbeitnehmer in der Lage, auftretende Interessenkonflikte mit dem Arbeitgeber durchzustehen. Schließlich ist der Betriebsrat mit den betrieblichen Gegebenheiten gut vertraut und darüber hinaus als Ansprechpartner für Beschwerden im Betrieb ständig präsent. Beide Faktoren sprechen für die Effektivität der Kontrolle.

Aus den Überlegungen läßt sich das Fazit ziehen, daß der Betriebsrat als Kontrollorgan sinnvoll ist, daß er jedoch die anderen Kontrollmöglichkeiten nicht verdrängen darf, abgesehen davon, daß jene im betriebsratslosen Be-

---

198 Vgl. *Benda* in: *Benda/Maihofer/Vogel*, Handbuch des Verfassungsrechts, S. 107ff., 114.

199 Dazu oben Teil 2 B VII 2 sowie *Simitis*, Gutachten, S. 55ff.

trieb ohnehin unentbehrlich sind. Weil es kein „geborenes Datenschutzkontrollorgan" gibt, ist ein aufeinander abgestimmtes Nebeneinander der Kontrollebenen geboten.

2. Erweiterung der Informationsrechte

Verschiedentlich wird vorgeschlagen, die Informationsrechte des Betriebsrates im Hinblick auf die Planung und Einführung von Personalinformationssystemen zu erweitern, etwa durch die explizite Aufnahme von Personalinformationssystemen in § 90 BetrVG[200]. Da elektronische Datenverarbeitungsanlagen ohnehin zutreffend unter die technischen Anlagen des § 90 Nr. 2 BetrVG subsumiert werden[201] und damit die Unterrichtungs- und Beratungsrechte des Betriebsrates auslösen, würde der Vorschlag inhaltlich nichts verändern. Möglich, wenngleich ebenfalls von geringem praktischen Gewicht, scheint es, die Informationsrechte dadurch zu präzisieren, daß im Gesetz aufgezählt wird, welche Informationen und Unterlagen dem Betriebsrat hinsichtlich der im Betrieb eingeführten Personalinformationssysteme zur Verfügung gestellt werden müssen. *Kilian*[202] hält unter anderem die Darstellung der Ziele der Anlage, der Verarbeitungsprogramme und deren Struktur, der Datenorganisation und Datenverwaltung und der Liste der regelmäßigen Datenlieferanten und Datenempfänger für erforderlich. Darüber, daß der Betriebsrat diese Informationen zu einer sachgerechten Beurteilung benötigt, sollte kein Streit bestehen. Bedenkenswert ist allein, ob man insoweit nicht mit dem bisherigen § 80 Abs. 2 BetrVG auskommt, der den Arbeitgeber neben der rechtzeitigen und umfassenden Information zur Vorlage der zur Beurteilung erforderlichen Unterlagen verpflichtet. Mit dieser Bestimmung lassen sich ohne Auslegungsschwierigkeiten die genannten Informationen und Unterlagen erfassen[203]. Eine detaillierte Aufzählung birgt demgegenüber die Gefahr in sich, daß die dort nicht aufgeführten Informationen, die gleichwohl im Einzelfall wichtig sein können, vom Informationsanspruch ausgeschlossen werden. Insofern ist die allgemein gehaltene Formulierung des § 80 Absatz 2 BetrVG vorzugswürdig, zumindest sollte die Aufzählung nur Regelbeispielscharakter haben.

Im übrigen ist das Informationsrecht in der Praxis offenbar auch deswegen wenig umstritten, weil die Unternehmen zunehmend in umfassender Information des Betriebsrates die Möglichkeit sehen, Vorbehalte gegen elek-

---

200 *Kilian*, Personalinformationssysteme, S. 221.
201 *Fitting/Auffarth/Kaiser*, § 90 Rn 12.
202 *Kilian*, Personalinformationssysteme, S. 222 unter Pkt. 10.72.
203 Vgl. *Fitting/Auffarth/Kaiser*, § 80 Rn 21 a; *Gola*, DuD 78, 25ff., 26; *Hümmerich*, RdA 79, 143ff., 147f.

tronische Datenverarbeitungsanlagen abzubauen und dadurch zu einer erhöhten Akzeptanz bei den Betroffenen zu kommen[204].

3. Eigenes Zugangsrecht des Betriebsrates zu Datenverarbeitungsanlagen

Wesentlich heikler ist die Frage, ob der Betriebsrat ein eigenes Zugangsrecht zu den elektronischen Datenverarbeitungsanlagen des Betriebes haben sollte, um mit Hilfe eines daran angeschlossenen Terminals die Datenverarbeitung überprüfen zu können. Bisher besteht kein generelles Zugangsrecht, dem Betriebsrat ist aber zum Zwecke stichprobenartiger Kontrollen im Einzelfall der Zugang zu gestatten[205]. Einerseits würde ein umfassendes Zugangsrecht die Kontrollmöglichkeiten des Betriebsrates erheblich erhöhen, da er dann alle Datenerhebungen und -bewegungen verfolgen könnte. Andererseits brächte ein solches generelles Zugangsrecht erhebliche Probleme mit sich. Die Geheimhaltungsinteressen des Arbeitgebers, insbesondere in Bezug auf Produktions- und Kundendaten wären erheblich betroffen. Gewichtiger noch ist, daß der Betriebsrat damit unbegrenzten Zugang zu allen Personaldaten der Mitarbeiter erhielte. Da § 83 Abs. 1 Satz 2 BetrVG nur einem vom Arbeitnehmer hinzugezogenen Betriebsratsmitglied die Einsichtnahme in die Personalakte gestattet, wurde bisher ganz überwiegend[206] und mit Recht angenommen, daß der Betriebsrat kein eigenständiges Recht zur Einsichtnahme in die Personalakten der Arbeitnehmer habe. Daran sollte festgehalten werden, weil dem Arbeitnehmer der Einfluß darauf, ob Mitgliedern des Betriebsrates seine persönlichen Daten zur Kenntnis gelangen sollen, erhalten bleiben muß. Andernfalls könnte der Betriebsrat das Vertrauen der Arbeitnehmer in die Unabhängigkeit und Glaubwürdigkeit der Betriebsratskontrolle gefährden. Die durch das informationelle Selbstbestimmungsrecht geforderte Transparenz des Kommunikationsprozesses spricht ebenfalls dafür, den Zugang des Betriebsrates zur Gesamtheit der Personaldaten von einer vorherigen Information der Betroffenen und deren Zustimmung abhängig zu machen.

Ein globales Zugangsrecht ist daher abzulehnen. Das schließt nach dem bereits Gesagten nicht aus, im Rahmen von stichprobenartigen Kontrollen im Einzelfall Zugang verlangen zu können, auch wenn dies notwendiger-

---

204 *Hentschel* in: *Hentschel/Wronka*, Personalinformationssysteme in der Diskussion, S. 97; *Wolf-Köppen* in: *Jobs/Samland*, S. 45ff., 51f.; vgl. auch *Zöllner*, S. 97f.

205 Siehe oben Teil 2 B VIII 4 b sowie *Fitting/Auffarth/Kaiser*, § 80 Rn 21 a.

206 Siehe oben Teil 2 B VI 2 und *Dietz/Richardi*, § 80 Rn 49; *Galperin/Löwisch*, § 80 Rn 31; *Kilian*, Personalinformationssysteme, S 217; bekräftigt von LAG Frankfurt, Beschl. v. 22.5.84 – 4 TaBV 93/83 – NZA 85, 97f., 97; a. A. *Pfarr*, ArbuR 76, 198ff., 202.

weise mit der Kenntniserlangung personenbezogener Daten einhergeht. Möglich erscheint daher allein eine Kodifizierung dieses so begrenzten Zugangsrechts.

4. Erleichterung der Hinzuziehung von Sachverständigen

Sachverständige dürfen gemäß § 80 Abs. 3 BetrVG nur nach näherer Vereinbarung mit dem Arbeitgeber bestellt werden[207]. Streitigkeiten über die Erforderlichkeit eines Sachverständigen wie auch sonstige damit zusammenhängende Streitfragen entscheidet das Arbeitsgericht[208]. Im Gesetzgebungsverfahren befindet sich nunmehr die nicht auf den Datenbereich begrenzte Anregung, die Hinzuziehung von Sachverständigen dem Betriebsrat allein zu überlassen und nur Streitigkeiten über die Kostentragung der Einigungsstelle zuzuweisen[209]. Damit könnte der Betriebsrat über die Notwendigkeit wie auch die Person des Sachverständigen zunächst einmal autonom entscheiden. Soweit Kosten entstehen, bedarf es jedoch einer Einigung mit dem Arbeitgeber und im Streitfall der Anrufung der Einigungsstelle. Soweit keine Kosten entstehen, etwa im Fall hauptamtlicher Mitarbeiter der Gewerkschaft als Sachverständige, wäre der Betriebsrat völlig frei. Das würde zugleich bedeuten, daß in diesen Fällen die Erforderlichkeit der Hinzuziehung überhaupt nicht überprüft werden könnte, so daß betriebsfremde Personen zu sachfremden Zwecken Einblick in betriebliche Interna bekommen könnten. Besonders bedenklich wäre diese Möglichkeit im Bereich der Personaldaten, deren Vertraulichkeitsschutz ja eigentlich gerade mit der Kontrolle bezweckt wird.

Fraglich ist darüber hinaus, ob die Beurteilung der Erforderlichkeit im Rahmen der Kostentragungspflicht der Einigungsstelle übertragen werden sollte. Damit hätte die Einigungsstelle, deren primäre Aufgabe im Bereich der Regelungsstreitigkeiten liegt, insoweit über eine Rechtsfrage zu entscheiden[210]. Abgesehen davon wäre die Konsequenz dieser Regelung, daß Streitigkeiten über die Kostenbelastung durch einen Sachverständigen zunächst vor der Einigungsstelle und dann gemäß § 76 Abs. 5 BetrVG vor dem Arbeitsgericht ausgetragen werden könnten. In der Vorschaltung der Einigungsstelle liegt deshalb ein für den Arbeitgeber kostenintensiver Umweg, der, da es um Rechtsfragen geht, keineswegs eine Verbesserung der Entscheidungsqualität nach sich zieht.

---

207 Vgl. oben Teil 2 B VIII 4 b und *Fitting/Auffarth/Kaiser*, § 80 Rn 24f.

208 *Dietz/Richardi*, § 80 Rn 77ff.; *Fitting/Auffarth/Kaiser*, § 80 Rn 26f.

209 SPD-Entwurf zum Ausbau der Mitbestimmung, § 80 Abs. 5, BT-Drucksache 10/3666, S. 4.

210 Kritisch zu diesem Punkt ebenfalls *Eich*, DB 85, 1993ff., 1997.

Deshalb ist es vorzuziehen, die Streitentscheidungskompetenz sowohl über die Hinzuziehung von Sachverständigen als auch über die Kostenbelastung weiterhin bei den Arbeitsgerichten zu belassen.

5. Erweiterung der Mitbestimmung bei der Bestellung und Abberufung des betrieblichen Datenschutzbeauftragten

Eine der am häufigsten gestellten Reformforderungen betrifft die Erweiterung der Mitbestimmungsmöglichkeiten des Betriebsrates in Bezug auf den betrieblichen Datenschutzbeauftragten. Gefordert wird über die partielle Mitbestimmungsmöglichkeit des § 99 BetrVG hinaus ein umfassendes Mitbestimmungsrecht bei der Bestellung und Abberufung des betrieblichen Datenschutzbeauftragten[211]. Darin wird nicht nur eine Stärkung der Unabhängigkeit des Beauftragten gesehen[212]. Davor rangiert noch der Gesichtspunkt, die Kooperation zwischen Betriebsrat und Datenschutzbeauftragtem verbessern zu können und dem Betriebsrat über das Mitbestimmungsrecht mehr Einfluß auf die Kontrolle des Datenschutzes insgesamt zu geben[213].

a. *Das Vorbild in § 9 Abs. 3 ArbSichG*

Maßgeblichen Einfluß auf die Diskussion hat die gesetzliche Mitbestimmungsregelung in § 9 Abs. 3 Satz 1 des ArbSichG. Nach dieser Bestimmung können Betriebsärzte und Fachkräfte für Arbeitssicherheit nur mit Zustimmung des Betriebsrates bestellt und abberufen werden. Diese Regelung wird als Vorbild für den datenrechtlichen Bereich begriffen[214]. Um die Vorbildfunktion überprüfen zu können, ist auf den Zweck und den Umfang der Mitbestimmungsregelung einzugehen. Aufschlußreich ist zunächst ein Blick in die Gesetzgebungsgeschichte.

Der Regierungsentwurf zum ArbSichG enthielt zunächst keine eigenständige Mitbestimmungsregelung[215]. Aus der Begründung ergibt sich die Überzeugung, daß eine Zusammenarbeit aller mit den Fragen des Arbeitsschutzes befaßten Stellen zweckmäßig und notwendig sei. Dazu wurde auch der Betriebsrat gezählt, hinsichtlich der Mitbestimmung wurde jedoch auf das BetrVG verwiesen[216]. Auf Vorschlag des Bundestagsausschusses für Arbeit und

---

211 *Simitis,* Gutachten, S. 81ff.; *Kilian,* Personalinformationssysteme, S. 256; *Matysiak,* S. 240; *Gola/Hümmerich/Kerstan,* Datenschutzrecht, Bd. 1, S. 61; *Ehmann,* RdA 83, 95ff., 97; *Bull,* 5. Tätigkeitsbericht, BT-Drucksache 9/2386, S. 115.

212 *Wohlgemuth,* Datenschutz für Arbeitnehmer, S. 195f.; anderer Auffassung *Zöllner,* S. 75, der ohne Begründung und ohne diese zu benennen auf sachnähere Mittel zur Sicherung der Unabhängigkeit verweist.

213 *Simitis,* Gutachten, S. 81ff.

214 *Simitis,* Gutachten, S. 84; *Ehmann,* RdA 83, 95ff., 97.

215 BT-Drucksache 7/260, S. 6.

Sozialordnung wurde dann im Laufe des Gesetzgebungsverfahrens der jetzige Abs. 3 des § 9 ArbSichG angefügt[217]. Dabei war man einhellig und ebenso wie zuvor der Bundesrat[218] der Meinung, daß dem Betriebsrat über das BetrVG hinausgehende Beteiligungsrechte einzuräumen seien, da das Ziel des Gesetzes, humanere und sichere Arbeitsbedingungen zu schaffen, ohne das Vertrauen der Arbeitnehmerschaft und ihrer betrieblichen Repräsentanten nicht zu erreichen sei[219]. Hieran wird deutlich, wie sehr das Bemühen im Vordergrund gestanden hat, eine vertrauensvolle Zusammenarbeit zwischen Betriebsärzten und Fachkräften für Arbeitssicherheit auf der einen und dem Betriebsrat auf der anderen Seite zu ermöglichen. Darüber hinaus bewirkt die Mitbestimmungsregelung eine gewisse persönliche Unabhängigkeit der Beauftragten gegenüber dem Arbeitgeber[220].

Das Mitbestimmungsrecht betrifft die Bestellung und Abberufung der Beauftragten. Es setzt also nicht an bei der Einstellung bzw. Kündigung eines Arbeitnehmers, der Beauftragter werden soll bzw. es gewesen ist, sondern bei der Betrauung mit oder der Entbindung von den Pflichten als Beauftragter. Infolgedessen ist das Mitbestimmungsrecht bei der Bestellung nicht an die Grenzen des § 99 BetrVG gebunden, so daß die Zustimmung nicht etwa nur aus den dort aufgezählten Gründen verweigert werden könnte[221].

Vielmehr geht es insoweit über § 99 BetrVG hinaus und ist parallel zu den Mitbestimmungsrechten des § 87 BetrVG ausgestaltet[222]. Da es sich um ein Mitbestimmungsrecht außerhalb des BetrVG handelt, ist es auch nicht an die Anwendungsvoraussetzungen des BetrVG geknüpft. Das hat die wichtige Konsequenz, daß die Mitbestimmungsmöglichkeit anders als nach §§ 5 Abs. 3, 105 BetrVG auch besteht, wenn leitende Angestellte des Unternehmens zu Betriebsärzten und Fachkräften für Arbeitssicherheit bestellt werden[223]. Aus § 87 Abs. 1 Nr. 7 BetrVG hat das Bundesarbeitsgericht[224] und der überwie-

---

216 BT-Drucksache 7/260, S. 14.

217 Schriftl. Bericht des Ausschusses, BT-Drucksache 7/1085, S. 18; *Graeff*, ArbSichG, § 9 Anm. 5.1.

218 Stellungnahme des Bundesrates vom 23.3.73 zum Regierungsentwurf eines ArbSichG, BT-Drucksache 7/260, S. 18ff., 19.

219 BT-Drucksache 7/1085, S. 7.

220 *Otto* in: Rechtswissenschaft und Rechtsentwicklung, S. 227ff., 230f.; hervorgehoben auch vom Bundesrat in seiner Stellungnahme vom 23.2.73 zum Regierungsentwurf eines ArbSichG, BT-Drucksache 7/260, S. 18ff., 19.

221 *Graeff*, ArbSichG, § 9 Anm. 5.1; *Krebs*, ArbSichG, § 9 Anm. VII.

222 *Graeff*, ArbSichG, § 9 Anm. 5.1.

223 *Kliesch/Nöthlichs/Wagner*, ArbSichG, § 9 Anm. 7.1; *Graeff*, ArbSichG, § 9 Anm. 5.1.; *Dietz/Richardi*, § 87 Rn 374.

224 BAG, Beschl. v. 10.4.79 – 1 ABR 34/77 – AP Nr. 1 zu § 87 BetrVG 1972 Arbeitssicherheit = BAGE 31, 357ff. = BB 79, 1713f. = DB 79, 1995f. = EzA Nr. 2 zu § 87 BetrVG 1972 Arbeitssicherheit mit zustimmender Anm. von *Gaul;* anders vorher LAG Hamm, Beschl. v. 16.6.78 – 3 TaBV 83/77 – EzA Nr. 1 zu § 87 BetrVG Arbeitssicherheit = DB 78, 2494ff. = BB 79, 213 (L).

gende Teil der Literatur[225] darüber hinaus die Mitbestimmungskompetenz zu der Organisationsentscheidung abgeleitet, ob als Beauftragter ein Unternehmensmitarbeiter, ein freiberuflich Tätiger oder ein überbetrieblicher Dienst tätig wird. Ist die Entscheidung für das freiberufliche Betreuungsmodell gefallen, steht dem Betriebsrat allerdings gemäß § 9 Abs. 3 Satz 2 ArbSichG vor der Ver- oder Entpflichtung einer freiberuflich tätigen Person nur ein Anhörungsrecht zu[226]. Das bei internen Beauftragten bestehende Mitbestimmungsrecht erfaßt nicht nur die Bestellung und Abberufung, sondern gemäß § 9 Abs. 3 Satz 2 ArbSichG ebenso die Erweiterung oder Einschränkung der Aufgabenbereiche der Beauftragten. Der Betriebsrat soll also zum Beispiel kontrollieren können, ob die Beschränkung des Aufgabenbereichs eines Beauftragten nur dessen Disziplinierung dient. Hinsichtlich der Veränderung des Aufgabenbereichs hat der Betriebsrat ebenso ein Initiativrecht wie hinsichtlich der Abberufung[227]. Anders ist es bei der Bestellung, weil der Betriebsrat wegen § 99 BetrVG die Einstellung eines Arbeitnehmers nicht erzwingen kann und deshalb eine vom Betriebsrat initiierte Bestellung eines nicht eingestellten Arbeitnehmers zum Beauftragten ins Leere ginge[228], da dieser seine Tätigkeit nicht aufnehmen könnte. Für die Entscheidung von Streitigkeiten ist die Einigungsstelle zuständig[229].

b. Die Rechtslage bei den übrigen Beauftragten

Ein dem § 9 Abs. 3 ArbSichG vergleichbares Mitbestimmungsrecht findet sich bei den übrigen hier diskutierten Beauftragten nicht. Allerdings ist sowohl für den Strahlenschutzbeauftragten[230] als auch mittelbar für den Sicherheitsbeauftragten[231] eine Pflicht zur Zusammenarbeit mit dem Betriebsrat vorgesehen. Zudem wird der Sicherheitsbeauftragte gemäß § 719 Abs. 1 Satz 2 RVO unter Mitwirkung des Betriebsrates, das heißt nach Unterrichtung und Beratung[232], bestellt und abberufen.

---

[225] *Krebs,* ArbSichG, § 9 Anm. VII; *Dietz/Richardi,* § 87 Rn 363; *Denck,* ZfA 76, 447ff., 464; *Graeff,* ArbSichG, § 9 Anm. 5.1; *Wegener,* S. 26; anderer Auffassung *Fritsche,* S. 162ff., 177f.; *Rudolph,* BB 76, 370f.; kritisch auch *Stege/Weinspach,* § 87 Rn 130 b.

[226] Zur Fragwürdigkeit der Differenzierung des Mitbestimmungsrechts je nach Art des Beauftragten *Otto* in: Rechtswissenschaft und Rechtsentwicklung, S. 227ff., 231.

[227] *Dietz/Richardi,* § 87 Rn 372f.; *Graeff,* ArbSichG, § 9 Anm. 5.1.; *Wiese,* GK, § 87 Rn 111 r; *Galperin/Löwisch,* § 87 Rn 168f.

[228] *Dietz/Richardi,* § 87 Rn 373, im Ergebnis ebenso *Kliesch/Nöthlichs/Wagner,* ArbSichG, § 9 Anm. 7.7. a.E.; *Fitting/Auffarth/Kaiser,* § 87 Rn 40.

[229] *Kliesch/Nothlichs/Wagner,* ArbSichG, § 9 Anm. 7.7.; *Graeff,* ArbSichG, § 9 Anm. 5.1.; *Krebs, ArbSichG, Anm. IX.*

[230] § 30 Abs. 2 der StrahlenschutzVO.

[231] Vgl. § 719 Abs. 4 Satz 2 RVO und *Lauterbach,* Gesetzliche Unfallversicherung, Bd. III, § 719 RVO, Anm. 6.

[232] Siehe oben Teil 3 C I 2 b und *Lauterbach,* Gesetzliche Unfallversicherung, Bd. III, § 719 RVO, Anm. 6.

Bemerkenswert ist, daß es innerhalb des BetrVG bereits ein spezielles aufgaben- und personenbezogenes Mitbestimmungsrecht gibt. Der Betriebsrat kann gemäß § 98 Abs. 2 BetrVG der Bestellung einer mit der Durchführung der betrieblichen Berufsbildung beauftragten Person widersprechen oder ihre Abberufung verlangen, wenn diese die notwendige Eignung nicht besitzt oder ihre Aufgaben vernachlässigt. Das Mitbestimmungsrecht besteht unabhängig davon, ob es sich um einen internen oder externen Ausbilder handelt[233]. Gemäß § 98 Abs. 6 BetrVG besteht das Mitbestimmungsrecht entsprechend für sonstige Bildungsmaßnahmen, die der Arbeitgeber im Betrieb durchführt. Da die Aus- und Weiterbildung der bei der Verarbeitung personenbezogener Daten tätigen Personen unter anderem gemäß § 29 Nr. 3 BDSG zum Aufgabenkreis des betrieblichen Datenschutzbeauftragten gehört, besteht insoweit bereits de lege lata eine Mitbestimmungsmöglichkeit für den Betriebsrat.

Der Zweck der gesamten Regelung liegt darin, dem Betriebsrat die Überwachung der Berufsausbildung zu ermöglichen[234].

Streitigkeiten entscheidet nicht die Einigungsstelle, sondern gemäß § 98 Abs. 5 BetrVG das Arbeitsgericht.

c. Bewertung

aa. Übertragbarkeit auf den Datenschutzbereich

Zunächst muß die Frage beantwortet werden, ob sich die § 9 Abs. 3 ArbSichG und § 98 Abs. 2 BetrVG zugrunde liegenden Überlegungen auf das BDSG übertragen lassen. Das ArbSichG dient in erster Linie dem Gesundheitsschutz der Arbeitnehmer[235]. Der im Unternehmen einzuhaltende Datenschutzstandard betrifft ebenfalls Arbeitnehmerinteressen, aber in nicht zu vernachlässigendem Umfang auch die Interessen Dritter, etwa der Kunden oder Lieferanten, an der Einhaltung des Persönlichkeitsschutzes[236], aber auch die Gewerbeschutzinteressen des Arbeitgebers. Jedoch ist das ArbSichG ebenfalls nicht ausschließlich auf die Interessen der unternehmensangehörigen Arbeitnehmer fixiert. Die Sicherheit der Arbeitsplätze und die Verhinderung von Unfällen im Betrieb dient vielmehr auch dem Gesundheitsschutz von Kunden oder Besuchern des Unternehmens oder Arbeitnehmern anderer Unternehmen, die dort tätig sind. Hinzu kommen die Interessen der Unternehmen und der Allgemeinheit an einer möglichst geringen finanziellen Belastung der Unfallversicherungsträger durch Arbeitsunfälle, denn deren Finanzierung erfolgt hauptsächlich durch Beiträge der Unternehmen sowie durch

---

233 *Dietz/Richardi*, § 98 Rn 13; *Fitting/Auffarth/Kaiser*, § 98 Rn 5.
234 *Dietz/Richardi*, § 98 Rn 13.
235 *Krebs*, ArbSichG, § 1 Anm. I; *Fritsche*, a.a.O., S. 13ff.
236 Statt aller *Zöllner*, S. 75 sowie oben Teil 3 C I.

staatliche Zuschüsse[237]. Ein deutlicher Unterschied beider Bereiche besteht allerdings zum Umweltschutzbereich. Dort stehen nicht die Interessen der Beschäftigten im Vordergrund, sondern das Drittinteresse an der Erhaltung der natürlichen Lebensgrundlagen. Daher ist dort die Einschaltung der Arbeitnehmervertretung weniger geboten, wenngleich etwa im Strahlenschutzrecht ebenfalls eine Zusammenarbeitspflicht normiert ist[238].

Festzuhalten ist, daß ein Schwerpunkt des Datenschutzes im Unternehmen der Arbeitnehmerschutz ist. Insofern ist die Ausgangslage nicht grundverschieden von der im Arbeitssicherheitsrecht.

Übertragbar ist auch der Gedanke, daß ein wirksamer Schutz der Arbeitnehmer die Zusammenarbeit der im Betrieb vorhandenen Kontrollinstitutionen[239] und das Vertrauen der Arbeitnehmerschaft in den betrieblichen Datenschutzbeauftragten voraussetzen. Dieses Vertrauen läßt sich am besten erreichen, wenn die Vertretung der Arbeitnehmerschaft Einfluß darauf hat, wer als betrieblicher Datenschutzbeauftragter bestellt wird. Beruht die Entscheidung für einen bestimmten Beauftragten auf einem Konsens zwischen Arbeitgeber und der betrieblichen Vertretung der Arbeitnehmer, so ist das die sicherste Gewähr dafür, daß der betriebliche Datenschutzbeauftragte bei der Ausführung seiner Aufgaben von allen Seiten akzeptiert wird.

Fruchtbar machen läßt sich schließlich die dem § 98 Abs. 2 BetrVG zugrunde liegende Vorstellung. Dort besteht das Mitbestimmungsrecht bei der Person des Beauftragten für die betriebliche Berufsausbildung, um dem Betriebsrat die *Kontrolle* über die ordnungsgemäße Ausführung der betrieblichen Ausbildung zu ermöglichen[240]. Dieser Aspekt trifft auch auf das Datenschutzrecht zu. Der Betriebsrat kann die Durchführung des Datenschutzes im Betrieb nur dann effektiv kontrollieren, wenn er auch die Tätigkeit des betrieblichen Datenschutzbeauftragten überwachen darf. Er muß etwa einen ungeeigneten Beauftragten verhindern und die Abberufung eines sich als unzuverlässig erweisenden durchsetzen können. So wie der betriebliche Datenschutzbeauftragte den Betriebsrat im Hinblick auf den Datenschutz mit zu überwachen hat[241], ist umgekehrt eine Kontrollbefugnis des Betriebsrates hinsichtlich des betrieblichen Beauftragten sinnvoll, insbesondere wenn letzterer als Kontrollinstanz versagt.

---

237 Von den gesamten Aufwendungen der Träger der gesetzlichen Unfallversicherung im Jahre 1983 in Höhe von 12,41 Milliarden DM stammten 11,63 Milliarden DM von den Arbeitgebern, siehe Statistisches Jahrbuch 1985, S. 404.

238 § 30 Abs. 2 der StrahlenschutzVO.

239 *Graeff*, ArbSichG, § 9 Anm. 2.

240 *Dietz/Richardi*, § 98 Rn 13 sowie oben Teil 3 C IV 5 b.

241 Für die zutreffende h. M. hier nur *Auernhammer*, § 28 Rn 17; siehe im übrigen die Diskussion und die Nachweise auch zur Gegenansicht in Teil 2 B VIII 2.

bb. Inkompatibilität

Die Mitbestimmung des Betriebsrates könnte weiterhin das Inkompatibilitätsproblem bei den betrieblichen Datenschutzbeauftragten lösen. Wie berichtet[242], wird in der Praxis häufig der Leiter der EDV-Abteilung gleichzeitig zum betrieblichen Datenschutzbeauftragten bestellt. Die darin liegende Gefahr der Interessenkollision ist der Effektivität der Datenschutzkontrolle abträglich.

Die Zweckmäßigkeit einer gesetzlichen Inkompatibilitätsregelung wurde oben[243] bezweifelt, weil es schwierig sein dürfte, genau fixierte Kriterien zur Definition der Inkompatibilität zu finden, mit denen einerseits alle möglichen Problemfälle erfaßt werden könnten, andererseits aber der nötige Spielraum bei der Auswahl des Beauftragten gewährleistet bliebe. Demgegenüber hätte ein Mitbestimmungsrecht den Vorteil, daß der Betriebsrat die Beachtung von Inkompatbilitätsgesichtspunkten sicherstellen könnte. Viel mehr als eine gesetzliche Regelung würde dieses Lösungsmodell flexible, der jeweiligen Situation angepaßte Entscheidungen ermöglichen.

cc. Sicherung der Unabhängigkeit des Beauftragten

Das Mitbestimmungsrecht könnte darüber hinaus einen wichtigen Beitrag leisten, die Unabhängigkeit des betrieblichen Datenschutzbeauftragten besser zu sichern. Ebenso wie der Betriebsarzt oder die Fachkraft für Arbeitssicherheit[244] wäre der betriebliche Datenschutzbeauftragte nicht der Gefahr ausgesetzt, in Konfliktfällen mit dem Arbeitgeber durch diesen einseitig abberufen zu werden. Damit wäre zugleich verhindert, daß der Arbeitgeber unerwünschte Kontrolltätigkeiten oder -ergebnisse des betrieblichen Beauftragten durch die Drohung mit der sofortigen Lösung des Aufgabenverhältnisses beantworten und unterbinden kann.

Der Betriebsrat kann die Gründe, die der Arbeitgeber als Rechtfertigung für sein Abberufungsverlangen vorbringt, prüfen und in jedem Einzelfall darauf achten, daß die Abberufung nicht als Sanktion gegen einen unbequemen betrieblichen Datenschutzbeauftragten eingesetzt wird. Damit ist für den betrieblichen Datenschutzbeauftragten ein erheblicher Gewinn an Unabhängigkeit vom Arbeitgeber verbunden. Auf der anderen Seite bedeutet dies nicht, daß dieser Vorteil mit einer neuen Abhängigkeit, diesmal vom Betriebsrat, erkauft wird. Denn der Betriebsrat allein hat ebenfalls nicht die Macht, einen betrieblichen Beauftragten abzuberufen. Er ist vielmehr ebenfalls auf den Konsens mit dem Arbeitgeber angewiesen, wodurch der betriebliche Daten-

---

242 *Kilian*, Personalinformationssysteme, S. 237 und oben Teil 1 D IX.
243 Oben Teil 3 C I 4 b.
244 *Otto* in: Rechtswissenschaft und Rechtsentwicklung, S. 227ff., 230f.

schutzbeauftragte auch hinsichtlich seiner Kontrollaufgaben bezüglich des Betriebsrates in seiner Unabhängigkeit abgesichert ist.

Die Sicherung der Unabhängigkeit müßte auch insofern effizient sein, als sie vom Arbeitgeber nicht durch die Kündigung des Arbeitsvertrages des Beauftragten unterlaufen werden könnte. Zwar ist die Kündigung von der Abberufung unabhängig und deshalb prinzipiell möglich. Jedoch muß man annehmen, daß das aus einer Mitbestimmungsregelung folgende Verbot der einseitigen Abberufung durch den Arbeitgeber zugleich zur Zustimmungspflichtigkeit der Kündigung führt[245]. Selbst bei gegenteiliger Auffassung würde eine Kündigung die Kontrollverpflichtung des betrieblichen Datenschutzbeauftragten unberührt lassen[246]. Um Fehlinterpretationen vorzubeugen, empfiehlt es sich allerdings, von vorneherein die Mitbestimmungskompetenz auch auf die Kündigung zu erstrecken. Damit könnte ein Arbeitgeber die Sicherung der Unabhängigkeit des Beauftragten nicht durch eine ohne Zustimmung des Betriebsrates ausgesprochene Kündigung umgehen. Ein unzulässiger Eingriff in die Personalhoheit des Arbeitgebers ist damit nicht verbunden. Bereits das geltende Recht kennt etwa die Möglichkeit, gemäß § 102 Abs. 6 BetrVG jegliche Kündigung von der Zustimmung des Betriebsrates abhängig zu machen. Erinnert sei zudem an die Zustimmungspflichtigkeit außerordentlicher Kündigungen von Betriebsratsmitgliedern in § 103 BetrVG sowie die bereits erläuterten Mitbestimmungsrechte bei den Bildungsbeauftragten und den Beauftragten des ArbSichG.

Für die Sicherung der Unabhängigkeit auf der Mitbestimmungsebene spricht ferner die große Flexibilität der Regelung bei der Lösung von Einzelfällen. Demgegenüber würde der starre Ausschluß der ordentlichen Kündigung im Rahmen der Kündigungsschutzlösung[247] die Trennung von einem Mitarbeiter unmöglich machen, der sich erhebliches Fehlverhalten im Rahmen seiner Tätigkeit als Beauftragter hat zuschulden kommen lassen. Die Interessen des Arbeitgebers sind bei der Mitbestimmungslösung im übrigen dadurch gewahrt, daß er bei willkürlicher Zustimmungsverweigerung des Betriebsrates das Arbeitsgericht anrufen kann. Ein weiteres Argument ist, daß die Mitbestimmungslösung im Bereich des § 9 ArbSichG ebenso wie in dem des § 98 Abs. 2 BetrVG funktioniert.

Bei der abschließenden Bewertung ist es wichtig, daran zu erinnern, daß eine Absicherung der Unabhängigkeit des Beauftragten notwendig ist. Aus dem informationellen Selbstbestimmungsrecht hat das Bundesverfassungs-

---

[245] *Otto* in: Rechtswissenschaft und Rechtsentwicklung, S. 227ff., 231 Fn. 19 für die Regelung des ArbSichG.
[246] Der betriebliche Datenschutzbeauftragte wäre dann externer Beauftragter mit einem Vergütungsanspruch als freier Mitarbeiter aus § 612 Abs. 1 BGB.
[247] Siehe oben Teil 3 C I 4 c bb.

gericht zu Recht die Verpflichtung abgeleitet, organisatorische und verfahrensrechtliche Kontrollvorkehrungen zu treffen[248]. Dazu gehört ganz wesentlich die Einrichtung und Absicherung von unabhängigen Beauftragten[249]. Auf eine Absicherung der Unabhängigkeit kann also nicht verzichtet werden.

Aus allen genannten Gründen ist daher ein Mitbestimmungsrecht des Betriebsrates bei der Bestellung, Abberufung und Kündigung des betrieblichen Datenschutzbeauftragten sinnvoll.

dd. Umfang des Mitbestimmungsrechts

Der Einfluß des Betriebsrates auf die Datenschutzkontrolle wie die Unabhängigkeit des Beauftragten sind nur dann lückenlos gesichert, wenn der Betriebsrat ein umfassendes Mitbestimmungsrecht hat. Würde man beispielsweise die Bestellung von leitenden Angestellten zu betrieblichen Datenschutzbeauftragten oder die Bestellung externer Beauftragter von der Mitbestimmungspflicht ausnehmen, würde für den Arbeitgeber nur ein überflüssiger Anreiz geschaffen, auch ohne sachliche Gründe auf diesen Personenkreis auszuweichen. Umgekehrt würde der Betriebsrat versucht sein, unter allen Umständen auf Personen zu bestehen, die unter das BetrVG fallen[250], ohne dagegen sprechende Gesichtspunkte berücksichtigen zu können. Deshalb sollte die Zustimmung wie im ArbSichG[251] auch bei der Bestellung und Abberufung von leitenden Angestellten erforderlich sein, ebenso, parallel zur Regelung für mit der Berufsausbildung Beauftragte[252], hinsichtlich externer betrieblicher Datenschutzbeauftragter. Beides wird am besten dadurch erreicht, daß die Mitbestimmung außerhalb des BetrVG geregelt wird. So wird deutlich gemacht, daß die persönlichen Anwendungsvoraussetzungen des BetrVG nicht erfüllt sein müssen. Es empfiehlt sich also eine Mitbestimmungsregelung innerhalb des § 28 BDSG. Sie sollte im übrigen klarstellen, daß die Mitbestimmung nicht nur bei der Bestellung, Abberufung und Kündigung, sondern ebenso wie nach § 9 Abs. 3 Satz 2 ArbSichG auch bei der Erweiterung und Beschränkung des Aufgabenkreises greift. Bei den mit der betrieblichen Bildung Beauftragten entscheidet Streitigkeiten gemäß § 98 Abs. 5 BetrVG das Arbeitsgericht. Ebenso verhält es sich – wie die Vorschriften der §§ 99 Abs. 4 und 103 Abs. 2 BetrVG ausweisen – bei den anderen personellen Einzelmaßnahmen, die eine Zustimmung des Betriebsrates erfor-

248 BVerfG, Urt. v. 15.12.83 (Volkszählungsurteil), NJW 84, 425ff.

249 *Heußner*, ArbuR 85, 309ff., 313f.; *Simitis*, NJW 84, 399ff., 403; *Geiger*, DSWR 84, 43ff., 45.

250 Zutreffend in Bezug auf das ArbSichG *Otto* in: Rechtswissenschaft und Rechtsentwicklung, S. 227ff., 231.

251 Siehe oben Teil 3 C IV 5 a und *Dietz/Richardi*, § 87 Rn 374.

252 Siehe oben Teil 3 C IV 5 b und Dietz/Richardi, § 98 Rn 13.

dern. Deshalb sollte auch bei Streitigkeiten über das Mitbestimmungsrecht hinsichtlich des betrieblichen Datenschutzbeauftragten die Zuständigkeit des Arbeitsgerichts angeordnet werden.

6. Zwischenergebnis

Die Rechte des Betriebsrates bei der Datenschutzkontrolle sind um ein Mitbestimmungsrecht bei der Bestellung, Abberufung und Kündigung des betrieblichen Datenschutzbeauftragten zu erweitern. Klargestellt werden könnten darüber hinaus die Informationsrechte des Betriebsrates. Dagegen sollte es hinsichtlich des Zugangsrechts zu Datenverarbeitungsanlagen und hinsichtlich der Hinzuziehung von Sachverständigen bei der bisherigen Regelung bleiben.

D. Zusammenfassung der Ergebnisse der Untersuchung

Aus der Arbeit ergeben sich folgende Schlußfolgerungen für den Ausbau des datenrechtlichen Persönlichkeitsschutzes der Arbeitnehmer:

I. Auf der *materiellrechtlichen Datenschutzebene* sind Regelungen für das Anbahnungsverhältnis und für das laufende Arbeitsverhältnis erforderlich.

1. Im *Anbahnungsverhältnis* empfiehlt sich eine Kodifizierung der richterlichen Begrenzung des Fragerechts durch die Bezugnahme auf die berechtigten Informationsinteressen des Arbeitgebers im Hinblick auf die zu verrichtende Arbeit. Tendenzbetriebe bedürfen einer gesonderten Regelung, ärztliche Untersuchungen müssen sich auf die Eignung für den Arbeitsplatz beziehen und psychologische Tests sollten nur eingeschränkt zulässig sein. Auskünfte von Dritten bedürfen der Einwilligung des Bewerbers. Eine Erweiterung der Mitbestimmungsmöglichkeiten des Betriebsrates ist indessen nicht erforderlich.

2. Im *laufenden Arbeitsverhältnis* sind folgende Verbesserungen angezeigt:

a. Der *Datenumfang* ist zum einen durch das Erfordernis der Einwilligung bei den in Art. 6 der Datenschutzkonvention des Europarates genannten besonders sensiblen Daten über rassische Herkunft, politische Anschauungen oder religiöse oder andere Überzeugungen sowie Daten, die die Gesundheit, das Sexualleben oder Strafurteile betreffen, zu begrenzen.

Zum anderen ist bei der elektronischen Datenverarbeitung eine zeitliche Regelgrenze von fünf Jahren einzuführen.

b. Hinsichtlich der *Informationsbeschaffung und -auswertung durch technische Einrichtungen* müßte im Rahmen des § 87 Abs. 1 Nr. 6 BetrVG klargestellt werden, daß jede automatisierte Verarbeitung von Arbeitnehmerdaten, die zur Überwachung führen kann, mitbestimmungspflichtig ist.

c. Hinsichtlich des *Datenflusses und der Datenverwendung* empfehlen sich zunächst technische Schutzbestimmungen, die die Abschottung des betriebsärztlichen Informationssystems und des Personaldatensystems der Personalverwaltung von den übrigen betrieblichen Informationssystemen gewährleisten. Weiterhin muß als alleiniges Verarbeitungskriterium entsprechend Art. 5b der Datenschutzkonvention die Zweckbestimmung des Arbeitsverhältnisses bzw. die Vereinbarkeit mit diesen Zwecken gelten. Die Zweckbindung ist auf den Empfänger zu erstrecken. Die unternehmensinterne Datenübermittlung ist ebenso wie die externe zu beurteilen. Die Mitbestimmungskompetenz des Betriebsrates ist auf die bei der Personalauswahl verwendeten Computerprogramme zu erstrecken.

II. Der Ausbau von *Sanktionsdrohungen* empfiehlt sich nicht. Weder von einer Ausdehnung der Haftung noch von einer Verschärfung der strafrechtlichen Bestimmungen lassen sich gegenwärtig effektive Verbesserungen erwarten.

III. Hingegen sind im Bereich der *Datenschutzkontrolle* auf allen vier Kontrollebenen Verbesserungen angezeigt.

1. Der *betriebliche Datenschutzbeauftragte* sollte in Zukunft in der Regel ein interner Unternehmensmitarbeiter sein. Seine Schweigepflicht und die Pflicht, mit dem Betriebsrat zusammen zu arbeiten, sollten normiert werden. Nicht geboten erscheint indessen die Einführung eines Sonderkündigungsschutzes und die Gewährung von innerbetrieblichen Entscheidungsbefugnissen.

2. Das Einschreiten der *staatlichen Aufsichtsbehörde* sollte in Zukunft nicht mehr von der Beschwerde eines Betroffenen abhängen. Der Behörde sind Eingriffsbefugnisse einzuräumen und das Recht, die Abberufung ungeeigneter betrieblicher Datenschutzbeauftragter durchzusetzen.

3. Die *Kontrollrechte der Arbeitnehmer* bei der manuellen und der automatischen Datenverarbeitung sind zu vereinheitlichen. Das Informationsrecht muß die Herkunft und die Empfänger der Daten umfassen. Das Berichtigungsrecht ist um die Pflicht zur Benachrichtigung der Empfänger der unrichtigen Daten zu erweitern, das Recht auf Gegendarstellung auch für den Bereich der elektronischen Datenverarbeitung zu verankern. Außerdem muß die Datensperrung gegenüber der Löschung die Ausnahme sein.

4. Auf der *betriebsverfassungsrechtlichen Kontrollebene* schließlich könnten die Informationsrechte des Betriebsrates klargestellt werden. Nicht empfehlenswert ist ein eigenes Zugangsrecht des Betriebsrates zu den Datenverarbeitungsanlagen und die Erleichterung der Hinzuziehung von Sachverständigen.
   Hingegen ist ein Mitbestimmungsrecht des Betriebsrates bei der Bestellung, Abberufung und Kündigung des betrieblichen Datenschutzbeauftragten notwendig.

Literaturverzeichnis

Abel, Ralf Bernd: Anmerkung zum Urt. d. OLG Düsseldorf v. 22.9.1982 – 15 U 244/81 – NJW 83, S. 399f., in: NJW 1983, S. 400.

– Nochmals: Zum Gegenstand der Auskunft nach dem BDSG, NJW 1980, S. 2689.

Abel, Ralf Bernd (Hrsg.)/*Sommer, Gernot:* Chancen und Risiken des Datenschutzes. Personalinformationssysteme/Informationelle Selbstbestimmung, DVR-Beiheft 18, München 1985.

Achenbach, Hans Günther: Datenschutzrechtliche Probleme anläßlich der Bekanntgabe und Berücksichtigung sozialer Daten im Kündigungsschutzprozeß, NZA 1984, S. 278ff.

Apitzsch, Wolfgang/Schmitz, Karl: Technische Aspekte der Mitbestimmung des Betriebsrates nach § 87 I Nr. 6 BetrVG bei Einführung und Anwendung von EDV-Systemen, DB 1984, S. 983ff.

Arbeitsgesetzbuchkommission: Entwurf eines Arbeitsgesetzbuchs – Allgemeines Arbeitsvertragsrecht, herausgegeben vom Bundesminister für Arbeit und Sozialordnung, Bonn 1977.

Auernhammer, Herbert: Der neue Referentenentwurf zur Novellierung des Bundesdatenschutzgesetzes, DuD 1984, S. 5ff.

– Bundesdatenschutzgesetz, Kommentar, 2. Aufl. Köln 1981.

– Zum Gegenstand der Auskunft nach dem BDSG, NJW 1980, S. 816f.

Bächt, H. G./Gola, Peter: Betriebliche Telefondatenerfassung und Datenschutz, DuD 1978, S. 74ff.

Barthel, Thomas H.: Datensicherung bei Kleinanwendern der Datenverarbeitung, DuD 1979, S. 236ff.

Baumann, Reinhold: Sechster Tätigkeitsbericht des Bundesbeauftragten für den Datenschutz, BT-Drucks. 10/877.

– Siebenter Tätigkeitsbericht des Bundesbeauftragten für den Datenschutz, BT-Drucks. 10/2777.

– Achter Tätigkeitsbericht des Bundesbeauftragten für den Datenschutz, BT-Drucks. 10/4690.

– Stellungnahme zu den Auswirkungen des Volkszählungsurteils d. BVerfG, DVBl. 1984, S. 612ff.

Baumbach, Adolf/Lauterbach, Wolfgang/Albers, Jan/Hartmann, Peter: Zivilprozeßordnung, 44. Auflage München 1986.

Becker, Friedrich/Etzel, Gerhard/Friedrich, Hans-Wolf/Gröninger, Karl/Hillebrecht, Wilfried/Rost, Friedhelm/Weigang, Horst/Wolf, Manfred/Wolf, Ingeborg: Gemeinschaftskommentar zum Kündigungsschutzgesetz und sonstigen kündigungsschutzrechtlichen Vorschriften, 2. Auflage, Neuwied 1984.

Becker-Schaffner, Reinhard: Die Personalakte – Einsichtsrecht – Berichtigungsanspruch, BlStSozArbR 1980, S. 177ff.

Bellgardt, Peter: Die Zulässigkeit der Frage nach der Schwangerschaft und das Benachteiligungsverbot des § 611a BGB, BB 1983, S. 2187ff.

Benda, Ernst: Humangenetik und Recht – eine Zwischenbilanz, NJW 1985, S. 1730ff.

– Das Recht auf informationelle Selbstbestimmung und die Rspr. des BVerfG zum Datenschutz, DuD 1984, S. 86ff.

– Die Menschenwürde, in: *Benda/Maihofer/Vogel,* Handbuch des Verfassungsrechts, Berlin 1983, S. 107 ff.
– Privatsphäre und Persönlichkeitsprofil, Festschrift für Willi Geiger, Tübingen 1974, S. 23 ff.
– Die Sozialstaatsklausel in der Rechtsprechung des Bundesarbeitsgerichts und des Bundesverfasssungsgerichts, RdA 1979, S. 1 ff.
Berg, Wilfried: Vom Wettlauf zwischen Recht und Technik, JZ 1985, S. 401 ff.
Bettermann, Karl August: Publikationsfreiheit für erschlichene Informationen?, NJW 1981, S. 1065 ff.
Biesalski, Dieter: Datenverarbeitung im Konzern, BB 1978, S. 67 ff.
Birk, Uwe: Auskünfte über Arbeitnehmer, München 1985.
Bobke, Manfred H.: Grenzen der betrieblichen Mitbestimmung im öffentlichen Dienst?, Der Personalrat 1985, S. 4 ff.
Boewer, Dietrich: Personaldatenverarbeitung und Kontrollbefugnisse des Betriebsrates aus § 80 BetrVG, RDV 1985, S. 22 ff.
Braun, Albert: Die Rechtsprechung des Bundesarbeitsgerichts zur Mitbestimmung des Betriebsrats bei der Einführung und Anwendung von technischen Überwachungseinrichtungen (§ 87 Abs. 1 Ziff. 6 BetrVG), BlStSozArbR 1985, S. 54 ff.
Brehm, Horst/Pohl, Gerd (Hrsg.): Interessenvertretung durch Information, Köln 1978.
Brill, Werner: Die Frage nach dem Gesundheitszustand des Stellenbewerbers, BlStSozArbR 1985, S. 113 ff.
– Verwirkung und Wirkungslosigkeit von Abmahnungen, NZA 1985, S. 109 f.
– Betriebsrat und Datenschutz, BlStSozArbR 1978, S. 163 ff.
– Das Auskunftsverlangen des Arbeitnehmers zur sozialen Auswahl, ArbuR 84, 140 ff.
Brinckmann, Hans: Vom Datenschutzrecht zum Recht des Verbraucher-, Arbeits- und Umweltschutzes, DuD 1982, S. 157 ff.
Budde, Jürgen: Weitergabe arbeitsmedizinischer Daten durch den Betriebsarzt, DB 1985, S. 1529 ff.
– Verwendung von Datenverarbeitungssystemen durch den Betriebsarzt, BB 1984, S. 1305 ff.
Bühnemann, Bernt: Datenschutz im nichtöffentlichen Bereich, DVR-Beiheft 4.
– Datenschutz im nicht-öffentlichen Bereich, BB-Beilage 1/1974, S. 1 ff.
Bull, Hans Peter: Der Einfluß der Datenschutzgesetze auf die öffentliche Verwaltung, DÖV 1983, S. 829 ff.
– Datenschutz oder Datenverkehrsordnung, ZRP 1982, S. 55 f.
– Fünfter Tätigkeitsbericht des Bundesbeauftragten für den Datenschutz, BT-Drucks. 9/2386.
– Erster Tätigkeitsbericht des Bundesbeauftragten für den Datenschutz, Zur Sache 2/79, Bonn 1979.
– Datenschutz als Informationsrecht und Gefahrenabwehr, NJW 1979, S. 1177 ff.
Busch, Jost-Dietrich: Anmerkung zum BVerfG-Volkszählungsurteil, DVBl. 1984, S. 385 ff.
Canaris, Claus-Wilhelm: Grundrechte und Privatrecht, AcP 184 (1984), S. 201 ff.
Dammann, Ulrich: Transparenz der Datenverarbeitung, ZRP 1980, S. 81 ff.
Dammann, Ulrich/Mallmann, Otto/Simitis, Spiros: Data Protection Legislation, Frankfurt a. M. 1977.
Datenschutzbeauftragte des Bundes und der Länder: Auswirkungen des Volkszählungsurteils, Stellungnahme der Konferenz des Bundes- und der Landesdatenschutzbeauftragten und der Datenschutzkommission Rheinland-Pfalz v. 27./28.3.1984, DÖV 1984, S. 504 ff.
Degener, Udo: Das Fragerecht des Arbeitgebers gegenüber Bewerbern, Berlin 1975.
Denck, Johannes: Arbeitsschutz und Mitbestimmung des Betriebsrates, ZfA 1976, S. 447 ff.

Denninger, Erhard: Die Trennung von Verfassungsschutz und Polizei und das Grundrecht auf informationelle Selbstbestimmung, ZRP 1981, S. 231 ff.

Deutsch, Erwin: Die Genomenanalyse: Neue Rechtsprobleme, ZRP 1986, S. 1 ff.

Deutscher Gewerkschaftsbund: Stellungnahme zum Entwurf eines Gesetzes zur Änderung des Bundesdatenschutzgesetzes, DuD 1984, S. 43 ff.

Dietz, Rolf/Richardi, Reinhard: Betriebsverfassungsgesetz: Bd. 1 (§§ 1–73), 6. Auflage, München 1981 und Bd. 2 (§§ 74–Schluß), 6. Auflage, München 1982.

Döll, Bernt Peter: Wahrung der Arbeitnehmerinteressen beim Einsatz von Personalinformationssystemen, in: Chancen u. Risiken des Datenschutzes, DVR-Beiheft 18, S. 4 ff.

Echterhölter, Rudolf: Verfassungsrecht und Individualarbeitsrecht, BB 1970, 677 ff.

– Anmerkung zum Urteil des BAG, AP Nr. 5 zu § 611 BGB Persönlichkeitsrecht.

Ehmann, Horst: Datenverarbeitung und Persönlichkeitsschutz im Arbeitsverhältnis, NZA-Beilage 1/85, S. 2 ff.

– Anm. zu BAG EzA Nr. 1 zu § 87 BetrVG 1972, Bildschirmarbeitsplatz.

– Technische Überwachung und Datensicherung – Das Mitbestimmungsrecht des BR im Rahmen des § 6 BDSG – in: Festschrift f. Marie-Luise Hilger/Hermann Stumpf, S. 125 ff.

– Daten- und Informationsschutz im Arbeitsverhältnis, RdA 1983, S. 95 ff.

Eich, Rolf-Achim: Der SPD-Entwurf zur Änderung des Betriebsverfassungsgesetzes, DB 1985, S. 1993 ff.

Eiermann, Willi: Die Schweigepflicht des Betriebsarztes bei arbeitsmedizinischen Untersuchungen nach dem Arbeitssicherheitsgesetz, BB 1980, S. 214 f.

Fabricius, Fritz/Kraft, Alfons/Thiele, Wolfgang/Wiese, Günther: Gemeinschaftskommentar zum Betriebsverfassungsgesetz, Bd. 1 und 2, Neuwied, Stand Juni 1985.

Färber, Peter/Kappes, Karl-Heinz: Telefondatenerfassung und Datenschutz, BB 86, S. 520 ff.

Fiedler, Herbert: Vom Datenschutz- zum Informationsrecht, DuD 1981, S. 10 ff.

– Anm. zum Urt. d. BGH, JZ 84, 676 ff., in: JZ 1984, S. 678 ff.

Fitting, Karl/Auffarth, Fritz/Kaiser, Heinrich: Betriebsverfassungsgesetz, 14. Aufl., München 1984.

Franz, Astrid: Personalinformationssysteme und Betriebsverfassung, Köln 1983.

Freund, Christian: Mitbestimmung bei betrieblichen Personalinformationssystemen, München 1984.

Fritsche, Klaus: Die rechtliche Stellung der Betriebsärzte im Unternehmen, Diss. Bayreuth, 1984.

Fuchs, Hans-Ulrich: Zur Lehre vom Bankvertrag, Frankfurt a. M., 1982.

Gallwas, Hans-Ullrich/Schneider, Jochen/Schwappach, Jürgen/Schweinoch, Joachim/Steinbrinck, Tilo: Datenschutzrecht, Loseblattkommentar, Stuttgart, Stand Dezember 1981.

Galperin, Hans/Löwisch, Manfred: Kommentar zum Betriebsverfassungsgesetz, Bd. II (§§ 74–132), 6. Auflage, Heidelberg 1982.

Gamillscheg, Franz: Arbeitsrecht, Bd. I, 6. Auflage, München 1983.

– Der Abschluß des Arbeitsvertrages im neuen Arbeitsvertragsgesetz, in: Festschrift Werner Weber (1974), S. 793 ff.

– Die Grundrechte im Arbeitsrecht, AcP 164, S. 385 ff.

Garstka, Hansjürgen: Datenschutzrecht und betriebliches Personalwesen, ZRP 1978, S. 237 ff.

Geiger, Hansjörg: Das Urteil des Bundesverfassungsgerichts zum Volkszählungsgesetz 1983, DSWR 1984, S. 43 ff.

Geulen, Rainer: Die Personalakte in Recht und Praxis, Neuwied 1984.

Gnade, Albert/Kehrmann, Karl/Schneider, Wolfgang/Blanke, Hermann: Betriebsverfassungsgesetz, 2. Auflage, Köln 1983.

Gola, Peter: Zur Entwicklung des Datenschutzrechts im Jahre 1984, NJW 1985, S. 1196ff.
– Zur Entwicklung des Datenschutzrechts im Jahre 1983, NJW 1984, S. 1155ff.
– Auskunftspflichten und Datenschutz im Kündigungsschutzverfahren, DuD 1984, S. 32f.
– Datenschutz – Ein Beitrag zur Humanisierung der Arbeitswelt, BlStSozArbR 1981, S. 209ff.
– Rechtliche Grenzen für Personalinformationssysteme, BB 1980, S. 584ff.
– Datenschutz und Betriebsrat, DuD 1978, S. 25ff.
– (Hrsg.): Datenschutz im Konflikt, Jahrestagung 1982 der Deutschen Vereinigung für Datenschutz e.V., DVR-Beiheft 14, München 1983.
Gola, Peter/Hümmerich, Klaus: Personaldatenrecht im Arbeitsverhältnis, Heidelberg 1985.
Gola, Peter/Hümmerich, Klaus/Kerstan, Uwe: Datenschutzrecht, Bd. 1: Das Bundesdatenschutzgesetz, Verfassungsrechtlicher Datenschutz, Berlin 1977; Bd. 2: Einzelvorschriften des Bundes zum Datenschutz, Berlin 1978.
Goos, Wolfgang: Technische Überwachungsmöglichkeiten durch EDV?, BB 1983, S. 581ff.
Graeff, Günter: Arbeitssicherheitsgesetz, Kommentar, 2. Auflage, Köln 1979.
Grochla, Erwin/Albers, Felicitas/Rüschenbaum, Ferdinand: Einsatz von Kleincomputern in Klein- und Mittelbetrieben. Ein datenschutzrechtliches und datensicherungstechnisches Problem. Ergebnisse einer empirischen Untersuchung, DuD 1983, S. 186ff.
Grochla, Erwin/Weber, Helmut/Werhahn, Thomas: Betrieblicher Datenschutz für Mitarbeiter – Ein Handbuch für die unternehmensinterne Schulung – Köln 1983.
Großfeld, Bernhard: Computer und Recht, JZ 1984, S. 696ff.
Gumpert, Jobst: Anmerkung zum Urt. d. BAG v. 15.1.70, BB 1970, 803f., in: BB 1970, S. 804f.
Haft, Fritjof: Zur Situation des Datenschutzstrafrechts, NJW 1979, S. 1194ff.
Hanau, Peter: Praktische Fragen zur Neuregelung der Mitbestimmung in personellen Angelegenheiten, BB 1972, S. 451ff.
Hanau, Peter/Adomeit, Klaus: Arbeitsrecht, 7. Auflage, Frankfurt a. M. 1983.
Hartleb, Uwe: Das Urteil des Bundesverfassungsgerichts zum Volkszählungsgesetz und das Sozialrecht, DVR 1984, S. 99ff.
Heinze, Meinhard: Personalplanung, Einstellung und Kündigung, Stuttgart 1982.
Hentschel, Bernd: Personalinformationssysteme in Unternehmen, DB 1984, S. 186ff.
– Datenschutzbeauftragter und Betriebsrat, Der Arbeitgeber 1977, S. 781ff.
– Personalinformationssysteme aus der Sicht der Arbeitgeber – PIS contra PDS, in: Personalinformationssysteme in Wirtschaft u. Verwaltung, DVR-Beiheft 13, S. 37ff.
Hentschel, Bernd/Wronka, Georg (Hrsg.): Personalinformationssysteme in der Diskussion, Köln 1983.
Herbig, Gottfried: Rheinland-Pfalz änderte sein Personalvertretungsgesetz, Die Personalvertretung 1985, S. 353ff.
Herschel, Wilhelm: Daten- u. Informationsschutz im Arbeitsverhältnis, BB 1982, S. 2128.
Hesse, Wolfgang: Die Weiterentwicklung der Mitbestimmungsrechte des Betriebsrats bei technischen Kontrolleinrichtungen, NZA-Beilage 1/85, S. 15ff.
– Der Einfluß des Bundesdatenschutzgesetzes auf die Betriebsratstätigkeit, Diss. Regensburg, 1984.
Heußner, Hermann: Datenverarbeitung und die Rechtsprechung des Bundesverfassungsgerichts im Spannungsfeld zwischen Recht und Politik, ArbuR 1985, S. 309ff.
Hexel, Dietmar: Personaldaten und EDV, Der Betriebsrat 1984, S. 541ff.
Hilger, Herbert: Zulässigkeit der Telefondatenerfassung, DB 1986, S. 911ff.

Hinrichs, Werner: Das Beschwerde- und Anzeigerecht der Arbeitnehmer, Das Arbeitsrecht der Gegenwart, Bd. 18 (1980), S. 35ff.

– Rechtliche Aspekte zur Schweigepflicht der Betriebsärzte und des ärztlichen Personals, DB 1980, S. 2287ff.

Hinz, Manfred: Anm. zu BAG AP Nr. 2 zu § 87 BetrVG 1972 – Überwachung –.

Höfer, Helmut: Datenverarbeitung im Konzern, DuD 1982, S. 80ff.

Hofmann, Paul: Zur Offenbarungspflicht des Arbeitnehmers, ZfA 1975, S. 1ff.

Hollmann, Angelika: Auskunftsanspruch des Patienten im Datenschutzrecht, NJW 1977, S. 2110f.

von Hoyningen-Huene, Gerrick: Datenüberwachung durch Betriebsrat und Datenschutzbeauftragten, NZA-Beilage 1/85, S. 19ff.

Hubmann, Heinrich: Das Persönlichkeitsrecht, 2. Auflage, Köln, 1967.

Hueck, Alfred: Kündigungsschutzgesetz, 10. Auflage, München 1980.

– Anmerkung zum Urteil des BAG AP Nr. 1 zu § 630 BGB.

Hümmerich, Klaus: Datenschutz in der Krise, in: Datenschutz im Konflikt, DVR-Beiheft 14, S. 55ff.

– Rechte des Betriebsrates bei der Erfassung von Bewerberdaten, RdA 1979, S. 143ff.

– Wonach darf der Arbeitnehmer bei der Einstellung gefragt werden?, BB 1979, S. 428ff.

– Betriebsverfassungsrechtliche Anforderungen an Personalinformationssysteme, DB 1978, S. 1932ff.

– Einverständniserklärung des Bewerbers nach § 3 BDSG, DuD 1978, S. 135ff.

– Das Bundesdatenschutzgesetz, JuS 1977, S. 271ff.

– Erfassungsschutz im arbeitsvertraglichen Anbahnungsverhältnis, Diss. Bonn, 1977.

– Der Schutz der Beschäftigten vor Aufnahme ärztlicher Gutachten in die Personalakten und Datenbanken, DB 1975, S. 1893ff.

Hümmerich, Klaus/Gola, Peter: Personaldatenrecht im Arbeitsverhältnis, Heidelberg 1975.

– Auswirkungen des Bundes-Datenschutzgesetzes auf das Personalwesen, BB 1977, S. 146ff.

Hümmerich, Klaus/Kniffka, Rolf: Die Entwicklung des Datenschutzrechtes im Jahre 1978, NJW 1979, S. 1182ff.

Hufen, Friedhelm: Das Volkszählungsurteil des Bundesverfassungsgerichts und das Grundrecht auf informationelle Selbstbestimmung – eine juristische Antwort auf „1984"?, JZ 1984, S. 1072ff.

Hunold, Wolf: Anmerkung zum Beschluß des BAG v. 14.9.84, in: BB 1985, S. 197ff.

– Die Mitbestimmung des Betriebsrates in allgemeinen personellen Angelegenheiten, DB 1976, S. 98ff.

Jarass, Hans D.: BImSchG, Kommentar zum Bundes-Immissionsschutzgesetz, München 1983.

Jobs, Friedhelm: Mitbestimmung des Betriebsrates gemäß § 87 I Nr. 6 BetrVG bei Personalinformationssystemen und Bildschirmarbeitsplätzen, DB 1983, S. 2307ff.

Jobs, Friedhelm/Samland, Jürgen: Personalinformationssysteme in Recht und Praxis, Stuttgart 1984.

Kahl, Georg: Die neuen Aufgaben und Befugnisse des Betriebsbeauftragten nach Wasser-, Immissionsschutz- und Abfallrecht, Kissing 1978.

Kamlah, Ruprecht: Datenschutz – Konfliktlösung ohne Übertreibung, in: Datenschutz in Konflikt, DVR-Beiheft 14, S. 59ff.

Kamlah, Ruprecht/Schimmel, W./Schwan, E.: Bundesdatenschutzgesetz, Loseblattkommentar, in: *Burhenne/Perband,* EDV-Recht, Bd. 3.

Kammann, Karl-Udo/Hess, Harald/Schlochauer, Ursula: Kommentar zum Betriebsverfassungsgesetz, Neuwied 1979.

Karad, Jürgen: BDSG – Die Stellung des Betriebsrates, Der Arbeitgeber 1978, S. 656f.

Kemper, Gerd-Heinrich: Die unbestimmten Rechtsbegriffe in §§ 23 bis 25 BDSG, BB 1979, S. 1014f.
Kilian, Wolfgang: Anm. zum Beschl. d. BAG v. 14.9.84, in: NJW 1985, S. 453.
– Überwachen durch Auswerten, BB 1985, S. 403ff.
– Personalinformationssysteme in deutschen Großunternehmen, Berlin 1981.
– Ausbaustand von Personalinformationssystemen in der deutschen Wirtschaft, in: Personalinformationssysteme in Wirtschaft und Verwaltung, DVR-Beiheft 13, S. 1ff.
– Verwendung und Weitergabe arbeitsmedizinischer Informationen in Großunternehmen, BB 1981, S. 985ff.
– Rechtliche Aspekte heutiger betriebsärztlicher Informationssysteme, BB 1980, S. 893ff.
– Auswirkungen des BDSG auf das Betriebsverfassungsrecht, RdA 1978, S. 201ff.
– Melde- und Auskunftspflichten des Arbeitgebers im Personalbereich, BB 1977, S. 1153ff.
– Arbeitsrechtliche Probleme automatisierter Personalinformationssysteme, JZ 1977, S. 481ff.
Kisker, Gunter: Ausweitung der Mitbestimmung; zum Streit um die Novellierung des Hessischen Personalvertretungsgesetzes (HPVG), Die Personalvertretung 1985, S. 137ff.
Kissel, Otto: Gedanken zum Verhältnis von moderner Technologie und Arbeitsrecht, NZA 1984, S. 1ff.
Klebe, Thomas: Personaldatenverarbeitung und Verhaltenskontrolle, DB 1986, S. 380ff.
– Mitbestimmung bei technischer Überwachung, NZA 1985, S. 44ff.
Klebe, Thomas/Roth, Siegfried: Personaldaten und Betriebsrat, AiB 1985, S. 131ff.
Klebe, Thomas/Schumann, Manfred: Die Rechte des Betriebsrates bei Einführung und Anwendung von Personalinformationssystemen, ArbuR 1983, S. 40ff.
Klein, Frank J.: Die Rechtmäßigkeit psychologischer Tests im Personalbereich, Gelsenkirchen 1982.
Kliesch, Georg/Nöthlichs, Matthias/Wagner, Rolff: Arbeitssicherheitsgesetz, Kommentar, Berlin 1978.
Klippel, Diethelm: Deliktsrechtliche Probleme des Datenschutzes, BB 1983, S. 407ff.
Kloepfer, Michael: Datenschutz als Grundrecht, Königstein/Ts. 1980.
Knabben, Walter: Datenschutz in verbundenen Unternehmen, DB 1978, S. 333ff.
Kölsch, Rainer: Die Haftung des Arbeitgebers bei nicht ordnungsgemäßer Zeugniserteilung, NZA 1985, S. 382ff.
Krause, Peter: Grundrechtliche Grenzen staatlicher und privater Informationserhebung u. -verarbeitung, DB Beilage 23/1983, S. 1ff.
Krebs, Heinrich: Arbeitssicherheitsgesetz, Loseblattkommentar, Percha, Stand: 1.10.84.
Krieger, E. A.: Zum Standort des Datenschutzbeauftragten im Unternehmen, DuD 1981, S. 205ff.
Kriependorf, P.: Datenschutz u. Betriebsverfassung, DuD 1979, S. 17ff.
Kroll, Joachim: Das Einblicksrecht des BR in die Bruttolohn- und -gehaltslisten und das Bundesdatenschutzgesetz, DB 1979, S. 1182f.
– Datenschutz im Arbeitsverhältnis, Königsstein 1981.
Kübler, Friedrich (Hrsg.): Verrechtlichung von Wirtschaft, Arbeit und sozialer Solidarität, Baden-Baden, 1984.
Küpferle, Otto: Anmerkung zum Beschl. des BAG v. 23.4.85 – 1 ABR 39/81 – (TÜV-Prüfbelege) DB 85, 1897f., in: ArbuR 1986, S. 62ff.
Küstner, Wolfram: Verstoßen „Rennlisten“ gegen datenschutzrechtliche Bestimmungen, BB 1984, S. 1906ff.
Kuhla, Wolfgang: Datenschutz im Beamten- und Arbeitsverhältnis, Darmstadt 1983.

Landmann, Robert von/Rohmer, Gustav: Gewerbeordnung, Bd. I, Loseblattkommentar, München, Stand Juni 1985.

– Gewerbeordnung und ergänzende Vorschriften, Bd. III, Umweltrecht, Loseblattkommentar, bearbeitet von *Klaus Hansmann* und *Ernst Kutscheidt*, München, Stand Februar 1985.

Larenz, Karl: Allg. Teil des deutschen Bürgerlichen Rechts, 6. Auflage, München 1983.

Lauterbach, Herbert: Gesetzliche Unfallversicherung, Bd. III, 3. Aufl., Loseblatt-RVO Kommentar, St. 1.7.85.

Leibholz, Gerhard/Rinck, Hans Justus: Grundgesetz für die Bundesrepublik Deutschland, Loseblattkommentar, Köln, Stand Dezember 1985.

Leisner, Walter: Grundrechte und Privatrecht, München 1960.

Linnenkohl, Karl: Informationsrecht und Arbeitnehmerschutz, ArbuR 1984, S. 129ff.

– Arbeitsverhältnis und Vorstrafen-Fragen, ArbuR 1983, S. 129ff.

– Datenschutz und Tätigkeit des Betriebsrates, NJW 1981, S. 202ff.

– Der betriebliche Beauftragte für den Datenschutz, NJW 1979, S. 1190ff.

Linnenkohl, Karl/Rauschenberg, H.-J.: Anmerkung zum Urteil des LAG Baden-Württemberg v. 11.7.85 – 7 Sa 97/84 – BB 86, 1713ff., in: BB 86, S. 1715f.

Löwisch, Manfred: Taschenkommentar zum Betriebsverfassungsgesetz, Heidelberg 1985.

– Anmerkung zum Beschluß d. BAG v. 31.5.83 – 1 ABR 6/80 – AP Nr. 2 zu § 95 BetrVG 1972.

Löwisch, Manfred/Rieble, Volker: Anmerkung zum Beschl. d. BAG v. 14.9.84 (Technikerberichtssystem) EzA Nr. 11 zu § 87 BetrVG 1972 – Kontrolleinrichtung –.

Louis, Hans Walter: Grundzüge des Datenschutzrechtes, Köln 1981.

Mallmann, Christoph: Datenschutz in Verwaltungs-Informationssystemen, München 1976.

Mallmann, Otto: Zielfunktionen des Datenschutzes, Frankfurt a. M. 1977.

Mallmann, Otto/Walz, Stefan: Schutz der Sozialdaten nach dem neuen Sozialgesetzbuch, NJW 1981, S. 1020ff.

v. Mangoldt, Hermann/Klein, Friedrich/Starck, Christian: Das Bonner Grundgesetz, Bd. 1, 3. Auflage, München 1985.

Matthes, Hans-Christoph: Die Beteiligung des Betriebsrates bei Maßnahmen der Personaldatenverarbeitung, RDV 85, 16ff.

Matysiak, Adelgund: Betriebsverfassungsrecht und Datenschutz, Diss. Köln, 1981.

Maunz, Theodor/Dürig, Günter/Herzog, Roman/Scholz, Rupert: Grundgesetz, Loseblattkommentar, Bd. 1, München, Stand Januar 1985.

Mayer, Udo: Arbeits- und sozialrechtliche Probleme der Gewissensfreiheit, ArbuR 1985, S. 105ff.

– Anmerkung zu BAG Urt. v. 20.12.84 – 2 AZR 436/83 – JZ 85, 1108ff., in: JZ 85, 1111ff.

Mayer-Maly, Theo: Datenschutz gegen Arbeitnehmerinformation, DB 1980, 1441ff.

Meister, Herbert: Orwell, Recht und Hysterie, DuD 1984, S. 162ff.

– Bundesdatenschutz oder Datenerhebungs-Ermächtigungsgesetz, ZRP 1979, S. 129ff.

– Datenschutz und Privatrechtsordnung, BB 1976, S. 1584ff.

– Datenschutz im Zivilrecht 1977, 2. Aufl. Gummersbach 1981.

Mertens, Peter: Persönlichkeitsschutz des Zeugen durch Ausschluß der Öffentlichkeit, NJW 1980, S. 2687f.

– Gefahren eines übertriebenen Datenschutzes, DuD 1982, S. 21ff.

Michaelis, Hans Peter: Wem gehört das Arbeitsrecht?, Der Betriebsrat 1984, S. 85.

Michel, Lothar/Wiese, Günther: Zur rechtlichen und psychologischen Problematik graphologischer Gutachten, NZA 1986, S. 505ff.

Moritz, Klaus: Anmerkung zu BAG AP Nr. 3 u. 4 zu § 87 BetrVG 1972 – Überwachung –.

Müller, Gerhard: Drittwirkung von Grundrechten und Sozialstaatsprinzip, RdA 1964, S. 121 ff.
Müller, G. F.: Abfrage der eigenen Daten durch die Betroffenen, DuD 1981, S. 251 f.
– Umsetzung der Datenschutzforderungen in Datensicherungsmaßnahmen, DuD 1983, S. 289 ff.
Müller, Wigo: Die betriebsbedingte Kündigung im Kündigungsschutzprozeß, DB 1975, S. 2130 ff.
Müllner, Wolfgang: Verhalten und Leistung gemäß § 87 Abs. 1 Nr. 6 BetrVG, DB 1984, S. 1677 ff.
– Beteiligungsrechte des Betriebsrates bei Personalinformationssystemen, BB 1984, S. 475 ff.
von Münch, Ingo: Grundgesetzkommentar, Bd. 1, Art. 1–20 GG, 3. Auflage, München 1985.
Münchener Kommentar: Münchener Kommentar zum Bürgerlichen Gesetzbuch, herausgegeben von Kurt Rebmann und Fritz Säcker, Bd. 1 (§§ 1–240), 2. Aufl., München 1984; Bd. 3, 1. Halbband (§§ 433–656), München 1980.
Nipperdey, Hans Carl: Die Würde des Menschen, in: *Neumann/Nipperdey/Scheuner,* Die Grundrechte, Bd. II, Berlin 1954, S. 1 ff.
Oetker, Hartmut: Informationelles Selbstbestimmungsrecht und graphologische Gutachten bei Anbahnung und Abwicklung des Arbeitsverhältnisses, BlStSozArbR 1985, S. 65 ff. u. S. 81 ff.
Olk, Jürgen: Personalinformationssysteme – Technische Einrichtungen zur Überwachung der Arbeitnehmer?, Diss. Trier, 1984.
Ordemann, Hans Joachim/Schomerus, Rudolf: Bundesdatenschutzgesetz, 3. Auflage, München 1982.
Otto, Hansjörg: Personale Freiheit und soziale Bindung, München 1978.
– Eingriffe in die Organisationsgewalt und Personalhoheit des Arbeitgebers – Bürokratisierung und Verrechtlichung der Arbeitswelt, in: Göttinger rechtswissenschaftliche Studien, Bd. 111, Rechtswissenschaft und Rechtsentwicklung, S. 227 ff.
Palandt, Otto (Bearbeiter): Bürgerliches Gesetzbuch, 45. Auflage, München 1986.
Peltzer, Heinz-Günter: Aufbau, Einsatz und Möglichkeiten eines Personalinformationssystems, DB 1983, S. 2139 ff.
Peters, Falk-Eckart: Arbeitnehmerdatenschutz, Diss. Frankfurt a. M. 1981.
– Personalinformationssysteme – Informationelle Selbstbestimmung oder kollektiver Arbeitnehmerschutz, DSWR 1985, S. 186 ff.
Pfarr, Heide: Zum Recht des Betriebsrates auf Einsichtnahme in Personalakten, ArbuR 1976, S. 198 ff.
Pramann, Götz: Zum Begriff der Einsichtnahme in betriebsverfassungsrechtlichen Vorschriften (§§ 34, 80, 83, 108 BetrVG), DB 1983, S. 1922 ff.
Rasch, Thomas: Zur Darlegungs- und Beweislast für die Richtigkeit der sozialen Auswahl bei der betriebsbedingten Kündigung unter kündigungsrechtlichen und datenschutzrechtlichen Gesichtspunkten, DB 1982, S. 2296 f.
Rebmann, Kurt: Einhundert Jahre Strafregisterwesen in Deutschland, NJW 1983, S. 1513 ff.
Redeker, Konrad: Grundgesetzliche Rechte auf Verfahrensteilhabe, NJW 1980, S. 1593 ff.
Rehbinder, Eckard/Burgbacher, Hans-Gerwin/Knieper, Rolf: Ein Betriebsbeauftragter für den Umweltschutz?, Berlin 1972.
Richardi, Reinhard: Anmerkung zu BAG AP Nr. 9 zu § 87 BetrVG 1972 – Überwachung –.
– Anmerkung zu BAG AP Nr. 7 zu § 87 BetrVG 1972 – Überwachung –.

Riegel, Reinhard: Rechtsgrundlagen für die informationelle Tätigkeit der Verfassungsschutzbehörden und datenschutzrechtliche Konsequenzen aus dem Volkszählungsurteil des Bundesverfassungsgerichts, DVBl. 1985, S. 765 ff.

Ringwald, Gerhard: Das unverstandene Phänomen: Der Datenabruf, NJW 1984, S. 2397 f.

Rohlfing, Theodor/Rewolle, Hans-Dietrich: Arbeitsgerichtsgesetz, Loseblatt-Kommentar, Stand Juli 1985, Frankfurt am Main.

Rosenbaum, Otto: Die neue Strahlenschutzverordnung, 2. Aufl., Kissing 1978.

Rost, Friedhelm: Die Sozialauswahl bei betriebsbedingter Kündigung, ZIP 1982, S. 1396 ff.

Rudolph, Ekkehard: Die Mitwirkungsrechte des Betriebsrates nach § 9 Abs. 3 des Gesetzes über Betriebsärzte, Sicherheitsingenieure und andere Fachkräfte für Arbeitssicherheit, BB 1976, S. 370 ff.

Samland, Jürgen: Personaldatenverarbeitung nach dem Beschluß des BAG vom 14.9.84, NZA-Beilage 1/85, S. 11 ff.

Sander, Horst P.: Zu neuen Entwicklungen des Immissionsschutzrechts – Bewertungen aus industrieller Sicht – DVBl. 1985, S. 269 ff.

– Rechtsstellung und Rechtsschutz des Betriebsbeauftragten für Gewässerschutz aus der Sicht der Industrie, NuR 1985, S. 47 ff.

– Die dritte und vierte Novelle zum Abfallbeseitigungsgesetz sowie das Reststoffrecht der Änderung des Bundesimmissionsschutzgesetzes aus industrieller Sicht, DVBl. 1985, S. 780 ff.

Sasse, Christoph: Sinn und Unsinn des Datenschutzes, Schriftenreihe der Juristischen Studiengesellschaft Karlsruhe, Bd. 126, Karlsruhe und Heidelberg 1976.

– Persönlichkeitsrecht und Datenschutzgesetzgebung in Deutschland, in: Festschrift Mallmann, S. 213 ff.

Sasse, Christoph/Abel, Rolf: Der Umfang des Auskunftsanspruchs nach dem BDSG, NJW 1979, S. 352 f.

Seelmann, Andreas: Sprengt Rechtsprechung sachgerechte Mitbestimmung?, Der Arbeitgeber 1984, S. 925 f.

Simitis, Spiros: Mitbestimmung als Regulativ einer technisierten Kontrolle von Arbeitnehmern, NJW 1985, S. 401 ff.

– Die informationelle Selbstbestimmung – Grundbedingung einer verfassungskonformen Informationsordnung, NJW 1984, S. 398 ff.

– Datenschutz: Voraussetzung oder Ende der Kommunikation, in: Festschrift Coing 1982, S. 495 ff.

– Datenschutz: Erfahrungen und Perspektiven, VersR 1981, S. 197 ff.

– Daenschutz: Von der legislativen Entscheidung zur richterlichen Interpretation, NJW 1981, S. 1697 ff.

– Schutz von Arbeitnehmerdaten – Regelungsdefizite – Lösungsvorschläge, Nr. 31 der Forschungsberichte des Bundesministeriums für Arbeit u. Soziales 1980.

– Datenschutz und Arbeitsrecht, ArbuR 1977, S. 97 ff.

– Bundesdatenschutzgesetz – Ende der Diskussion oder Neubeginn?, NJW 1977, S. 729 ff.

Simitis, Spiros/Dammann, Ulrich/Mallmann, Otto/Reh, Hans-Joachim: Kommentar zum BDSG, Baden-Baden, 3. Aufl. 1981.

– Dokumentation zum Datenschutz, Bd. 1 und 2, Baden-Baden, Stand Dezember 1984.

Simon, Jürgen/Taeger, Jürgen: Umfang des Auskunftsanspruchs gegen Handelsauskunfteien – BGH, NJW 1981, 1738, in: JuS 1983, S. 96 ff.

Söllner, Alfred: Zur Beteiligung des Betriebsrats und zur Zuständigkeit der Einigungsstelle bei Einführung und Anwendung von Personalinformationssystemen, DB 1984, S. 1244 ff.

– Grundriß des Arbeitsrechts, 8. Auflage, München 1984.

Speiser, Hilger: Der Schutzbeauftragte nach dem Bundes-Immissionsschutzgesetz, BB 1975, S. 1325ff.

Spitzner, Albert: Betriebsverfassungsrechtliche Fragen bei der Einführung neuer Techniken, BlStSozArbR 1981, S. 257ff.

Sproll, Hans-Dieter: Individualrechtliche Probleme des Arbeitnehmerdatenschutzes, Diss. Tübingen 1982.

– Rechtliche Grenzen der Erhebung und Speicherung von Arbeitnehmerdaten, ZIP 1984, S. 23ff.

– Der Individualdatenschutz des Arbeitnehmers, ZfA 1982, S. 652ff.

Schaffland, Hans Jürgen/Wiltfang, Noeme: Bundesdatenschutzgesetz, Loseblattkommentar, Berlin.

Schapper, Claus Henning: Einführung von Personalinformationssystemen aus der Sicht der Aufsichtsbehärde, in: Chancen und Risiken des Datenschutzes, DVR-Beiheft 18, S. 8ff.

Schapper, Claus Henning/Waniorek, Gabriele: Die Mitbestimmung des Betriebsrates bei der Einführung und Anwendung von Personalinformationssystemen nach § 87 Abs. 1 Ziff. 6 BetrVG, ArbuR 1985, S. 246ff.

Schaub, Günther: Arbeitsrechtshandbuch, 5. Auflage, München 1983.

Schmidt, Karlheinz: Mitbestimmungsrechte des Betriebsrates bei der Verwendung psychologischer Testverfahren, DB 1974, S. 1910ff.

Schmidt-Dorrenbach, Heribert/Goos, Wolfgang: Beteiligungsrechte des Betriebsrates bei Personaldatensystemen, DB-Beilage Nr. 11/83, S. 1ff.

Schneider, Hans: Anm. zum „Volkszählungsurteil" des BVerfG, DÖV 1984, S. 161ff.

Schnorr von Carolsfeld, Ludwig: Anmerkung zum Urteil des BAG AP Nr. 10 zu § 630 BGB.

Schönke, Adolf/Schröder, Horst (Bearbeiter): Strafgesetzbuch, 21. Auflage, München 1982.

Schöttler, Klaus-Dieter: Der Betriebsbeauftragte für Immissionsschutz, DB 1975, S. 1013ff. und BB 1976, 205f.

Schomerus, Rudolf: Datenschutz oder Datenverkehrsordnung, ZRP 1981, S. 291ff.

– Das französische Datenschutzgesetz, DuD 1978, S. 61ff.

Schröder, Hartwig: Verfassung und Mitbestimmung im öffentlichen Dienst, Der Personalrat 1985, S. 115ff.

Schuster, Konrad: Aufgaben, Probleme, Chancen und Kontrolle von Personalinformationssystemen, in: *Jobs/Samland,* Personalinformationssysteme in Recht und Praxis, S. 1ff.

Schuster, Michael/Simon, Jürgen: Anm. z. Urteil des OLG Celle v. 14.11.79 NJW 1980, S. 347f., in: NJW 1980, S. 1287ff.

Schwabe, Jürgen: Bundesverfassungsgericht und Drittwirkung der Grundrechte, Archiv für öffentl. Recht (AöR), Bd. 100 (1975), S. 442ff.

– Drittwirkung und kein Ende, NJW 1973, S. 229f.

– Die sogenannte Drittwirkung der Grundrechte, München 1971.

Schwarz, Mathias: Das Mitbestimmungsrecht des § 87 Abs. 1 Nr. 6 BetrVG, BB 1985, S. 531ff.

– Die Reichweite des Mitbestimmungsrechts des Betriebsrates bei Einführung und Anwendung technischer Kontrolleinrichtungen, DB 1983, S. 226ff.

– Arbeitnehmerüberwachung und Mitbestimmung, Berlin 1982.

Schwenk, Edmund: Das allgemeine Persönlichkeitsrecht des Arbeitnehmers, NJW 1968, S. 822ff.

Stahlhacke, Eugen: Arbeitsgerichtsgesetz, in: Stahlhacke, Eugen (Hrsg.), Handbuch zum Arbeitsrecht, Bd. 5, Gruppe 21, Stand 11.10.1985, Neuwied.

– Probleme der betriebsbedingten Kündigung, BlStSozArbR 1983, S. 33ff.

Stege, Dieter/Weinspach, F. K.: Betriebsverfassungsgesetz, Kommentar, 5. Aufl. Köln 1984.
Stein, Ekkehart: Staatsrecht, 8. Auflage, Tübingen 1982.
Steinmüller, Wilhelm: Das Volkszählungsurteil des Bundesverfassungsgerichts, DuD 1984, S. 91 ff.
– Informationsrecht – das Arbeitsrecht der zweiten industriellen Revolution, DVR 1982, S. 179 ff.
Stevens-Bartol, Eckart: Der Anspruch des Betriebsrats auf Mitbestimmung in der „Panam-Entscheidung" des Bundesarbeitsgerichts, AiB 1984, S. 133 ff.
Stich, Rudolf: Die Betriebsbeauftragten für Immissionsschutz, Gewässerschutz und Abfall, Gewerbearchiv 1976, S. 145 ff.
Stich, Rudolf/Porger, Karl Wilhelm: Immissionsschutzrecht des Bundes und der Länder, Loseblattausgabe, 1974 ff.
Stoll, Hans: Der Persönlichkeitsschutz in der neuesten Entwicklung der verfassungsrechtlichen Rechtsprechung, Jura 1981, S. 135 ff.
Thilo, Lutz: Bankgeheimnis, Bankauskunft und Datenschutzgesetze, NJW 1984, S. 582 ff.
Tiedemann, Klaus: Datenübermittlung als Straftatbestand, NJW 1981, S. 945 ff.
Tönnies, J. G.: Das Zusammenwirken von Datenschutz- und Betriebsverfassungsgesetz, DuD 1981, S. 24 ff.
– Die datenschutzrechtliche Einordnung des Betriebsrates, DuD 1980, S. 128 ff.
v. Uckermann, Eckart: Einwilligung nach dem BDSG – ein Mißverständnis?, DuD 1979, S. 163 ff.
Ulmer, Peter/Brandner, Hans Erich/Hensen, Horst-Diether: AGB-Gesetz, Kommentar, 4. Auflage, Köln 1982.
Wahlers, Wilhelm: Neues Personalvertretungsrecht in Nordrhein-Westfalen, Die Personalvertretung 1985, S. 177 ff.
Walz, Stefan: Datenschutz und Mitbestimmung – Personalinformationssysteme in der Reformdiskussion, ArbuR 1985, S. 233 ff.
– Personalinformationen und Datenschutz, Der Personalrat 1985, S. 51 ff.
Washner, Roderich/Borgaes, Hans-Udo: Datenschutz u. Betriebsratsarbeit, BlStSozArbR 1980, S. 49 ff.
Wegener, Walther: Der Betriebsarzt, Diss. Köln 1978.
Weise, Karl-Theodor: Was ist übertriebener Datenschutz?, in: Datenschutz in Konflikt, DVR-Beiheft 14, S. 129 ff.
– Wieviele Daten braucht ein Personalinformationssystem?, in: *Hentschel/Wronka,* Personalinformationssystem in der Diskussion, S. 81 ff.
– Datenschutzgesichtspunkte bei Personalinformationssystemen, DuD 1983, S. 239 ff.
Weiss, Manfred: Betriebsverfassungsgesetz, Kommentar, 2. Auflage, Baden-Baden 1980.
Weng, Rudolf: Mitbestimmung des Betriebsrates nach § 87 Abs. 1 Ziff. 6 BetrVG bei Erfassung von Verhalten und Leistung der Arbeitnehmer und der Verarbeitung personenbezogener bzw. personenbeziehbarer Daten, DB 1985, S. 1341 ff.
– Die soziale Auswahl bei der betriebsbedingten Kündigung, DB 1978, S. 884 ff.
Wente, Jürgen: Informationelles Selbstbestimmungsrecht und absolute Drittwirkung der Grundrechte, NJW 1984, S. 1446 f.
Werner, Claus-Peter: Datenschutz und Betriebsrat, Diss. Bremen 1983.
Wiese, Günther: Anm. zu BAG AP Nr. 1 zu § 87 BetrVG 1972 – Überwachung –.
– Das Persönlichkeitsrecht des Arbeitnehmers gegenüber dem Arbeitgeber, ZfA 1971, S. 273 ff.
Wiese, Walter: Personalakten, Arztgeheimnis und Datenschutzrecht, DuD 1980, S. 17 ff.
Woertge, Hans-Georg: Die Prinzipien des Datenschutzrechts und ihre Realisierung im geltenden Recht, Heidelberg 1984.

Wohlgemuth, Hans H.: Ausgewählte Probleme des Arbeitnehmerdatenschutzes, ArbuR 1985, S. 239ff.
– Auswirkungen des Volkszählungsurteils auf den Arbeitnehmerdatenschutz, Der Betriebsrat 1985, S. 5ff.
– Personalrat und automatische Telefondatenerfassung, Der Personalrat 1985, S. 89ff.
– Neuere Entwicklung im Bereich des Arbeitnehmerdatenschutzes, Arbeitsrecht im Betrieb (AiB) 1985, S. 54ff.
– Datenschutz für Arbeitnehmer, Neuwied 1983.
– Arbeitsrechtliche Fragen der Personaldatenverarbeitung, ArbuR 1982, S. 269ff.
– Rechtliche Grenzen der Informationsgewinnung durch den Arbeitgeber, BB 1980, S. 1530ff.
– Möglichkeiten des Betriebsrates im Bereich des Datenschutzes. Das Mitbestimmungsgespräch 1980, S. 128ff.
Wolf-Köppen, Peter: Personalinformationssysteme als Instrument der Personalplanung, in: *Jobs/Samland,* Personalinformationssysteme in Recht und Praxis, S. 45ff.
Zehner, Klaus: Telefondatenerfassung und Benachrichtigungspflicht, DB 1984, S. 666ff.
Zerlett, Georg/Kramer, Rainer: Strahlenschutzverordnung, Kommentar, Stuttgart 1977.
Zöller, Richard (Bearbeiter): Zivilprozeßordnung, 14. Aufl. Köln 1984.
Zöllner, Wolfgang: Die gesetzgeberische Trennung des Datenschutzes für öffentliche und private Datenverarbeitung, RDV 1985, S. 3ff.
– Die Nutzung DV-gestützter Personalinformationssysteme im Schnittpunkt von Datenschutzrecht und Betriebsverfassung, DB 1984, S. 241ff.
– Arbeitsrecht, 3. Auflage, München 1983.
– Daten- und Informationsschutz im Arbeitsverhältnis, 2. Auflage, Köln 1983.

FSC
www.fsc.org
MIX
Papier | Fördert
gute Waldnutzung
FSC® C083411

Kolibri 360 GmbH
Ferdinand-Jühlke-Straße 7
99095 Erfurt, Deutschland
produktsicherheit@kolibri360.de

Druck:
CPI Druckdienstleistungen GmbH
im Auftrag der
Kolibri 360 GmbH
Ferdinand-Jühlke-Str. 7
99095 Erfurt